JN039640

Guido Hermann Fridolin

Verbeck

フルベッキ伝

井上篤夫
INOUE Atsuo

国書刊行会

ギドー・ヘルマン・フリドリン・フルベッキ（1830 ～ 1898）
（明治学院歴史資料館所蔵）

[上］フルベッキと妻マリア・マニヨン。撮影時期・場所不明（*Verbeck of Japan* 所載）
[下］フルベッキと共に来朝した宣教師たち。左からフルベッキ、S・R・ブラウン、D・B・シモンズ。来朝直前にニューヨークで撮影（*Verbeck of Japan* 所載）

［上］ 長崎･洋学所の教員･生徒。２列目左から２人目柴田昌吉、平井義十郎、フルベッキ、右端岡田好樹、後列左から３人目に何礼之助がいる。1864 年（元治元年）７月頃、上野彦馬写真館で撮影（板橋区立郷土資料館所蔵）
［下］ 長崎・致遠館教員及び伊東次兵衛。前列のフルベッキの左は佐賀藩の中老でフルベッキを致遠館に仲介した伊東次兵衛。他は教員で、後列左から中島永元、堤董信、中山信彬、中野健明、副島要作。1868 年（明治元年）11 月 21 日、上野彦馬写真館で撮影（長崎歴史文化博物館所蔵）

[上]「フルベッキ写真」。長崎・致遠館教員と生徒。フルベッキの左に二女エマ、その左に一人おいて岩倉具視の三男岩倉具経、フルベッキの右に二男岩倉具定がおり、彼ら二人を致遠館に迎えて撮られた。教員に、中島永元、副島要作、中野健明、中山信彬らが見える。1868年（明治元年）12月頃、上野彦馬写真館で撮影（長崎歴史文化博物館所蔵）
[下] 長崎・広運館教員たち。フルベッキが東京・開成学校に招かれていく際の送別写真。フルベッキの他、松田雅典、岡田好樹、山本松次郎、池田寛治、名村泰蔵らがいる。1869年（明治2年）3月頃、上野彦馬写真館で撮影（長崎歴史文化博物館所蔵）

【上右】日本庭園で洋装をした妻マリア。【上左】勲三等旭日中綬章を帯びたフルベッキ（共にフルベッキ四世および高峰譲吉博士研究会提供）【下右】フルベッキ。一八七八年（明治一一年）頃、撮影（『日本基督新栄教会六十年史』所載）【下左】和服のフルベッキ肖像画。長崎時代。玉木鶴亭（長崎人）作と言われる（長崎歴史文化博物館所蔵）

[上] 南校（第一大学区第一番中学）の生徒と教員の大集合写真。中央のアーチの下にフルベッキ、校長辻新次、九鬼隆一、浜尾新がおり、アーチの左にグリフィスがいる。1872 年（明治 5 年）7 月 19 日、内田九一写真館が撮影（東京大学総合図書館所蔵）
[下] ユニオン・チャーチの会議での集合写真。3 列目中央にフルベッキ、2 列目左から 7 人目にヘボン。1887 年（明治 20 年）頃撮影。場所は東京一致神学校と推察される（*Verbeck of Japan* 所載）

[上] フルベッキの家族。裏面にフルベッキ（パパ）により人物名が書き込まれている。左からチャニング、グスタヴ、妻マリア、アーサー、ウィリアム、フルベッキ、エレノア、エマ、ギドー。1878 年（明治 11 年）に家族とアメリカ・カリフォルニアに渡った頃撮影（ザイスト・モラヴィア教会提供）
[下] 初期の宣教師たち。前列左よりアメルマン、アメルマン夫人、ハリス夫人、ミス・ブロコウ、ブース夫人、ブース、ミラー夫人（キダー）、幼児、ワイコフ夫人、後列左よりデマレスト、ワイコフ、スタウト、ミラー、ミス・ウィン、ハリス、フルベッキ、バラ。1880 年代（明治 20 年代）後半に撮影（フェリス女学院所蔵）

［上］明治学院神学部教師・神学部生。前列左からランディス、ワイコフ、石本三十郎、井深梶之助、植村正久、フルベッキ、ノックス。1893年（明治26年）6月、田中武写真館撮影（明治学院歴史資料館所蔵、画像トリミング加工をしています）
［下］明治学院神学部教師·神学部生。前列左から4人目井深梶之助、6人目フルベッキ。1895年（明治28年）、田中武写真館撮影（明治学院歴史資料館所蔵、画像トリミング加工をしています）

目次

序章　フルベッキ写真

「フルベッキ写真」（口絵写真参照）と呼ばれる一葉がある。

幕末維新期に活躍した志士たちが長崎に集結し、本書の主人公である宣教師フルベッキを囲んで撮影されたといわれる総勢四六名の群像写真だ。

この写真は雑誌『太陽』一八九五年（明治二八年）の第一巻第七号で初めて紹介された。[1] キリスト教徒で評論家の戸川残花（安宅）による記事「フルベッキ博士とヘボン先生」である。

そこで戸川は「氏が佐賀の学生と共に写影せし図を見れば、三十年前の武士は眼前に出で来るの感あり」と書いている。

だが、この時はさほど注目されることはなかった。

この写真に関心が集まったのは一九七四年（昭和四九年）と一九七六年（昭和五一年）の二度、日本歴史学会の雑誌『日本歴史』に取り上げられたからである。肖像画家の島田隆資が「維新史上解明されていない群像写真について」と題した論文を発表した。この論文によれば撮影者は当時の著名な写真家・上野彦馬で、筆者の島田は撮影時期を一八六五年（慶応元年）と推定し、これまで写真が一枚も見つかっていない西郷隆盛を含めた幕末維新期の志士たちが写っていると主張したのである。

つまり、西郷隆盛、大久保利通、高杉晋作、伊藤博文、坂本龍馬、大隈重信など幕末維新期の志士たちが勢揃いしているというのだ。しかし、専門家たちはこの論文をまるで相手にしなかった。なぜなら、撮影されたスタジオは慶応元年にはまだ存在していなかったし、また該当する人物が撮影時期に長崎にいなかったなど、明らかに事実に反していたからだ。このため反論すらまったく行われなかった。

だが、一流の歴史雑誌に載ったことでこの写真は「志士の群像写真」として喧伝され、小説の種や陶板額の販売などに利用されて来た。一部では、西郷隆盛の写真が存在する、若い明治天皇が写っているなどの願望を込めて「本物である」と主張する向きもあった。

二〇一三年（平成二五年）偽説の反証となる決定的な証拠が出てきた。佐賀藩が長崎につくった洋学校、致遠館（ちえんかん）教師を経て明治政府に出仕した中島永元関連の史資料の中に、アンブロタイプのガラス湿板写真（口絵写真参照）があったのだ。その写真には佐賀藩の情報探索方、伊東次兵衛と致遠館関係者数名が写っている。それを古写真研究家の高橋信一、倉持基らが検証して「人物の比定」が行われた。結果、「志士の群像に付与された人物名は偽説」であることが確定したのである（倉持基・高橋信一「新史料発見！ついにフルベッキ写真の年代が確定！」『歴史読本』第五八巻第七号、二〇一三年七月）。

撮影は一八六八年一二月一〇日（明治元年一〇月二八日）からフルベッキが佐賀に赴く一八六九

年一月一日（明治元年一一月一九日）までの一ヵ月以内に行われたと推測された。撮影場所は、一八六七年（慶応三年）秋に改造された長崎の上野彦馬のスタジオである。

これは岩倉具視の二人の息子二男具定（ともさだ）・三男具経（ともつね）が長崎に留学した際に、現地で迎えた佐賀藩の致遠館の関係者たちと撮った写真で、「偽説」では息子とされてきた「少年」はフルベッキの二女のエマとわかった（フルベッキ家では、女児も髪を短くするのが一般的であった。当時の女の子のファッションであるワンピースを着ている）。

高橋、倉持らの検証によって「フルベッキ写真」の中に写っている他の人物の何人かも判明した。それらは致遠館教師――中島永元、石橋重朝、中野健明、副島要作らである。

フルベッキが最晩年である一八九八年（明治三一年）二月に青山学院の学生たちの前で行った講演の記録がある。それは、キリスト教関係の雑誌『護教』の同年二月一二日号と一九日号に「三十年前の日本」と題して掲載された（『近代日本キリスト教新聞集成』第一期第一二六巻〈一九九二年刊〉に収められている）。その英語訳が *The Japan Evangelist* の一八九八年三、四月号に載っている。『護教』の文章は当時のフルベッキが語ったそのままの言葉が採録されているので、フルベッキがどのような日本語を話していたかを知ることが出来る。

「日外の太陽に出し余らの写真中には、中野といえるお奉行もあり、（中略）さる人、余のかく刀剣の中に囲まれおるを見て、恐ろしからずやと問われたれば、いな此人々は皆余を愛護しくるるなりと答えし事ありき」

引用文中の「太陽」とは雑誌『太陽』で、「中野」とは旧佐賀藩士で長崎でフルベッキに学び致遠館の教員を務め、一八九三年（明治二六年）に神奈川県知事となり、一八九八年（明治三一年）五月（つまりフルベッキの死去の二ヵ月後）に死去した「中野健明」である。

また、勝海舟とされた人物は実は医師の相良知安（さがらともやす）であり、西郷隆盛とされた人物については判っていない。ほとんどの人物は顔や名前も知られていない佐賀藩士であり、同定作業が続いている。その他の各種参照写真によって、現在二〇名近くは同定されている。

ただし、この写真が幕末維新の「志士群像写真」でないとしても、フルベッキが重要人物であることは揺るがない。

フルベッキから直接教えを受けた明治の元勲・大隈、新政府の政治組織を定めた法「政体書」を起草した副島種臣（そえじまたねおみ）だけでなく、西郷隆盛や坂本龍馬までもフルベッキと接触があったとされている。内閣総理大臣や大蔵大臣などを務めた高橋是清（たかはしこれきよ）は終生、フルベッキを「師」と仰ぎ、その関係はフルベッキの最晩年まで続いた。一九三六年（昭和一一年）に二・二六事件が起き赤坂の自宅で陸軍青年将校らの凶弾に斃（たお）れた時、彼の机にはフルベッキから贈られた聖書（ファミリーバイブル）が置かれていたという。

日本に留まること四〇年にも及び、流暢な日本語が話せる稀な宣教師として日本人に愛され続けた男。近代日本の黎明期、医師のフィリップ・フランツ・フォン・シーボルト、「ヘボン式ローマ字」で知られる医師で教育家のジェームス・カーティス・ヘボン、あるいはウィリアム・E・グリフィス、動物学者のエドワード・S・モースなど多くのお雇い外国人たちが日本の近代化に貢献したが、教育（学制）、政治、法律（特許）、国憲（草案）、音楽など広範にわたって業績を残したのはフルベッキなのである。

『フルベッキ書簡集』『ブラウン書簡集』『ヘボン書簡集』などを翻訳した高谷道男（明治学院大学教授などを歴任）との対談で牧師・随筆家の太田愛人（おおたあいと）は語っている。

「宣教師の中で、日本国全体に対する影響というのがいちばん大きい人で、〔高谷〕先生のこの三部作の中でもフルベッキが、ある意味では、日本の政治史とか教育史とかに、いちばん影響があった」（『横浜バンド史話』）

フルベッキの伝記 *Verbeck of Japan, A Citizen of No Country*（以下、*Verbeck of Japan*、一九〇〇年〈明治三三年〉刊）を著したグリフィスは、冒頭でこう記した。

「恒星の静謐な輝きは流れ星の一瞬の閃光よりも素晴らしい。フルベッキのような宣教師の静かだが力強い生涯の前では、大衆や新聞の話題に挙がるような人気者、提督、将軍の名声など取るに足らないものに思える。一般の人々には知られていなくても、目に見えないパン種のような重要な存在こそが、日本のフルベッキなのだ」

また、鋭い文明批評眼をもったグリフィスは「フルベッキがいなければ、日本の近代化はあり得なかった」（*The Japanese Nation in Evolution*）と断言している。

フルベッキは日本の変革期に立ち合い、新生日本の建設に多大なる貢献をした異色の宣教師であり、教育者であり、何より日本をリードする多くの人材を育成した恩人であった。

第一章　ザイストから希望の国へ

生まれ故郷ザイスト

二〇一六年（平成二八年）六月、私はフルベッキの故国オランダを訪ねた。小雨模様の中をアムステルダムから列車で北へ三〇分、ユトレヒト駅で降りた。そこからバスに乗り換えて三〇分もすると、景色は一変した。雨上がりの緑豊かな落ち着いたヨーロッパの街並みが、私の眼前に広がった。ザイスト（Zeist）はフルベッキ、母国オランダではギドー・ヘルマン・フリドリン・フェルビーク（Guido Hermann Fridolin Verbeek）が生まれ、育った町である。

フルベッキはアメリカに移ってからヴァーベック（Verbeck）と改姓したが、元々、フェルビーク（Verbeek）は、ファン・デル・ビーク（Van der Beek）の省略形である（表記の変化については後述する）。Beekは小川を意味する。オランダ語で接頭辞のフェル（ver）は、英語の「of」や「from」に当たる前置詞ファン（van）と、定冠詞デル（der）の融合形で、「出身」を表す。つまり「Beek出身のギドー」というのがフルベッキの名字の本来の意味だ。フェルビーク家の先祖をたどると、オランダとドイツにいきつく。オランダとドイツの両国を東西に何度も行き来していた

オランダ・ユトレヒト州のザイストと州都ユトレヒト

ようだ。「新教国」ドイツで結婚した後、「旧教国」オランダで生活した人たちもいた。

フェルビーク家はファン・デル・フリート家、ファン・ラール家と姻戚関係がある。ファン・デル・フリート家はオランダ改革教会(1)の牧師を数人輩出し、一時期はオランダを離れ、エムデン(ドイツ北西部の都市)に住んでいた。第四代アルバ公の迫害から逃れるためだった(スペインのアルバ公がオランダ独立戦争の時、新教徒を殺戮した)。

エムデンの教会には、ファン・ラール家の紋章を刻んだ墓石が残されている。コルネリウスとサミュエルという人物が、それぞれ一六五四年と一七一二年に亡くなったことが墓誌から読みとれる。ファン・ラール家は信仰心の篤い家柄だった。モラヴィア派(2)(モラヴィア兄弟団ともいう)を監督したツィンツェンドルフ伯爵はアムステルダムを訪問する際、ファン・ラール家に何度か宿泊している。一七七三年に、伯爵がオランダにモラヴィア教徒の居住地を作ろうとした時、ヨハネス・レナトゥス・ファン・ラール(一七三一～一七九二)は賛同し、裕福ないとこのシェリンガーからザイストの土地を購入して提供した。二〇〇エーカー（〇・八平方キロ）もの広さがあり、数百戸の家があったザイストの土地が、かつてシェリンガー家のもので、その後ファン・ラール家所有になったという事実は、両家がいかに裕福であったかを示している。ヤコブ・ファン・ラールは一六六三年生まれで、ズヴォレ市長を務めた名士だった。ズヴォレはオランダ東部オーファルアイセル州の州都で、大聖堂など歴史的建造物が多い。宗教家のトマス・ア・ケンピス（一三七九〜一四七一）は、このズヴォレで、名著『キリストにならいて』（*De Imitatione Christi*）を著した。キリスト教徒の間で、聖書の次によく読まれるとされる書だ。その頃、百年戦争やペストの蔓延（まんえん）により国は荒廃し、教会も腐敗していた。そのため原点に戻れ、聖書に帰れという運動が起きていた。『キリストにならいて』第一巻第一章に次の文章がある。

「私に従うものは暗（やみ）の中を歩まない、と主はいわれる。このキリストのことばは、もし本当に私たちが光にてらされ、あらゆる心の盲目さを免れたいと願うならば、彼の生涯と振舞とにならえと、訓（おし）えるものである。それゆえキリストの生涯にふかく想（おも）いをいたすよう、私たちは心をつくして努むべきである」（大沢章・呉茂一訳）

ヤコブ・ファン・ラールは一七二五年にアムステルダムで海軍の長官に就任し、一七三六年にスターテン・ヘネラール（オランダ議会）の議員になっている。一家には同じ役職に就いた年長者がもう一人おり、勢力を誇った東インド会社の取締役でもあった。デルフスハーフェンの港町デルフトには、東インド会社の巨大な建物が今も残っている。その港からピルグリム・ファーザーズは出帆し、新世界にマサチューセッツを築いた。

フェルビーク家はアムステルダムの著名な豪商だった。ファン・ラール家との交流関係を通して、ザイストに居を移し、一族のひとりがその地に屋敷を建てた。その何世代か後の末裔にはモラヴィア派に属する者もルター派に属する者もいた。

ザイストは大きく広がる森林地帯の西端に位置しており、すでに八三八年の記録にその名を残す古い町である。一九世紀末、人口は約六〇〇〇人とまだ規模は小さく、そのうちの三五〇〇人は集落内に住んでいた。都市とは汽車や路面電車（トラム）、もしくは鉄道馬車で結ばれていた。有名なユトレヒト大学は、ザイストの数マイル西に位置している。

オランダ人から「ザイストの家」、「城」、「大きな建物」などと呼ばれてきた建物は、一六六七年にオデク・コルトヘーネ卿ナッソウのウィルヘルムが建てたものだ。現在は公共の所有となり、ザイスト城（Slot Zeist）として観光名所になっている。

グリフィスは一八九一年、この大邸宅のゲストとなって、当時の所有者だったラブシェール夫妻や子供たちのもてなしを受けているが、その時の体験を次のように記している。

「一八六二年以来、この壮大な屋敷は故C・B・ラブシェールが所有し、私は訪れた際、ラブシェール夫妻と子息、令嬢たちの丁重な持てなしを受け、それはたくさんの楽しい思い出になっている。彼らはオランダ社交界の花形で、立派な品性と才能、敬虔さを備えていた。並木道を歩いた先には簡素な家並みが見られた」（*Verbeck of Japan*）

エーセルシュテイン（ユトレヒトの南側にある街）にあったモラヴィア派のコミュニティは、前述したように一七七〇年代にザイストに定着した。グリフィスが訪れた頃、大きな並木道に沿って片側に女性信者の住居が、もう片側に男性信者の住居があった。コミュニティは、清く純粋な宗教を育む一方で、産業を重視したことに顕著な特色があった。

「ザイスト城の半分はモラヴィア派が使用し、一七六八年まで城内にモラヴィア教会が置かれていました」（ザイスト歴史協会フローラ・デ・フレーヤー会長）

現在も、モラヴィア教会はザイスト城のすぐ北西に建っている。

コッペル

アメリカが独立した一七七六年、モラヴィア派の教徒がザイストに移住した頃、ヤコブ・ファン・ラールにはヤンとピーターの二人の息子がいた。

ヤン・フェルビークの墓石。オランダ・ザイストのモラヴィア教会の墓地にある（筆者撮影）

ピーターは信仰に篤く、その流れをくむ者たちが現在もドイツのモラヴィア派に多くいる。ヤンはモラヴィア教会に対してピーターのような友好的な感情を持ち続けなかった。ヤンがコミュニティを離れることはなかったが、彼の子供や孫たちは離れていった。次に述べる通りヤンはドイツに渡るが、

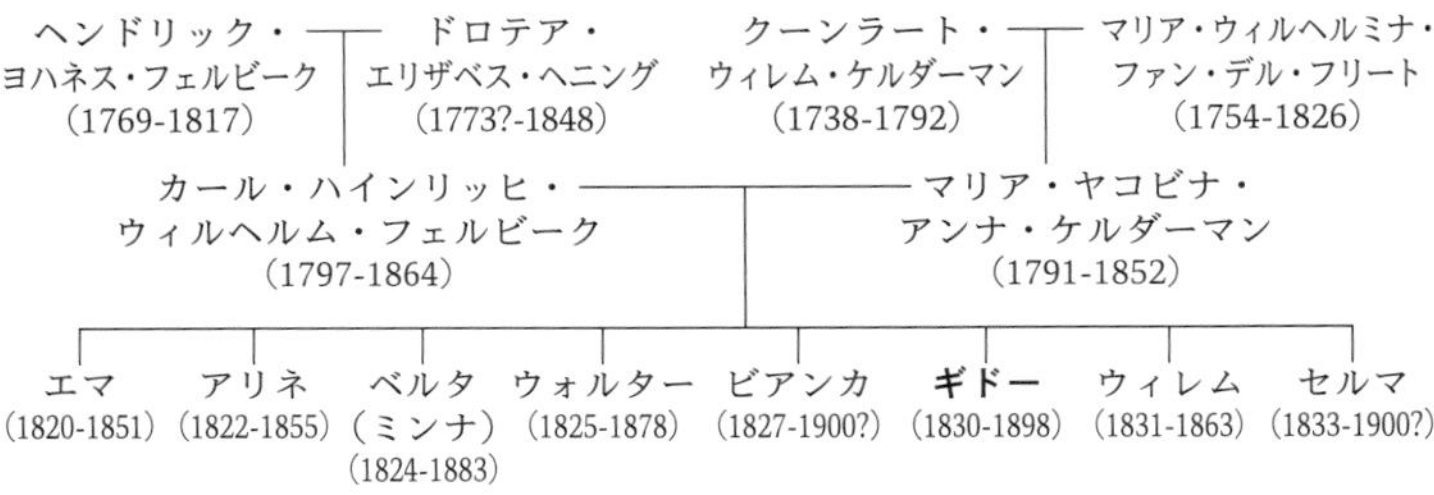

フェルビーク（フルベッキ）家の家系図

子孫はオランダに戻ってきた。

オランダに住んでいたヤン・フェルビーク（一七〇九～一七六三）はアンソニア・ファン・デル・フリート（一七〇九～一七四四）と結婚した。その息子ヤコブ・ヨハネス・フェルビーク（一七三九～一七八七？）は一七六八年にキャサリナ・ドロテア・ディエトリヒ（一七四八～一八〇八）と結婚した。その頃、ヤコブの姉はファン・ラール家の一人と結婚し、ザイストに居を移した。これがフェルビーク家とザイストを結びつけた。孫のヘンドリック・ヨハネス・フェルビーク（一七六九～一八一七）は、モラヴィア派のコミュニティがあるドイツのザクセンに暮らしていた時、ハノーヴァーのツェレ出身のドロテア・エリザベス・ヘニング（一七七三？～一八四八）と結婚した。ヘンドリック夫妻はモルスドルフという地区に居を定め、そこで「日本のフルベッキ」となるギドーの父カール・ハインリッヒ・ウィルヘルム・フェルビーク（一七九七～一八六四）を含む子供たちが生まれた。夫妻は後にハンブルクに移住し、食用酢の醸造で生計を立てたが、ナポレオンの攻撃により町が占拠され、醸造工場が破壊されてしまった。その際、息子が軍に徴用されることを恐れ、ザイストの親戚に預けている。そのため、カールはモラヴィア派のコミュニティにある父方の叔母の家で育った。だが、カール自身はモラヴィア派ではなく、ルター派の信者だった。息子ギドーも同様である。

カール・フェルビークはアンナ・ケルダーマンと一八一八年に結婚し、ザイストの南東に位置する小さな村ライゼンブルクに居を定めた。

カール・フェルビークは村長を務め、その地で四人の子供が生まれている。一八二七年にザイストに移り、「コッペル」と呼ばれる家に暮らすと、そこで更に四人の子供が生まれた。一八三〇年一月二三日、ザイストの地で二番目に生まれたのが「日本のフルベッキ」ことギドー・ヘルマン・フリドリン・フェルビークである。

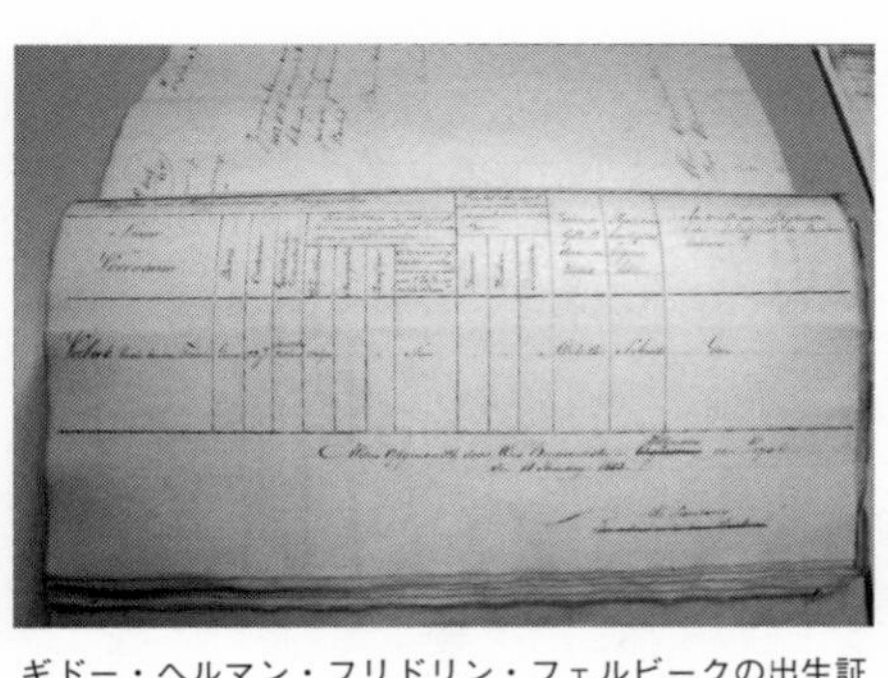

ギドー・ヘルマン・フリドリン・フェルビークの出生証明書（ザイスト市庁舎所蔵）

「豊かな感性を持ち、慎み深く内気な紳士だった父から、ギドーは純真さと謙虚さを受け継いだ。彼の秘めた勇敢さを知らない人々にとっては、それが臆病な性格に映ることもあっただろう。父と息子の双方を偉大にしていたものとは、主イエスにも似た優しさだった。洗練され教養のある母からは、詩と音楽を愛する心を受け継いだ。ピアノとオルガンに加え、ギドーはヴァイオリンとギターの演奏にも優れ、姉妹のハープに合わせてよく合奏した」（*Verbeck of Japan*）

ここで、母方のケルダーマンの家系を辿ってみよう。

そのルーツはイタリアとされ、もともとはパラヴュームという姓だったという。宗教改革を早くに受け入れたため、旧教国イタリアで異端者として迫害され、生命の危機を感じてその地を逃れた。祖先のひとりは、アルザス地方のストラスブールの地下室に数日間隠れた。外に出るとすぐ追跡者を惑わせ、安全を確実にするために、ケルダーマンと苗字を変えた。そして彼は再洗礼派やピルグリム・ファーザーズ、ユグノーが、「すべての人々のための信教の自由」を見つけたオランダに逃げたのである。

一七八八年、共和派の「愛国党」とオラニエ公側の「国王支持派」との間で内戦が繰り広げられた時代、ローマ・カトリックの末裔のひとりクーンラート・ウィレム・ケルダーマン（一七三八〜一七九二）は、ザイスト城に住んでいた。愛国党、つまり反オラニエ公側を支持していたため、オラニエ公の義兄であるプロイセン王の軍が国内に侵攻してくると、オランダを離れざるをえない状況となり、イギリスに移住した。彼は二度結婚をした。そして二度目の結婚相手でザイストで生まれたマリア・ウィルヘルミナ・ファン・デル・フリート（一七五四〜一八二六）との間にギドーの母、マリア・ヤコビナ・アンナ・ケルダーマン（一七九一〜一八五二）が生まれた。[3] こうしてフルベッキには南の情熱と北のエネルギーが入り混じることとなった。

フェルビーク家の忍耐強さはギドーの伯母のコルネリア・マリア・ケルダーマン（一七七三〜一八七二）からも見て取れる。グリフィスはザイストで彼女に会った時のことを記している。

「彼女は一〇〇歳近くまで生きた。小柄な女性だったが、亡くなるまで、賢明かつ聡明だった。三〇年以上、ザイストのモラヴィア派女子寄宿学校の校長を務め、多くの友人、父兄、学者、教師たちから敬愛された。晩年は目が不自由になったが、困窮者のために靴下を編み続けた。視力を完全

19世紀中頃のコッペルの様子を描いた絵（ザイスト歴史協会提供）

に失っても、かわりに触覚を呼び起こし、点字の聖書を指で読むことを学んだ」（*Verbeck of Japan*）

ザイスト歴史協会のフローラ・デ・フレーヤー会長が、一九世紀半ばのコッペルの様子を描いた絵を筆者に見せてくれた。描かれたコッペルは多くの樹々に囲まれ、なだらかな山の上に建っている。そこから遠くない所に小さな運河と橋があり、豊かに育った草を馬が食（は）んでいるのが見える。人目を惹く鳩小屋は王室の所有で、一〇〇羽の鳩がいた。

コッペル（Koppel）という言葉を含む地名はオランダに多い。コポルデーク（Koppeldijk）、コペルスト（Koppelrust）、コポルステーヒ（Koppelsteeg）などの町や村が少なくとも八ヵ所ある。

「コッペル」は英語の「カップル」に相当する。「考えを共有したペア」というニュアンスで捉えるとより分かりやすい。留め金を意味する語でもある（ドイツ語ではKoppelは単独だと牧草地の意味だが、Koppelの後ろに言葉が続く場合に「カップリング」を意味するようになる)。

「八人の子供たちを幸せにし、人生で役に立つものを身に付けさせることが、両親が最も心をくだいたことだった。コッペルを購入した後の次の目的はその家を素晴らしい家にすることだった。三六年間も忠実に働いてくれた使用人の力もあって、目的は達成できた。神（自然）とそのしもべが協力して、美しい環境を造りあげたのだ。家とその周囲には、美しい光景が広がっていた。日陰を作るために植えられた楡（にれ）の木がしっかりと木陰を作り、選び抜かれた梨の木や花や野菜の育つ庭園は二重の生垣に囲まれていた。

豊富な果物、野菜、木の実に恵まれ、大きな家畜小屋の屋根裏部屋には干し草が積まれていた。農場はなかったが、フェルビーク家には庭園、果樹園、牧草地、二頭の牛と荷車と鞍つきの二匹のロバと『ファティマ』という名の白い牝馬がいた。ライゼンブルク村長である一家の主人は仕事にファティマに乗って行った」（*Verbeck of Japan*）

少年時代

幼かったフルベッキが九死に一生を得た体験がある。オランダの土地は掘割で区割りされてスポンジのように水を吸っている。

自然に恵まれ、自由にのびのびと育っていた二歳の時、フルベッキは小さな橋を渡ろうとして掘割に落ちて流された。たまたまロバを連れて、その近くの牧草地にいた兄に助けられた。ギドーは水死寸前だったが、引き揚げられ、奇跡的に一命を取り留めた。母親はベッドに寝かせ、体を温めるためずっと抱きしめて医者の到着を待った。

そのザイストの牧草地を、私は歩いてみた。幅一メートル程の「掘割」がいくつもある。爽やかな風が吹き、心地良くはあったが、いくつもある掘割は小さな子供にとっては危険と隣り合わせでもあると感じた。

「ギドーのお気に入りは二頭の仔馬、『ヘクター』と『シルヴァン』だった。他にウサギ、ガチョウ、アヒル、ニワトリや美しい孔雀もいた。ギドーが留守の時、二日間ギドーを探し回り、打ち萎れて家に帰ってきたという忠実な番犬『カスター』もいた。大きなクルミの木にはブランコがあった。子供たち全員が入れるほど広い小屋には、ボートが置いてあった。

オランダの田舎の家にはコウノトリがつきものだが、この屋敷の前の二本の高い楡の木の上にはコウノトリが巣を作っていた。三月になると決まってコウノトリが戻ってきて、夏の到来を教えてくれた。『魔法のコウノトリ』は八度この屋敷を訪れ、八人の赤ん坊を授けてくれた。

フェルビーク家は詩篇第一二七篇三節の子供への祝福に満ちていた」(*Verbeck of Japan*)

見よ、子らは主からいただく嗣業。
胎の実りは報い。
若くて生んだ子らは、勇士の手の中の矢。
いかに幸いなことか
矢筒をこの矢で満たす人は。

町の門で敵と論争するときも
恥をこうむることはない。

（『聖書　新共同訳――旧約聖書続編つき』以下、『聖書　新共同訳』）

後年、フルベッキは妹（セルマ）宛の手紙にこう書いている。

「私たちは緑の生垣に囲まれたベンチに座り、ヤコブ[4]のように自然の神殿で自由な日々を過ごし、庭園や果実や花を享受する毎日だった。日が沈み星々が輝くと、私たち兄弟姉妹は仲良く手に手を取って、庭園や森や静かな木陰で幸福と神の与えたもうた平和に感謝した。

冬はほとんどスケートをしていたが、夕暮れ時を迎えると、暖かいストーブを囲むように座り、一家の幸せを実感できるひとときを過ごした。父がいろんな話を聞かせてくれたり、大好きな歌をみんなで何度も歌った。ランプの灯りの下、読書をし、リンゴや木の実や梨を食べた」（*Verbeck of Japan*）

贅沢には無縁で、家事のほとんどは自らの手で行っていた。質素だが、高潔な暮らしだった。オランダの富裕層の子弟と同様に、オランダ語、英語、フランス語、ドイツ語の四ヵ国語を流暢かつ正確に使い、フルベッキは生涯を通じてこれらの言語を自在に操った。ビジネス、信仰といった目的にあわせて言語を使い、自分の胸の内も表現した。フルベッキは個人的な文書には、ずっとドイツ語を使っていた。

「私はコッペルで、一生分楽しんでしまった」とフルベッキは後に友人に語ったことがある。「ジェーン・オースティンの小説やギャスケル夫人の『女だけの町（クランフォード）』にあるような、時代から取り残された田園生活を描いた本を読むと、子供時代にザイストにいた頃の暮らしを思い出す」（*Verbeck of Japan*）

米国長老教会主事のロバート・E・スピアにフルベッキはザイストでの少年時代について語っている。

「動物をいじめたりするのは絶対にいけない、幼い頃から一家では家畜の扱いや触れ合い方を教え込まれてきました。猫や犬にえさを与える時『我々はこの哀れなる動物たちにとっての神のような存在なのです。我々に依存し、我々が神を崇めるように我々に接してくるのです』というのが私たちの口癖でした。自然や自然の美を愛する思いにも強いものがありました。よく自然の中に出かけて過ごしました。年齢と共に人付き合いも好むようになりました。友人と会うことには積極的でしたが、大人数の集まりや会は苦手でした。夜になると、いろんなゲームを楽しみました。音楽が大好きで、音楽のよい批評家であり、見事な演奏を聞くと感激しました。チェスも得意でした。私たちは馬の走る姿を見るのが大好きでした」（*Missions and Modern History*）

コッペルでは、友人だけでなく初めて会う人たちもつねに温かく迎えいれた。ザイストや近隣の町の親戚も足を運んできた。寒い時期には室内の大きなマホガニーのテーブルに、夏は家の前の大きな古いシナノグルミの木の下に緑のテーブルを置き、座る場所が用意された。朝食と夕食をその緑のテーブルで楽しむことができた。実際、コッペルの家は町の中心的存在だった。

グリフィスはフルベッキが語ったコッペルの様子を記している。

「どの季節にもそれぞれの魅力がある。春と初夏に際立つのは、コウノトリの飛来、かぐわしい花々、木々の下の命の芽吹き、美味（おい）しいオランダの野菜、ここだけで採れる甘い木の実など。夏から秋にかけては、熟した果実、バスケット一杯の木の実、ローストチキン、カモ、ガチョウなどを町の親類たちと分けた。戸外では老いも若きもゲームを楽しみ、美しい月明かりの夜は、オランダとドイツの甘い歌を歌い、音楽を奏でる。多くの人々と喜びを共有し、大家族ならではの楽しみの輪が作られた。

冬も変わらず魅力的だった。ごく幼い頃から子供たちは風見鶏に注目して、北風が吹いていないかどうか確かめる。スケートのできる氷が張っているかもしれないからだ。氷が十分厚くなると、うんざりするほど雪が降るようになり、忠実な使用人が大きな箒（ほうき）を使ってスケートができるスペースを作ってくれると子供たちは大喜びだった。家族全員、母親以外はみんな、スケート靴を履いて氷上を滑走した。優雅なスケーティングを教え込まれた家族たちは、『行う価値があることであれば、何事であれ、うまく行う価値がある』という父のモットーに従った。川がすっかり凍った厳寒の時期の朝、若者たち、ときには家族全員が、友人も連れて朝出掛ける。延々と続く氷上を楽しく歩き、日が暮れるまで散策し、まったく疲れも見せず帰ってくる」（*Verbeck of Japan*）

フルベッキの夏の楽しみのひとつは歩くことだった。

「町の親戚の子供たちがコッペルに泊まると、かなり長い距離を探検して歩いた。ザイストから二時間ほど歩くと、フランスによる占領時代にナポレオンの兵士たちが築いた塚があった。少年ギドーはそこから日の出を見ようと歩いて行くことを提案した。少年少女たちはまだ暗い夜のうちに起きて出発した。そこへ向かう道はひとけがないだけでなく、大部分が暗鬱な森の中にあった。神秘的になればなるほど、楽しさは増した。仲間を元気づけ、楽しいひと時をすごさせるべく、若いリーダー、ギドーは物語を語ることを提案した。お伽噺や、即興の物語もあったが、歩いている環境と相まって、鬱蒼とした森の奥深くに入っていくに従い、ますます不気味な雰囲気が漂っていく。そのため、若者たちは案内役の彼にぴったり身を寄せるようにして歩く。ようやくピラミッドのような塚が目に入り、頂上まで登った。そして、ヨーロッパのエジプトのような平地に住んでいる子供たちは光輝く日の出を見た。ひと休みして軽食をとって、朝食に間に合うように家に戻った。ギドーの勇気にみんなから賞賛の声が上がった」(*Verbeck of Japan*)

今日も、ナポレオンの兵士たちが築いたこの「ピラミッドの塚」は遺っており、観光に訪れる人も少なくない。

「受難週になるとモラヴィア派の人々は、質素ではあるが、美しく印象的で、受難週にふさわしい行事を執り行う。ほかのキリスト教団体では、おそらく見られないものだ。イースター(復活祭)を迎える度、ザイストではペンシルベニア州のベスレヘム⑤で行われているように、初めに教会で、次に墓地で日の出を迎える。年齢や性別で分かれた聖歌隊ごとに墓地に入って行き、太陽が輝き始めると音楽が流れ、子供らは喜びと期待で満たされる。

一年で最も幸せな日はイエス・キリストが誕生した日である。早朝、子供たちはクリスマス・イヴ礼拝で、明かりの点いたキャンドルを受け取り、聖歌隊に応えて『ホサナ』(救い給え)を唱和する。子供たちは期待に心を膨らませながら帰宅する。その期待が裏切られることは決してない。

家にはきらびやかに装飾された灯りや飾り物をまとった壮麗なクリスマス・ツリーが置かれている。テーブルの下にはたくさんのプレゼントが並んでいた」（*Verbeck of Japan*）

グリフィスが描いたこのような光景は、現在でも、ペンシルベニアのモラヴィア派の人々の間で見ることができる。

フルベッキの父カールはドイツ生まれで、彼も親類の多くもルター派だったが、ザイストにルター派の教会はなかったので、親類の多いモラヴィア教会に通った。フェルビーク家の上の五人の兄姉たちはしかるべき時に次々とアムステルダムのルター派の牧師だった叔父のもとに送られ、教育と堅信礼を受けた。フルベッキを含めた弟や妹の三人はザイストのモラヴィア教会で一緒に堅信礼を施され、聖体拝領式を受けた。彼にとっては幸運なことであった。幼い頃から教会に通っていて、宣教師の精神をそこで自然に吸収できたからだ。

モラヴィア教会。現在もフルベッキが学んだ頃を彷彿とさせる佇まい（筆者撮影）

「現在も過去も、いかに真剣にイエスの教えを受け、その教えに従うことに、情熱を注いできたかを示そうとしてきたモラヴィア派の人々なので、ザイストの教会の生徒にとっても、先生が突如ラブラドルやグリーンランドや西インド諸島に招聘されても、珍しいことではなかった。遠地から戻った経験豊かな宣教師に会うと、興味を覚えると同時に感銘も受けた。その宣教師はドイツの学校で学ばせるために一団の子供たちをよく伴っていた。結果、彼らは何年もの間、両親と離れ離れの生活をした。そうした禁欲的な生活はフェルビーク家の子供たちに深い影響を与えた。中国のギュツラフは若いギドーに特別な感化を残していた」(Verbeck of Japan)[6]

学校に行く途中の「一〇の掘割」を渡れる年齢になるとすぐ、子供たちはモラヴィアの学校に送られた。ギドーはすべての教科、特に三つの言語、オランダ語、フランス語、ドイツ語が著しく向上した。学校が楽しくて仕方なかった。寄宿生にはイギリス人が多かったので、フェルビーク家の子供たちは学校で習う前から英語を使うようになっていた。その後、英語を話す子供たちが家にお客として頻繁に訪れた。

フルベッキが気に入って、英語の練習によく使った文章がある。なめらかな音の th から強い音の t まで、舌の使い方を訓練できるフレーズだった。妹にも何度も繰り返させた。「そばのアザミを突いたら、親指に棘が刺さった」(I thrust the thistle in my side and thorn in the thumb.) とか「テオフィロス・シスルは親指の太い所に三千本の棘が刺さった」(Theophilus Thistle thrust three thousand thistle into the thick of his thumb.) など。その甲斐あって、後に兄や姉妹(ベルタ、ウォルター、セルマなど)がアメリカに渡った後、オランダ人だと気づく人はほとんどいなかった。

フルベッキの楽しい少年時代はあっという間に過ぎていった。別離、病気、死が一家に訪れた。屋敷は他人の手に渡った。後年、その敷地はただの牧草地になった。何本かの木と鳩小屋以外に当時の痕跡は何も残っていない。

ザイスト歴史協会のフローラ・デ・フレーヤー会長はフルベッキが住んでいた家に私を案内して

くれた。現在は、「コッペル・ハウス」と呼ばれる老人ホームになっていた。
ギドーの心境を詩篇第五一篇三節～四節が物語っている。

神よ、わたしを憐れんでください
　御慈しみをもって。
深い御憐れみをもって
　背きの罪をぬぐってください。
わたしの咎をことごとく洗い
　罪から清めてください。

（『聖書　新共同訳』）

後にフルベッキは、詩篇第五一篇、つまり「罪の自覚」について記している。
「かつては希望と期待にみちあふれ、偉大なる気高い行為を行う自分をどれほど夢見ていたことでしょう。私にとって人生とはすべてが美であり、光であり、善であったのに。こうした贈り物を私はどう役立てたでしょうか。今日まで、罪と失望と私が支えるべき人々に苦労をもたらしただけです。しかし、主に感謝しましょう。主のひたむきな声はいまだに私を愛と真実へと導いてくださるのです」（*Verbeck of Japan*）

若きフルベッキの悩み

「彼の生まれた一八三〇年は、ヨーロッパで最初の鉄道が建設された年で、この年が機械エンジニアにおける新たな時代の始まりと言われています。数年後、少年ギドーが将来の職業について決断しなければならない時に、家族会議が開かれたのですが、全員一致でエンジニアが『有望な職業』であると合意に達し、フルベッキもその道に進むべきだとなったのでした」（ワイコフ「ギドー・F・フルベッキ伝」辻直人訳『明治学院歴史資料館資料集』第6集）

フルベッキはモラヴィア派の学校を卒業後、一八五〇年頃開校されたユトレヒトの私設の工業学校[7]に入った。この頃のザイストに残る記録に、フルベッキは身長一七四センチ、卵型の顔、広い額、ブロンドの髪、ブロンドの眉毛をしていたとある。学校を卒業後、鉄鋼業を学んだ。

フルベッキが青年になった頃のオランダは、次のような状況にあった。『別段風説書が語る19世紀　翻訳と研究』（松方冬子編）にこう記されている。

「一八四九年五月一二日、オランダ国の首都アムステルダムにおいて国王陛下ウィレム三世の即位式が行なわれた。彼は、父王ウィレム二世の治世を継いだ。（中略）

故ウィレム二世陛下の弟の娘である、ルイーゼ・デル・ネーデルランデン女公は、スウェーデン・ノルウェー国王の王位継承者である王子と結婚することになっている。

ヨーロッパを絶え間なく動揺させている反乱の最中にあって、オランダは安寧という幸福な状況を享受している」

モラヴィア派は、大変に信仰心が篤く、社会制度や国政への関与よりも、内心の敬虔さを重んずる一派で、同時に、海外伝道に熱心だった。しかし、この頃のフルベッキは、後に海外伝道者となるとは考えていなかっただろう。

フルベッキは将来に対して思い悩んでいた。自分の進むべき道はどこにあるのか。実は彼には「内に秘めた夢」があった。

フルベッキは思い切って一通の手紙をドイツ語で叔父に書いた(8)。

この手紙は筆者がザイストを訪問した時、モラヴィア教会の資料室に保管されていた大量の写真と資料の中にあった二通のうちの一つである（もう一通は母マリアの死を親族に伝えたもので、後段で触れる）。古いドイツ語の文体で書かれていることから、叔父さんに「特別」の思いを込めて認（したた）めたことが伺える。この文書を所蔵していた遺族が教会に寄贈したという。誰の目にも触れずに今日まで眠っていたことになる。

学識ある氏
W・フェルビーク様
アウデ・カート・ベイド・バウ・ツゥンカント〔アムステルダムの近くの住所。現在、その地名はない〕
アムステルダム

コッペルにて、一八五〇年六月二十七日

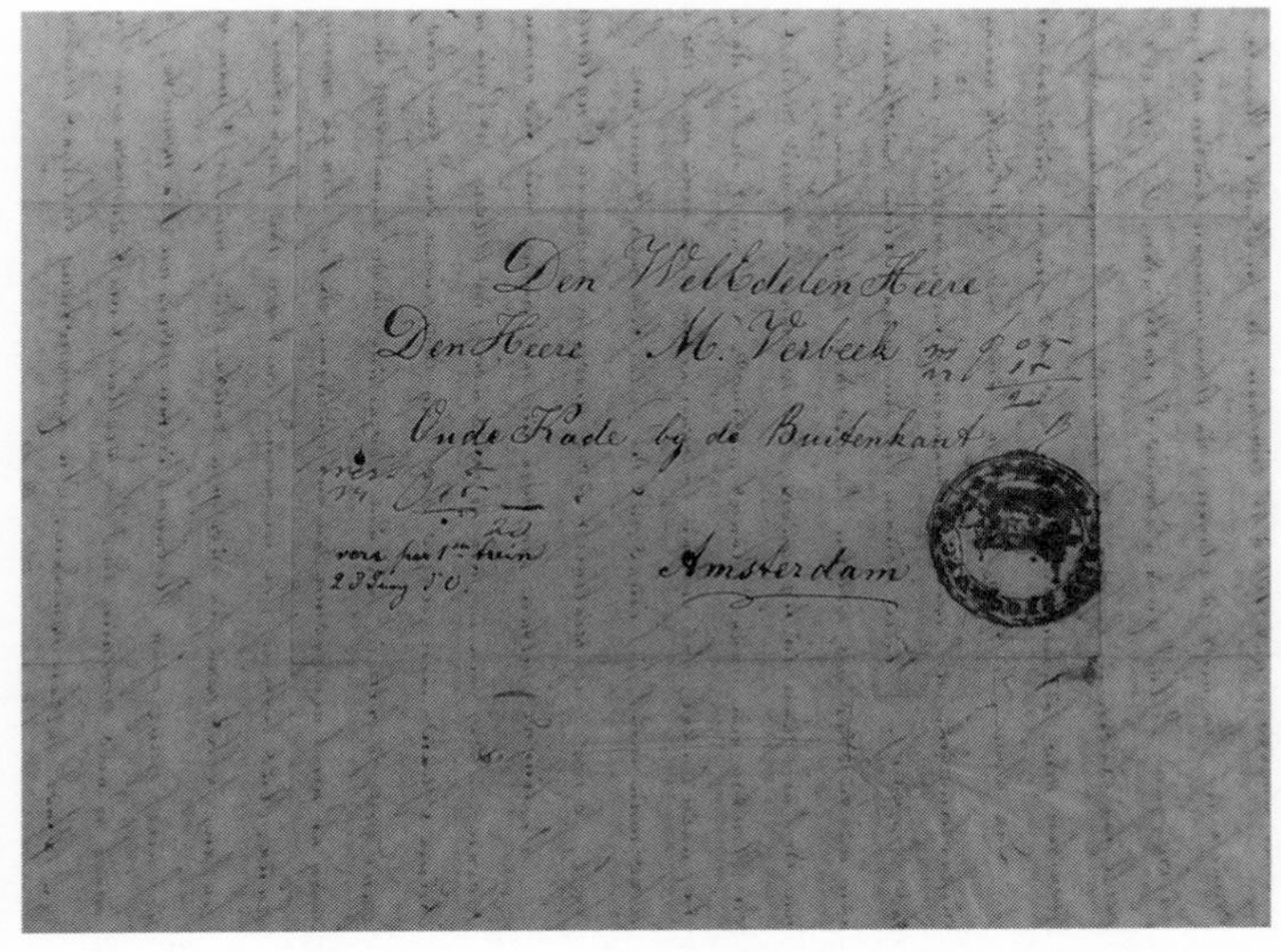

Den WelEdelen Heere
Den Heere M. Verbeek
Oude Kade by de Buitenkant
Amsterdam

音楽の勉強をするためのお金を借りたいと叔父のモリッツ・フェルビーク宛に書いた手紙（ザイスト・モラヴィア教会所蔵）

ウェルター叔父さま

私からの手紙にたいへん驚かれたに違いありません。生まれてこのかた二〇年で、私から最初に差し上げる手紙ですので。いきなり扉を開いて押し入るような無作法を、どうぞお赦しください。長いプレリュードの後に、どうすればよいのか私自身が分からないでおります。思い切って、叔父さまに大きなお願い――もしかすると大きすぎるお願い――を申し述べさせてください。もしそれが叔父さまにとって苦もないことであるならば、あなたはこの願いを拒否なさらないだろうと拝察いたします。どうして、別の人に願い出ないかは、ご理解いただきたく存じます。

私には幼児洗礼にさいしての名づけ親がおり、この方は喜んで私に何がしかの支援をする用意がおありと思います。しかし今回の場合、この方に私の願いを叶えていただくとすれば、彼は私がもっと簡単なことを始めればよいのにと考えるでしょう。そして、それは私には耐え難いことなのです。人は何の意味もない単なる偶然によって、何か専門的なことを学びたいという意欲と素質を与えられてこの世に生を受けるのでしょうか。私には、どうしてもそうは思われません。人は委ねられた才能を地中に埋めてしまうのでなく、他の才能を手に入れるために、少なくとも何かを試みなければならないと私は考えています。

叔父さまの広い見識と豊かな経験をふまえてぜひともご一考いただきたく、またご支援を賜りたく願っていることは真剣なことであり、私にとってこの上なく重要なことです。つまり私の人生をまったく変えてしまうほどの……。

なぜ、もう数年早くそうしなかったのかと仰るでしょうか。二二歳より一歳若いのは、この年齢より二歳年長であるのとさして変わりません。――当時の私は、すでに以前からこの考えを抱いていましたが、そのことを実行したり誰かに知らせたりするのに必要な自立心と勇気がなく、自分自身が不幸な気持ちにならぬよう、その願いを押さえつけていました。しかし今、その思いが止み難いほどに高まり、私は落ち着きをなくしており、この考えを実行することを少なくとも一度は試してみるべきであると感じています。仮にこの願いが叶えられなくても、私自身は自分のすべきことをしたことで落ち着きをとりもどし、他にすべきこととして何が残っているかを知ることになるでしょう。

しかしながら、過ぎ去った年月がまったく失われたものであったわけでもありません。まずもって私は、いつも弱くて、病気がちであったのだろうと思います。今までしてきたことが、それでも将来私によいことをもたらすかどうかが、大いに疑問です。長い間、この主要計画から距離をとってきたうちに、このことへの私の熱意と感激はますます高まりました。なので今こそ、かつてないほどの勤勉さをもってこのことに取りかかり、なおかつ継続するつもりでいます。なぜなら、もし私の計画がうまく運ぶなら、それは今や、他の誰でもない私自身の決心によるものなのですから。（中略）

私の敬愛する父は、決して誇張でなく私をよく教育し、よい教育を受けさせてくれました。さて、私はすでに三年間、自力で生活の必要を満たしてきましたし、改めて〔父の〕扉を叩くようなことをしたくありません。父も、私の計画に関わろうとはしないと思います。しかし私がこの計画と、それを実行するための手段や可能性を手に父の前に現れたなら、彼は同意する以外になく、そうすれば私の計画はやがて実現するでしょう。しかし、私がこの件で叔父さまのお世話になったことを、父が耳にするようなことがあってはなりません。万事がダメになるかもしれないからです。逆に、私がまっとうな仕方で知人から資金を手に入れたと言えば、父は満足するだろうと推測します。

親愛なる叔父さま、音楽と歌唱は私の喜び、また命です。音楽はひとつの専門領域としてはとても広いのですが、私はピアノとオルガン演奏、合唱と独唱から始めたいと願っています。上階の宿泊用の小部屋にピアノを置けば、人を邪魔したり人から邪魔されたりすることなく、早朝から深夜まで練習できます。オルガンはザイスト市にはたくさんあり、両方のレッスンを受けることが可能でありましょう。——歌唱については、私はすでにザイスト市の男声合唱団に所属しています。冬前には、ザイスト市のもっと大きな合唱団に、さらにユトレヒト市の男声合唱団に入ることができるでしょう。聞き歌いをすることにも利点があります。若干の例外はありますが、さしあたりピアノ音楽は十分足りています。L・ファン・ラール氏その他の知人たちが、その蓄えの中から確かに喜んで私に資金を提供してくださいます。ピアノのレンタル代、さらにもしかするとピアノとオルガン、その両方のレッスン代、英語とフランス語のために週に数時間、さらにもしかすると予想外の出費を加えて、必要な費用は一三〇～四〇[9]と計算できるでしょう。つまり八ヵ月分です。それ以上、あなたにご負担をかける必要はありません。清算は、〔一八〕五一年の二月末に、まず四半期分を二度行えるのではないかと思います。

神が命と健康を望まれるなら、仮に一年後でなかったとしても、二年後に、あるいは遅くとも三年後には利子をつけて返金できるものと希望しています。

これだけの総額を、自らの勤勉さの実りを通して取り戻さなければならないという見通しは、私の熱意からすれば余分な、脇に押しやられるべき拍車でありましょう。叔父さまには計画全体をご判断いただきたいと思います。それが実行可能であると思われるなら、私をお助けくださるでしょう。そして、それが叔父さまにとって負担になることなしには叶わない場合、月曜日には来月が始まりますので、直ちにそのようにお知らせいただければと思います。私の叔父さま、私がこのことを強く期待しているというわけではありません。こうしたことで、人はおそらく最善を希望することができますが、つねに最悪の事態も覚悟しておかねばなりません。すべてがうまく行かない場合、私はもしかしたら一四日間、英国に滞在するつもりです。

もしかすると叔父さまは、そして他の人々も、私のことを風変わりな愚か者と思われるかもしれません。そうかもしれません。私はそのことを好ましく思っています。日々の暮らしには、たくさんのことがありますから……。もし私の提案が、叔父さまから見て、愚かしく、厚かましく、生意気で、あるいは煩わしくすらある場合、私が叔父さまのことをよくは存じ上げない、あるいはほとんど存じ上げないことに免じて、どうぞお赦しください。さて、仮にこのことを叶えていただける場合にも、どうか誰にもこの件について気付かれることのないようご配慮ください。私が何ら下心なく、ただあなたであれば、もしかするとこのようなことを喜んで叶えてくださるのではないかという思いだけから、あなたに申し出ていることを、確かにお約束いたします。じきにお返事をいただけることを期待しつつ。敬具。

あなたの甥
ギドー

三枚にわたる長文の手紙について「返信」は残っていない。叔父から返信があったのか、お金は借りられたのかどうかは不明である。だが、若きフルベッキの音楽への情熱は、後に日本の「音楽の近代化」に大いに貢献することになる。

唱歌や音楽教育に大きな業績を残した伊澤修二（いさわしゅうじ）（東京師範学校校長）の音楽への目覚めは南校時代にフルベッキの与えた一冊の書籍、『ゼ、チャイルド』がきっかけとなったといっていいだろう。また、長野県県歌「信濃の国」を作曲した北村季晴（きたむらすえはる）（江戸時代の国学者・北村季吟（きぎん）の末裔）はフルベッキからオルガンを習っている。

この手紙からおよそ一年半後、彼の人生を変える大きな出来事が起きた。一八五二年、フルベッキ、二二歳になろうとする時である。

「最愛の母の最期の様子」を知らせるフルベッキの書簡が同じくザイストのモラヴィア教会の資料室に遺されていた。几帳面な字で綴られ、要点にはアンダーラインがひいてあり、そこからは深い悲しみが伝わってくる。

コッペル一八五二年一月三日

Kappel 3 Jan. 52.

Lieber Onkel und Tante!

Seit einigen Tagen sahen wir unsere liebe Mama deutlich schwächer werden. Am Neujahrstag war sie zum letzten Mal aufgestanden, jedoch spät und so schwach, daß wir sie auf einen Stuhl tragen mußten. — Am 2ten Jan. hütete sie das Bett und verlangte sehr nach Dr Place, welcher auch sogleich herbeigerufen wurde und Mamas Puls <u>sehr</u> schwachschlagend fand.

Heute am Vormittag kam Eugen aus Utrecht um Mama noch ein Mal zu sehn; sie sprach noch deutlich; auch Nachmittags, als Eugen wieder kam konnten wir noch ziemlich alles was sie sagte verstehen bis ungefähr halb vier Uhr. Um sechs Uhr schlief sie ein, fast ununterbrochen weiter; dann und wann versuchte sie etwas auszusprechen, doch mehr schlafend als wachend; wir verstanden nur ein paar Mal: Das bin ich froh.

Um neun Uhr ging Eugen nach Zeist und nur <u>eine</u> Stunde später war unsere theure Mutter nicht mehr bei uns! Ihr Geist war in ein besseres Vaterland entschwebt! (<u>3 Jan. 10 Uhr Abend</u>)

Unser Verlust und unsere Betrübniß sind unbeschreiblich groß; doch das stille, ruhige Dahinscheiden, welches uns alle mit warmem Dank erfüllt, und das Bewusstsein, daß <u>sie</u> jetzt nicht mehr leidet, sondern unendlich glücklich ist, hilft beides leichter tragen.

<u>Von allen</u> die herzlichsten Grüße an Sie und die Ihrigen

Ihr Sie liebender Cousin
Guido.

母の死を親族に知らせる手紙（ザイスト・モラヴィア教会所蔵）

親愛なる叔父さま、叔母さま

ここ数日で、私たちの愛する母は見るからに弱りました。元旦に彼女は最後に立ち上がりましたが、とても遅い時間で、しかも弱々しかったので、私たちは彼女のために椅子を運んだほどでした。一月二日は、彼女はずっとベッドに横たわっており、プレイス医師を呼んでくれとしきりに頼むので、医師に往診してもらったところ、彼女の脈がとても弱っていることが分かりました。

今日の午前、オイゲンがユトレヒトから、ママにもう一度会うためにやってきました。彼女は、まだはっきり話すことができました。午後もそうで、オイゲンがもう一度来て、三時半くらいまでは、彼女が話したことのほとんどを私たちは理解できました。六時には彼女は眠り込み、そのまま眠り続けました。ときおり彼女は何かを言いたそうにしましたが、そうするのは、眼覚めていたというよりも眠りながらでした。私たちは何回か（その言葉を）理解できました。その時は嬉しかったです。

九時にオイゲンはザイストに向けて出発し、そのほんの一時間後に、私たちの大切な母はもう私たちのもとにはいませんでした！　彼女の霊は、よりよい父の国へと旅立ってゆきました（一月三日、夜一〇時）。

私たちの喪失と悲嘆の大きさを言葉で言い表すことはできません。しかし穏やかに、静かに去っていったこと、そのことが私たち皆を温かい感謝の思いで満たし、彼女が今はもはや苦しんでおらず、限りなく幸福であるという意識は、この喪失と悲嘆に耐えることを助けてくれます。

他のすべての人に先立って、お二人とご親族の皆さまに心からの挨拶を送ります。

お二人を愛する従弟
ギドー

新天地

ユトレヒトの工業学校を修了し、母の死から八ヵ月後の九月、二二歳のギドーは三姉ベルタ（ミンナ）とその夫、ピーター・C・ファン・ラール（一八二三〜一九一〇）、そして妹セルマと、その夫で牧師のジョージ・ファン・デュール（一八二四〜一九〇六）の提案と誘いがあってアメリカに渡ることになる。ザイストの地に安住することなく、外の世界を見たい、エンジニアとしての自分の可能性を試したいという強い思いに駆られたのであった。先に移住した姉妹たちが、彼の背中を押した。

「当時欧州ではアムビシャスな青年は競って北米の新天地に移住する傾向があった」（昭和女子大学近代文学研究室『近代文学研究叢書』第三巻）

一八五一年から一〇年の間に、二六〇万人以上の人々が「希望の国」アメリカを目指している。

フルベッキは一八五二年九月二日にオランダを離れた。一ヵ月余の船旅である。『オランダ移民団記録』には、ギドー・フェルビークの記録が残っている。

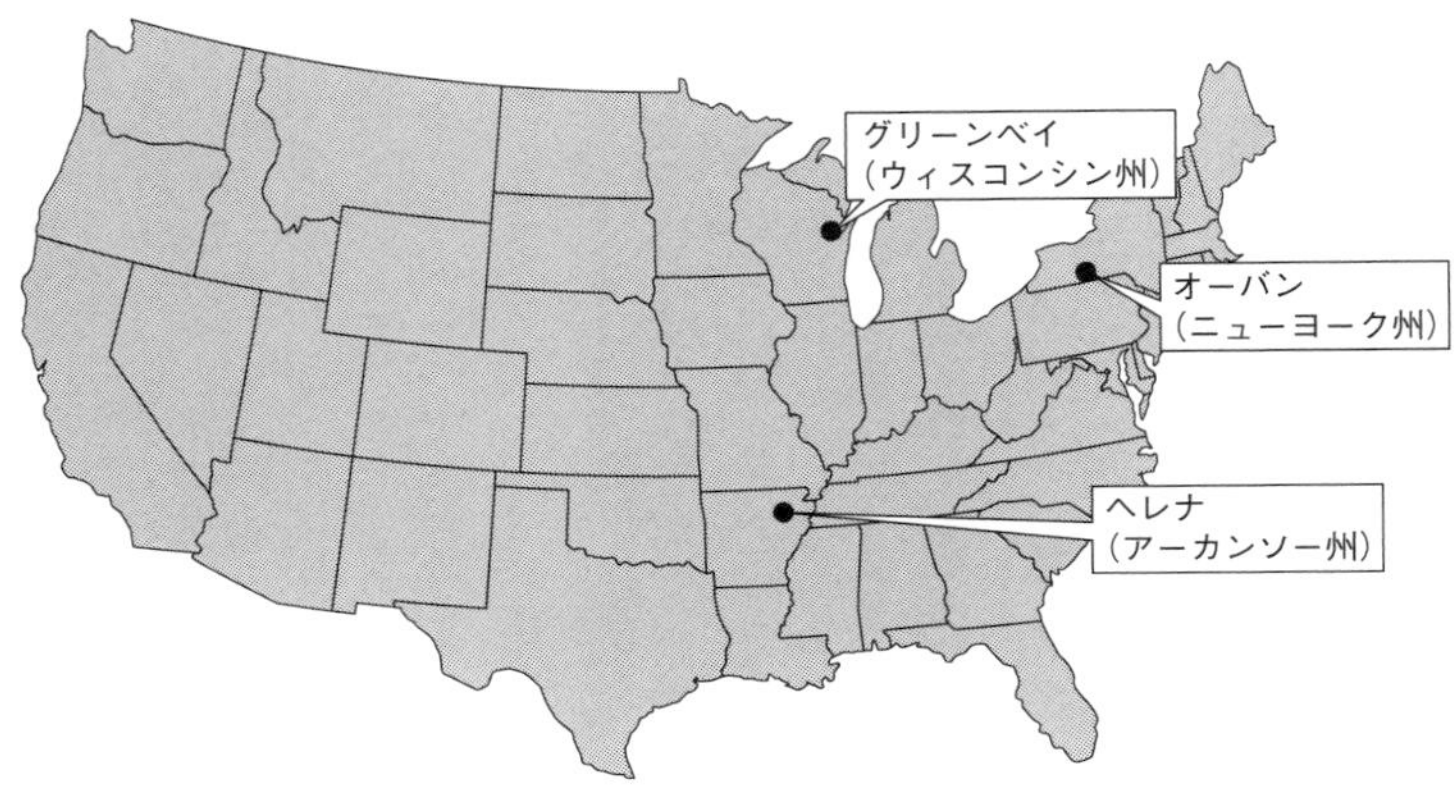

アメリカでのフルベッキの主な居住地

「単身旅行、仕事無し、男性、二二歳、富裕家族、課税評価無し、復興福音ルーテル教会の信者、目的地はアメリカ、渡航理由は不明」

アメリカに来たオランダ人たちは、アメリカとオランダの「良質」の部分を常に模索していた。フルベッキは早速、賢明な行動に出た。一六世紀から一七世紀にかけて多くのオランダ人を含むヨーロッパ出身の人間がイギリスで行い、彼の時代にはアメリカで行っていたことを実行したのだ。フルベッキは自分の名をアメリカ人に聞き取りやすく変えたのだ。フェルビーク（Verbeek）からVerbeckの一番近い綴りにした。以来、Verbeckを使い続け、一族の歴史よりも実用性をとった。Verbeckという綴りは、英米ではヴァーベックと発音されるが、江戸時代の日本で通用する外国語はオランダ語だけだったので、同じ綴りがフルベッキと読まれることになり、現在でもその呼び名が定着している。

一八五三年一月一九日フォート・ハワード（現・ウィスコンシンシ州、グリーンベイ）からオランダに残る二姉のアリネに送ったフルベッキの手紙にはオランダ語でこう書かれている。

「ニューヨーク州のオーバンに到着後、二週間ミンナ（オーバン在住。一年前にオランダから来てP・ファン・ラールと結婚していた）夫婦と楽しく過ごしました。（一八五二年）一一月一日土曜日に、オーバンを出て、バッファローに向かいました。途中の田園風景はずっと素敵でした。オーバンから百マイル離れた内陸に港町を見て驚きました。二本マストや四本マストの汽船も相当な数です」（*Verbeck of Japan*）

一一月六日土曜日、フルベッキはグリーンベイ行きの汽船にバッファローから乗った。エリー湖で嵐に遭い、船はいったん帰港せざるをえなくなり、一一月八日月曜日に再出発した。一一月一一日木曜日にクリーヴランドに着き、その夜に出発したが、強風を受けて煙突と舵チェーンが流されたために、四日間海上を漂う羽目におちいった。陸地から二マイルしか離れていない場所だったが、陸地にたどり着く手立てがなく、乗客も乗務員も助けを求め続けるしかなかった。

この出来事はフルベッキにとって、深刻ではありながら滑稽でもあり、印象に残る経験だった。漂流する汽船はやっと政府の軍艦に牽引されて、クリーヴランドまで戻った。そこから、まず汽船と鉄道で、続いて想像もつかないほどの悪路を荷馬車と橇（そり）に乗って移動することになった。天候に振り回されて散々な目に遭いながらも、ようやく目的地

フルベッキの仕事仲間、オットー・タンクの住居、タンク・コテージ（邸）。現在はヘリテージヒル州立歴史公園内にある（村井智恵氏撮影）

グリーンベイに到着した。お金もすっかりなくなっていたが、受け入れ先にはオットー・タンクが待っていた。しかしながら、これは長くて辛い「青春の彷徨」の始まりでもあった。

一八五二年一一月二三日、フルベッキは妹セルマ夫妻の待つウィスコンシン州グリーンベイに到着した。セルマとその夫ジョージ・ファン・デュールはフルベッキよりも先にオットー・タンクという人物の経済的援助でアメリカに渡っていたのである。オットーはノルウェーの貴族の出で、父が破産してモラヴィア派の一員になった人物である。オットーの最初の妻マリアンは、ザイストのモラヴィア派学園の女子校出身だったが、子供を残して亡くなり、オットーはマリアンの学友キャロラインと再婚した。キャロラインはアムステルダムの資産家の娘で、オットー・タンクは莫大な遺産を相続した。二人が結婚式を挙げたのはザイストのモラヴィア教会であった。こうした経緯から、フルベッキはオットーとすでに知り合いであったと考えられる。

フルベッキがアメリカに渡った頃、オットーは大金を元手にアメリカ在住のモラヴィア派信徒のための新天地を造ろうと努めており、フルベッキはオットーに協力することになっていた。フルベッキの渡航費用を出したのもオットーだった。ところが、貴族的で尊大なオットーと、牧師を始めとする信者たちとの仲は決して良好ではなく、一八五三年三月には、信者たちは新たなコミューンを築くためにグリーンベイを離れてしまった。妹夫婦もしばらくの間、ニューヨークのブルックリンに移ることになった。フルベッキはグリーンベイ近くのタンクタウンの鋳物工場に留まったものの、孤独な生活に嫌気がさし、一八五三年一一月一日に妹夫婦が住むニューヨークに移った。フルベッキは新たな仕事を必要としていた。

到着して間もなく、職を求めていたフルベッキはアーカンソー州ヘレナで「土木技師として働かないか」と誘いを受けた。土木技師の経験はなかったが彼はこの誘いに乗った。

しかし、一八五三年一一月四日から一八五四年八月一日まで滞在したアーカンソー州ヘレナでの生活は辛く、悲惨なものだった。

ヘレナから最初に送ったフルベッキの手紙には、橋の設計、地図の作成、様々な種類の工学的な計算を行う仕事に追われて忙しく日々を過ごしていると書かれている。一日中、日曜さえも、綿畑で働き続ける貧しい奴隷たちの姿を見て、膨らんでいたアメリカへの憧れに影が差すこともあった。魂の糧となるものを求め、福音書の素晴らしい説教を聞きたい気持ちに襲われていた。当代随一の説教家で奴隷制廃止運動を推進したヘンリー・ワード・ビーチャー師かチャールズ・ウォズワース博士の説教を聞けるなら、喜んで二〇マイルでも歩くとさえ思った。だが、アメリカの宗教が本物で心揺さぶるものだと認める一方で、見世物的な要素が多いのも気になっていた。

アーカンソー州の暑い気候にも馴染めずにいた。夏に発熱と悪寒があれば気をつけるようにと医者から警告をうけたが、そうなる前に汽船で別の場所に逃げることにしますと答えた。にもかかわらず、六月一八日、忍び寄ってきた熱病についに襲われた。七月二四日まで一ヵ月以上ベッドから起き上がることもできず、ガリガリの状態にやせ細ってしまった。医者からの請求書と看護代でわずかな貯えもふきとんでしまったが、周りの数多くの若者がコレラで亡くなっている状況を考えれば、快方に向かっただけで感謝しなければと思った。

この病気はフルベッキの人生の転機となった。病いの最中自分の身内に一度ならずフルベッキはこう話している。

「もしもう一度、健康が取り戻せたら、神の仕事のために身を尽くします」(*Verbeck of Japan*)

フルベッキは神に宣教師になることを約束した。

ヘレナで技師として働いたが病いになり挫折したフルベッキは、再び歩ける状態にまで回復すると、セルマが移ったウィスコンシン州グリーンベイに舞い戻り、妹夫婦を頼って再出発する道を選んだ。

ヘレナを発つことができたのは一八五四年八月一日になってからだった。フルベッキが将来の具体的な計画が描けないまま移ってきたのは、妹夫婦が気づかって、一緒にいることを強く望んだからだ。フルベッキは再び、タンクタウンの鋳物工場で働くようになった。

当時のアメリカの生活についてフルベッキは「とても孤独で退屈だった」と述懐している。悶々とした日々を送っていたのである。理想と現実とは違った。まだ西部は開けておらず、南北戦争の前の時代である。

後年、一八六三年七月二一日、フルベッキは上海滞在中にニューヨークのアメリカ・オランダ改革教会伝道局のフィリップ・ペルツ宛の書簡の追伸(伊藤典子『フルベッキ、志の生涯——教師そして宣教師として』)で、当時を振り返っている。

「タンク氏はグリーンベイの人々とうまくはいっていませんでした。しかし、彼の主義として、自分から法律を犯したり、訴訟を起こすということはありません。それでもまわりの人々は彼の弱点を利用し、彼の意志や意向に反して、法廷に引きずり出そうとするのです。(中略)巨大な富と財産が、タンク氏のクリスチャンとしての性格を台無しにしてしまったのではないかと危惧しております」（高谷道男氏タイプ原稿。明治学院大学所蔵。村瀬寿代訳）

オットー・タンクは金銭関係など様々なトラブルを抱えていて、訴訟になるほどの大きなトラブルもあった。タンクの下でエンジニアとして働いていたフルベッキがグリーンベイを離れることになったのは、彼のやり方に賛同できなかったことも一因だ。

アメリカ中西部のグリーンベイでの生活は、フルベッキにとって、祖国オランダから遠く離れた未開の地でのとても寂しいもので、特に義弟のジョージ・ファン・デュールがオーバン神学校に入るために妹夫妻と離れることになってからはその思いは強くなった。しばしばホームシックに襲われ、机に向かっている時、思わず頭を抱えて涙をこぼし、故郷コッペルでの生活に思いをはせた。それでも、希望の歌を口ずさんだ。グリーンベイは緑豊かで、フルベッキにザイストを思い起こさせた。

当時の出来事をグリフィスは記している。

「多感な青年フルベッキの慰めは、犬と蜘蛛だった。〝ウォッチ〟という名のタンク氏の大型犬と仲良くなった。ウォッチは彼の後をずっとついてきた。一緒に森を散策していたある日の午後、家から一五分ほど歩いた辺りで、巨大な熊に遭遇した。しばらくして目があった。たじろぎ、どうしていいか分からなくて動きが止まった。犬の姿に気づいた熊が後退りした。『逃げるが勝ち』と判断した彼も後退した。両者とも背を向けて進んだ。二度と出会わないことを願って」（*Verbeck of Japan*）

フルベッキの母は蜘蛛が大好きで、フルベッキもその趣味を受け継いでいた。部屋にペットの蜘蛛を一匹飼っていて、決して殺したりしないよう他の人々に言っていた。帰宅した彼がヴァイオリンを演奏すると、それにあわせるように蜘蛛が姿を見せて、彼をとても喜ばせた。蜘蛛は自分のために開かれたコンサートを楽しんでいるかのようだった。

主の霊がわたしの上におられる。
貧しい人に福音を告げ知らせるために、
主がわたしに油を注がれたからである。
主がわたしを遣わされたのは、
捕らわれている人に解放を、
目の見えない人に視力の回復を告げ、
圧迫されている人を自由にし、
主の恵みの年を告げるためである。

（ルカによる福音書第四章一八節～一九節）

主は囚人を解き放つ、圧迫されている人を自由にする。まさに、この時のフルベッキの心境であった。

一八五五年一二月一五日、籠に閉じ込められた鳥のような気持ちで、グリーンベイから手紙を書いている。

「この特異な地域から伝えるべきことは、あまりありません。今日は土曜日の夜です。今週もつらい一週間でしたが、なんとか耐えられました。早くも一年が過ぎようとしていますが、来年は今年よりもいい年になることを願っています。自分の人生が――いろんな要素を鑑みると――前に進まず、後退しているような気がしてなりません。でも、うまくいかなかったのは自分自身の責任もあったのでしょう。私は自分が老人ならよかったと思うのです。そうすれば、楽しく陽気でいられるのに。私はずっと秋が一番好きでした。時々――あなたにとって大切な詩人――ウィリアム・クーパーの言葉をふと考えることがあります。『もし、私がこの世に適さないのと同様に、あの世に適しているなら、聖人として天国に住むんだが』と。しかし、神は私がそうした深刻な問題を軽々しく口にすることを禁じておられます。私が今抱えている孤独と退屈は多くの人に共通するものなのだと思います。そうしたことはすべて分かっているのに、暗い気持ちになってしまいます。少なくともいくつかの分野では、自分が何でもできると思っています。現在や将来どうしたいか何の計画ももたず、一時的な思い付きに従って、現状で必要とされることをしているものの、かなりひどく追い込まれ、先がまったく見えない状況です。でも、何も心配はいりません。何があろうと終わりよければすべてよしです」(*Verbeck of Japan*)

訴訟事件

前述したように「神の仕事のために身を尽くします」とアメリカ南部のヘレナでコレラに罹り生

死を彷徨(さまよ)っていた時、フルベッキは誓った。

宣教師になる決意をしたのはそれだけの理由ではなかった。

フルベッキはタンクと鋳物工場の共同経営を開始した。なんどもハワード鋳物工場[10]（HOWARD FOUNDRY）の広告をフルベッキの名前で出している。

「一八五五年八月一五日から、タンク所有の鋳物工場の指導・監督者に昇進し、管理人として一八五六年四月二〇日まで勤めあげた」（伊藤典子『フルベッキ、志の生涯――教師そして宣教師として』）

しかし、この八ヵ月間にわたるビジネスはうまくいかず、訴訟事件にも巻き込まれることになった。フルベッキが依頼人のジョセフ・ウィデンを訴えたこともある。ウィデンはフルベッキの鋳物工場に蒸気船のエンジンの修理を頼んだが、その代金が未払いでフルベッキが訴えたのだ。

さらに取引先のジョエル・フィスクなる人物がオットー・タンクを訴えた。タンクと共同経営者だったフルベッキも訴えられた。この事件は所有していた乗客や積荷を載せる航路用の船が難破してしまい、大きな損害を被ったフィスクが、その原因をハワード鋳物工場のエンジンの設計・設置ミスに求め、タンクとフルベッキに損害賠償を請求したものであった。

この裁判は七年以上に及び、フルベッキが日本滞在中もなお係争中だった。これらの記録が現在、ウィスコンシン州立大学グリーンベイ図書館に全て残っている。裁判書類は全二六三ページに及ぶ。

フルベッキが蒸気船のエンジンを作ることができるエンジニアだったという事実は大変興味深い。彼が高度な技術を身に着けていたことに驚かされる。

「訴訟事件や妹夫婦の引っ越しなど、度重なる出来事で、彼は孤立感をつのらせ、その人生観をも大きく変えさせた」（同上書）

南部のヘレナでコレラに罹ったことが伝道の道を目指す契機になったことは、グリフィスの記述にもあったとおりだ。しかし、内面の満たされない無味乾燥で孤立した生活に意味を見いだせず、さらに訴訟問題に巻きこまれるなど、利益ばかりを追求するような世俗の暮らしにあきあきしたことも、神と共に生きる決断を下した大きな理由となった。

こうしてフルベッキは神学を学び、牧師になることを決意したのである。もっとも、フルベッキには幼い頃から、宣教師への憧れがあった。ザイストでの少年時代に、モラヴィアン派の宣教師ギュツラフの東洋伝道に関する熱烈な講演を聞き、大きな感動を受けていたのである。

ここでフルベッキが病気になった年にマシュー・C・ペリー艦隊司令長官率いるアメリカ軍艦四隻が日本に派遣されたことも記しておかなければならない。アメリカと日本の江戸幕府間で交わされた日米和親条約のことは、グリーンベイにいたフルベッキもすでに知っていた（*Verbeck of Japan*）。

グリーンベイではぎくしゃくとした人間関係があり、ヘレナで働いたもののコレラに罹り、もう一度やり直そうとグリーンベイに戻って「本当のヤンキーになろうとした」が挫折した。新天地アメリカに渡ってわずか三年でフルベッキの夢は潰えてしまった。

ここにおいて人生の進路を変える新しい方向、すなわち神の教えを遠く離れた土地に伝えるという道を選択した。

かくしてフルベッキは大きな決断を下したのである。フルベッキは神学校に入学するためにニューヨークに向かった。

「私は巡礼者」

一八五六年六月、フルベッキはセルマの夫ファン・デュールの勧めもあってオーバン神学校を受験し合格、九月一六日に入学した。

オーバン神学校では一八五九年三月まで学んだ。この神学校は、現在、ニューヨーク市のユニオン神学校に吸収されている。

神学校で初年度に履修する科目はヘブライ語、神学聖書教会法、聖書原典研究、聖書解釈、新約聖書の評論解釈、パレスティナの自然地理学、ならびにユダヤ人の文化、宗教と歴史、聖典に関する講義などと *Catalogue of the Officers and Students of the Theological Seminary 1856-1857*（オーバン神学校要覧）に記載されている。二年目の修得科目も驚くほど多い。

コロンビア大学が所蔵する *A History of Auburn Theological Seminary 1818-1918* に載っているフルベッキへの奨学金についての記述を伊藤典子が引用している。

「一八五九年の会議の席で、カユガの長老・牧師会は、神学校での勉強を続けるためのギドー・フルベッキへの資金援助を委員会を通じて授与すると、決定した。神学校の大勢の優れた同窓生のなかでも、日本で長い間宣教師として偉大なる功績を残したフルベッキほどの人物は類がない」（伊藤典子『フルベッキ、志の生涯――教師そして宣教師として』）

この頃、フルベッキは奨学資金の申請をするほど困窮状態にあったことを窺わせる。ニューヨークの実業家で慈善家のウィリアム・E・ドッジは友人のひとりで、そんなフルベッキを励まし、喜んで援助を約束してくれた。

貧しくはあったが、奨学金をもらうこともでき、得意な言語と声楽に才能を発揮して、フルベッキは、楽しく有意義な二年半を送ることができたのである。姉妹が結婚後ニューヨークに住んでいたことも大きかった。将来、神のために働きたいという期待も高まっていた。

「フルベッキの声は深みのある豊かなテナーで、彼は神学校の四重唱に参加した。ある女性は、一八五八年の感謝祭に父親の家で耳にしたフルベッキの歌の素晴らしさを記憶している。臆病と言えるほど控え目な彼が伴奏をつけ、他人を喜ばせたくて夢中で歌っていた。人の役に立てると分かっ

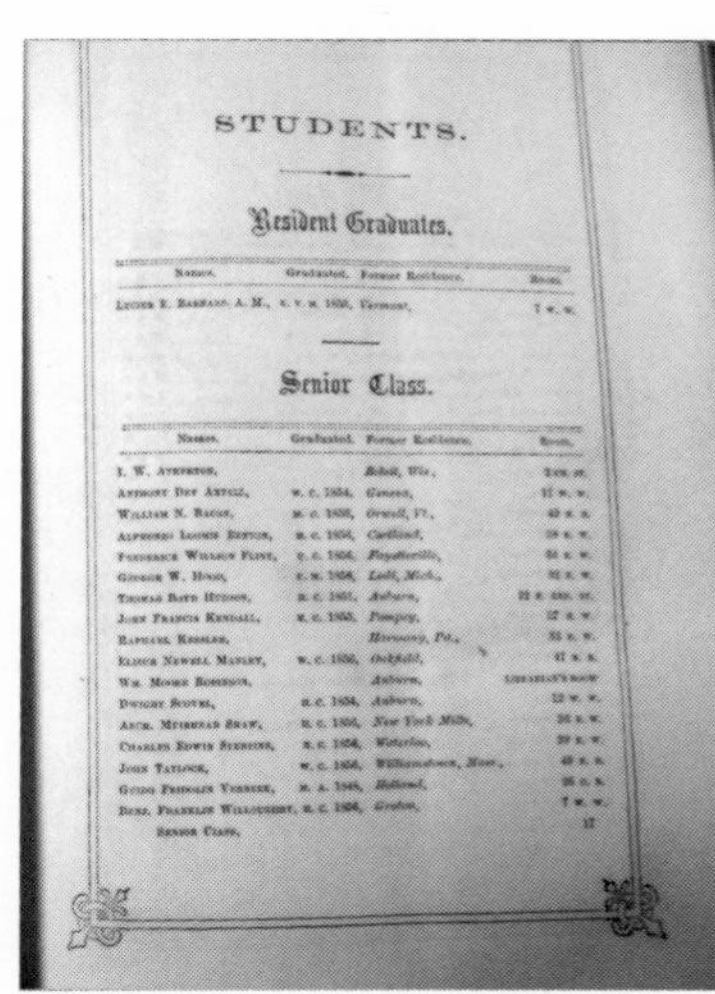
STUDENTS.

Resident Graduates.

Senior Class.

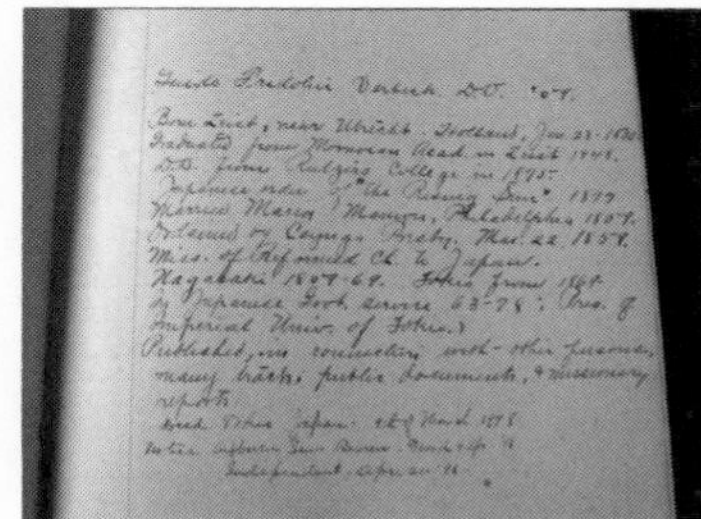

（上）オーバン神学校にフルベッキが在籍していた当時の３年生の名簿（下）オーバン神学校の卒業生の名簿中のフルベッキの記録（コロンビア大学図書館所蔵）（共に伊藤典子氏撮影）

た時、内気な性格が消えるのだ」(*Verbeck of Japan*)

ある日、神学校から戻ると、顔を輝かせ、声量豊かな声で、「私は巡礼者」という讃美歌を歌った。一八四一年にメアリ・シンドラーが書いた讃美歌で、アメリカに来て初めて知った、フルベッキの心情とみごとに重なるものだった。

I'm a pilgrim, and I'm a stranger,
I can tarry, I can tarry but a night;
Do not detain me, for I am going
To where the fountains are ever flowing:
I'm a pilgrim, and I'm a stranger,
I can tarry, I can tarry but a night.

我は巡礼者で寄留（きりゅう）の身
留（とど）まれても、一夜だけのこと
我を引き留め給うな、流離（さすら）う身なれば
泉の渇（かわ）くことなき処（ところ）を目指して
我は巡礼者で寄留の身
留まれても、一夜だけのこと

There the glory is ever shining;
O my longing heart, my longing heart is there:
Here in this country so dark and dreary
I long have wandered, forlorn and weary:
I'm a pilgrim, and I'm a stranger,
I can tarry, I can tarry but a night.

彼の地では絶えず光輝き
我が憧れの心が、我が憧れの心輝き
だが、暗く、わびしきこの地では
我はずっとさ迷い寄る辺（べ）なく疲れ果てて
我は巡礼者で寄留の身
留まれても、一夜だけのこと

Of the city to which I'm going
My Redeemer, my Redeemer is the light;
There is no sorrow, nor any sighing,
Nor any sinning, nor any dying:
Of the city to which I'm going
My Redeemer, my Redeemer is the light.

Amen.

　目指す街では
我が贖い主が、贖い主が光にいます
悲しみも嘆きもなく
罪を犯すことも、死に遭うこともなく
目指す街では
我が贖い主が、贖い主が光にいます。

アーメン

アメリカ風オランダ人

神学校での勉学に没頭している間、神学校の礼拝堂にドイツ出身の人々が訪れてくると、フルベッキは得意のドイツ語で説教した。そして彼はひとりの女性に心を奪われた。後に結婚するアイルランド生まれのマリア・マニヨンである。

この時期、オーバンから近い美しい町オワスコ・アウトレットで、将来の師となるサミュエル・R・ブラウン[11]がサンドビーチのアメリカ・オランダ改革教会[12]の牧師を務めていた。彼は中国におけるキリスト教教育の先駆者だった。モリソン教育協会から派遣され、布教のために、一八三八年から一八四七年まで中国・広東に滞在した。妻の病気でアメリカに戻ると、一八五一年からオワスコ・アウトレットに居を構えたが、極東、もしくはアメリカ人の言うところの海を越えたニューウェストでの仕事があれば、宣教に復帰したいと考えていた。サンドビーチ教会でもその熱い想いを語っていただろう。

ここで、幕末までの日本におけるキリスト教の歴史を概観しておこう。一五四九年、旧教のイエズス会宣教師フランシスコ・ザビエルが鹿児島に上陸し、布教を始めたのが、その嚆矢（こうし）である。織田信長はキリスト教に寛容で、キリシタン大名が幾人も出現し、南蛮文化が栄えた。なかでも長崎を開港した肥前（三城城主）の大村純忠（おおむらすみただ）は、最初にキリシタン大名となった熱心な信者で、なんとイエズス会に長崎を寄進してしまった。こうした状況を憂慮した豊臣秀吉は、一五八七年、バテレン追放令を出し、翌年には長崎の教会領を没収して長崎代官を置くようになった。一五九六年には禁止令を出し、長崎でスペインやポルトガルの聖職者と日本人信徒ら二六人を処刑している。

江戸幕府もほぼ秀吉の政策を受け継いだ。隠れキリシタンを厳しく取り締まる制度、寺請制度をつくるなどして、キリスト教を邪宗として徹底的に禁じた。幕府はいわゆる鎖国を維持したが、わずかながら海外への門戸を開いていた土地の一つが長崎であった。清（中国）やオランダを相手に長崎貿易が行われ、長崎港の出島にはオランダ商館が建てられて、オランダ人が居留した。ポルトガル人などは布教に熱心だったが、新教徒であるオランダ人は伝道を行わず活動は交易に特化していた。このため、ポルトガル人らは追放され、オランダ人だけが留まることができた。日本人との交流を制限されてはいたが、キリスト教徒が幕府に公認されて日本に存在していたことになる。

一八五八年（安政五年）に日米修好通商条約を締結した初代駐日アメリカ合衆国弁理公使タウン

ゼント・ハリスは、その第八条にある「アメリカ人によるキリスト教の信仰、会堂設立の自由、長崎での踏絵の禁止」等を日本に認めさせた。これがフルベッキ来日の後押しとなった。

後に三井物産を創業する益田孝（ますだたかし）はハリスについて書いている。

「ハリスは実にえらい人物であった。そして、日本という国は面白い国である、どうかこれをよく導いて、立派な国にしてやりたいという好意を常に持っておった。

日米通商条約は安政五年に締結されたが、当時幕府はその締結を大いに躊躇したのであった。ハリスとの談判の衝に当たったのは安藤対馬守〈信正〉という老中であった。今日でいえば外務大臣である。ハリスは安藤対馬守に、ぐずぐずしていると大変なことになりますぞ、私が輸入五分税と言うから、あなたは何だか私に騙されたような気がするであろうが、今イギリスはフランスと連合してシナを散々な目に遭わせている。しかしこれはもうほどなく落着する。そうなったらイギリスはすぐに大艦隊を率いて日本にやって来るに相違ないが、その時には戦勝国の勢いでやって来るのであるから、ペルリが来た時のようなものではない、どんな要求をするか知れない。しかし今私と条約を結んでおけば、イギリスもこれに従うより他に仕方がないのであるから、あなたは国家のために一身を犠牲にして、自ら責任をとってこの契約を一刻も早くお結びなさいと言うた。

安藤対馬守もとうとうハリスの熱誠に動かされ、幕議を纏めて条約の締結を断行したが、ハリスの言うた通りであった。果せるかな、間もなくイギリスは大艦隊を率いてやって来た。しかしその時にはすでにアメリカとの条約が出来ておったから、イギリスもこれに従うの他はなかった」〈長井実編『自叙　益田孝翁伝』〉

フルベッキが日本に向かった頃、長崎を始めとして箱館（函館）、新潟、神奈川（後に横浜）、兵庫（神戸）の港がアメリカに開かれていた。だが、ペリーの頃から黒船は太平洋を渡ってきたのでなく、もっぱら西から東へと喜望峰廻りで航海して来た。その際に最初に到着したのは長崎だった。長崎湾に入って海上から市街を眺めると、港を隠すように長大な陸地が広がっている。その入口付近にあるのが高鉾島（たかぼこじま）（Pappenburg）だ。「島原一揆の後の一六四三年、日本のキリスト教信者らが、この島から海に突き落とされたという伝説がある」（*Verbeck of Japan*）とグリフィスは記している。Pappenburg は直訳すると、父の城、「神の砦」の意味である。「戦争は地理による」という言葉通り、布教活動も地理に左右されるところが大きい。キリストの復活――今回はローマ・カトリックだけではなくプロテスタントの信仰も長崎にもたらされるわけだ。

英語に直訳すれば The Long Promontory である長崎に最初にアメリカ人宣教師たちがやって来た。そして一八五八年に宣教師招聘を説く手紙が初めてアメリカに送られた。

新教宣教の日本での起源について『清末・幕末に於けるS・ウェルズ・ウィリアムズ生涯と書簡』（フレデリック・ウェルズ・ウィリアムズ著、宮澤眞一訳）は次のように記している。「オランダの使節、ドンケル・クルチウス（Donker Curtius）は日本との条約を調印したばかりであった。会ったときの彼の口に出た言葉が、たいへん印象深かった。日本側の役人たちが、クルチウスに述べたところによると、アヘンとキリスト教の進出さえ、日本から排除できるのであれば、彼らとしては、外国人の要求する全ての貿易権益を許す気持ちでいる、というのである。そのとき の日本訪問時に（ミネソタ号に同乗して来たのであるが）、長崎に二人の牧師がいた。サイル牧師とヘンリー・ウッド従軍牧師である。そこで僕たち三人は、相談をして、それぞれ所属する母国の伝道協会本部に書信を送ることにした。米国聖公会、米国オランダ改革派教会、長老派教会の伝道教会に宛てて、日本に派遣する宣教師を任命するように促したわけである」（『清末・幕末に於けるS・ウェルズ・ウィリアムズ生涯と書簡』）

「S・ウェルズ・ウィリアムズ博士の書簡がニューヨークに届くと、オランダの改革教会の実の娘であるアメリカ・オランダ改革教会の外国伝道局がその問題を検討することになった。その日本からの要求は一八五九年二月に福音を広く届ける目的で開かれた月一度の会合でも取り上げられた。その日本から行われたのは五番街二一丁目にかつてあった南改革教会だ。『日本はオランダと長きにわたって友好的な関係を続け、今やアメリカに関心を向けている。オランダ人とアメリカ人を代表して、アメリカのわがアメリカ・オランダ改革教会が他教会に先んじて、その国の三〇〇〇万の人々に福音を伝える役目を負うことは時宜に適っている』」（*Verbeck of Japan*）

「南改革派の長老二名が、日本伝道の援助資金として教会から各々年間八〇〇ドルずつ与えることに同意し、教会が費用の三分の一の額を負担することに決定した。外国伝道局は黙々と何年もの間、恐らく成功の見込みもない仕事に取り組める、勇気ある本物の男を探し始めた。医師資格のある者と宣教師二名が必要とされ、その中のひとりは日本とオランダの長い繋がりからオランダ語に通じた『アメリカ風オランダ人』でなければならなかった。必要経費の確保ができ、開拓者としてふさわしい人物を探そうとする前に、S・R・ブラウン師からの申し出があり、その時点で、既に同行者を探し始めていた」（*Verbeck of Japan*）

今や失われたフルベッキ自身の手書きの宣教師日誌から、教会の人々が「アメリカ風オランダ人」をどうやって探し、見つけ、日本に送ったのかを*Verbeck of Japan*から見ていこう。

「一八五九年一月中旬に、オーバンにある第一長老教会のチャールズ・ホーリー牧師から、日本に宣教師として派遣するアメリカ風オランダ人をオランダ改革教会が探していると聞きました。ホーリー氏がスカッダー博士に私（フルベッキ）を推薦してくださってから一週間ほど経って、ブラウン師が同じ話をしに私に会いに来ました。一月二二日に私は、一緒にニューヨークのオランダ改革教会の伝道局に行こうと言われました。二〇日に主事を務めるアイザック・フェリスに手紙を送った後、二八日金曜日にブラウン夫妻とニューヨークに行きました。土曜日にはフィラデルフィアに行き、一月三一日月曜日にジョージ・ファン・デュールと一緒にニューヨークに戻って、午後三時に委員会の会議に出席しました。ニューヨークでは、ドリーマス氏の子息と一緒にジョージとウィリアム・E・ドッジに会いました。ジョージは火曜日に、私は二月三日木曜日にオーバンに戻りました」（*Verbeck of Japan*）

二月一六日付で、フルベッキは按手式（聖職につく者を司教や長老などが按手によって聖別する儀式）の指揮等に関する権限をフェリスから授かった。

「私は三月二二日に、ニューヨーク州カユガの第二長老教会から宣教師になる許可を与えられ、任命を受けました。第二長老教会でそれぞれ、午後一時半と七時にコンディット博士による説教と、ホール博士による説示がありました。オランダ改革教会の聖職者の多くが出席し、その中には当日の行事すべてに参加した人もあり、翌日一一時に、カユガのオランダ改革派の宗教法院（クラッシス）のメンバー

になったのです」（*Verbeck of Japan*）

わずか一夜だけ、フルベッキは長老派の牧師となった。女王のティアラの宝石のように湖をちりばめたカユガの宗教法院は、数多くのキリスト教徒を輩出したことでも知られている。

フルベッキはマリアと共に、オワスコ・アウトレットのサンドビーチ・オランダ改革教会での歓送会に出席した。ドイツ人信徒、教授、友人に別れを告げ、四月一五日にオーバンを離れた。多くの学生や友人たちが送り出してくれた。

四月一八日月曜日午前一一時、フィラデルフィアでフルベッキとマリア・マニヨンは義弟ジョージ・ファン・デュール牧師のもと、結婚式を挙げた。二人は美しいスクールキル・ヴァレーから新婚旅行に出かけ、フォージ・ヴァレー近くのモリスタウンで色づき始めた春の木々を目にした。

ニューヨークを発つ前、フルベッキはアメリカ市民権を取得しようとしたが、許可が出なかった。当時の国籍申請条項では在住三年で帰化の申請をし、五ヵ年目に認可される。条件を満たしていなかったのだ。また、五年間在国しなかったオランダの国籍も失効していた。フルベッキはハリスの計らいで、「無国籍」ではあったが来日することができたのだ。

日本に出発する時、フルベッキはまだ見ぬ国、日本に新たな希望を見出そうとしていた。

まだ見ぬ国

一八五九年（安政六年）五月七日土曜日の正午、フルベッキ夫妻、S・R・ブラウンの家族、ドゥエイン・B・デュアン・シモンズ医師夫妻、サンドビーチ教会員で自給の最初の女性宣教師として来日するキャロライン・エイドリアンスなどの一行はサプライズ号に乗ってニューヨークを離れた。三九年後の一八九八年（明治三一年）三月一三日フルベッキの葬儀に際して、弔辞を読むことになる、フルベッキの日本における生涯の友、ジェームズ・H・バラが出港を見送った。船は風に乗って一路上海に向かった。

その船上で、フルベッキはオランダ語の日本語辞書ですでに日本語文法を学び始めている。当時は日本への航海に実に数ヵ月も要した。途中、荒天に見舞われることも珍しくなく、まさに命がけの旅であった。

出帆して三一日で赤道を越え、六月三〇日にはアフリカ大陸最南端の喜望峰に達した。彼らは七月四日（アメリカ独立記念日）を祝った後、インド洋を越えて七月二八日にジャワ島の港アンジャに上陸し、二日間を過ごした。南国の楽園ともいうべき土地で甘くて新鮮な果物を口にした。翌三〇日に出港し、南シナ海を通って二五日後の八月二五日に香港に到着した。

ところが、嵐と船の修理のためにまるまる一ヵ月間、香港に足止めされた。その間にフルベッキはスコットランド、ドイツ、イギリスの宣教師たちを訪ね、英国国教会の大聖堂にも足を運んでいる。

一〇月一七日に上海に到着、フルベッキはE・C・ブリッジマン（米国組合教会の初代中国宣教師）、E・W・サイル（聖公教会宣教師）、S・ウェルズ・ウィリアムズ（米国長老教会）、そしてポーハタン号付き牧師ヘンリー・ウッド（アメリカ・オランダ改革教会）と会った。彼らと相談の結果、ブラウンとシモンズは上海に家族を残してただちに米国領事館のある神奈川に行くのが得策だという結論に至った。二人は一〇月二一日に神奈川に向かう船に乗りこみ、一一月一日に到着。先に横浜で宣教活動をしていた長老教会のJ・C・ヘボン博士に出迎えられて、ブラウンはヘボンと同じ成仏寺、シモンズは宗興寺を住居にした。不思議な話だが、江戸幕府と仏僧までもがキリスト教宣教師が住むために寺を提供していたのだ。

一度に外国人宣教師が同じ場所にやって来ると日本人に不審感を抱かせるのではないかと心配したフルベッキは、冬の間は上海にとどまって語学を習得し、春になってから長崎に行くことを考えていた。だがウェルズ・ウィリアムズをはじめとする人たちの忠告を受け、それまでの予定を変更して長崎に向かうことになった。妻は上海に滞在させ、身重の体調が整うのを待ってから呼び寄せることにした。

かくして一一月四日、フルベッキは長崎に向けて出航し、一一月七日、ついに長崎に到着した。

その頃、長崎では何が起きていたのか。

ヨーロッパの黒海沿岸周辺の問題だったクリミア戦争の影響が日本の長崎港まで飛び火した。フランスとイギリスの艦隊が一八五四年一月に黒海に入り、三月下旬にロシアに対して宣戦布告した。一八五四年九月上旬に、英国のジェイムズ・スターリング司令長官が率いる艦隊が長崎にやって来た。影響が日本に及ぶ可能性をほのめかし、日本での物資補給を認めるように要求し、日英和親条約が結ばれ、北の箱館港と南の長崎港に寄港しての補給が許されるようになった。スターリングは一ヵ月以上、長崎寄港を続けた。その間、それが大きな騒ぎになると、幕府は日本人の国外脱出に加え、外国人の入国にも眼を光らせるようになった。

そこで、一八五五年（安政二年）六月長崎沿岸を警備し、出入国の管理を徹底するため、肥前藩が防衛と監視を命じられた。藩は重臣の村田政矩（むらたただのり）にその任務を行わせた。村田は勇敢かつ忠実な役人で、官位は若狭だった（中島一仁「幕末期プロテスタント受洗者の研究（三）――史料に探る村田政矩――」『佐賀大学地域学歴史文化研究センター研究紀要』第一〇号）。

村田の養父は佐賀藩士中、最も西洋の学に通じ、一万石以上の身分で相応の財産家であった。村田の西洋好みは養父の影響が強かった。

村田は知識に飢え世界を見るために日本を出国しようとする者が警戒線を破って外国船に乗りこまないよう、港の周りに警護の船を配置した。

「当時、日本は盆栽のように、自らの成長を阻み続けていた。握りこぶしくらいの大きさのまま、根を切り、日光や空気や湿度も完全に排除するか施し程度にしか与えないという状況だった。光明も知識も当時の幕府の望むところではなかったのだ。それでも、出島には一〇人ほどのオランダ人が生活し貿易を行うことを許され、薄暗いランタンのような存在として、明かりを照らしていた。村田はオランダ人からもらったセヴァストポリの戦い（クリミア戦争における激戦で、イギリスを中心とする連合軍がセヴァストポリにたてこもるロシア軍を包囲して打ち破った）の包囲の絵にひどくショックを受けた。キリスト教国家がどんな力を隠し持ち、そのような力をどうやって獲得したのか、オランダ人たちにいろいろ尋ねている」[13]（*Verbeck of Japan*）

村田は防衛と警護の様子を確かめるため、昼夜の別なく何度も船を出した。そうしたある時、藩士の一人が海面に一冊の本が浮いているのを見つけた。活字も、製本も、言語も、生まれて初めて目にする代物だった。好奇心に駆られた村田は何が書いてあるのか知りたくなった。オランダ語が話せヨーロッパの言語に通じた通詞のひとりから、その本は創造主とイエスに関するもので、イエスの心と真実が説かれ、モラルと宗教について書かれていることを教わった。彼は本の詳細をどうしても知りたくなった。若き侍医見習の江口梅亭（えぐちばいてい）を長崎に送り、公には医学を学ぶためとしながら、実際には、本の内容をオランダ人から詳しく聞き出させた。その甲斐あって、彼は多くのことを江口から伝え聞くことができた。中国語に翻訳されたものが存在すると聞いて、中国に人を送り、手に入れ、聖書の研究を始めた。村田が最初に手に入れたのはオランダ語の新約聖書だったと考えられている（中島一仁「幕末期プロテスタント受洗者の研究（三）――史料に探る村田政矩――」）。

フルベッキがまだ見ぬ国を目差している時、その国日本には、まだ見ぬ教師との出会いを待つものがいたのである。

第二章　長崎のフルベッキ

異境の荒野

一八五九年一一月七日（安政六年一〇月一三日）夜、フルベッキは長崎に到着した。

ペリーが軍艦四隻を率いて浦賀に来航してから六年が経っていた。ニューヨークを出てから一八五日、ついに「未知の国」日本の地を踏んだのである。

フルベッキを乗せた船が、美しい長崎湾を進んできたのは、魅惑的な月夜のことだった。長崎は厳粛な雰囲気を持つ土地である。甲板から長崎の街と周囲の丘陵が少し見えてきただけでフルベッキは満足し、航海中、多くの大きな困難を乗り越えられたことへの感謝の念でいっぱいになった。身重の妻は、遅れて一二月二九日に到着した。

長崎上陸から二ヵ月が経った一八六〇年一月一四日、フルベッキはニューヨークにいるアメリカ・オランダ改革教会外国伝道局の総主事、アイザック・フェリスに書簡を送っている。

「長崎は、わたしが見たどこよりも自然美のあらゆる要素をそなえています。自然の美についで、その重要な点は、この港は日本の諸方からの船がはいって来、ここから道路が八方に広がり四方にのびているし、その道路の中には、旅行と輸送の要路にあたるところもあります。それによって、ほとんど三世紀にわたり、商品や産物が帝国のあらゆる地から、この港に流入していたのです。これを別としても、その多い人口は、宣教師の働きには、ゆたかな伝道地を提供しています。長崎の住民は外国人に丁寧で親切です。他の地でみるような、はにかんだりする態度がみじんもありません」（高谷道男編訳『フルベッキ書簡集』、以下、『書簡集』）

ちなみに書簡の送付先のフェリスは、横浜のフェリス女学院の校名の由来となった人物である。フェリス女学院を創立したのは、メアリー・E・キダーで、創立時「キダーさんの学校」と呼ばれていたが、キダーの希望で学校を援助していたフェリス父子の名をとって「フェリス・セミナリー」としたのが始まり。彼女はS・R・ブラウンの推薦で、後年来日し、フルベッキと同じ宣教グループに属した。

アメリカ領事ジョン・ウォルシュの使用人と二人のアメリカ監督教会の宣教師がフルベッキを迎えてくれた。彼らはフルベッキと同年代の宣教師で、中国に何年か滞在した後、その年の夏に日本に移っていた。イギリス生まれでアメリカの神学校で教育を受けたジョン・リギンズと、「日本の主教」となるC・M・ウィリアムズであった。

フルベッキはアメリカ国民ではなかったが、アメリカ領事の保護下にあった。来日してまもなく家探しを始めた。外国人居住地で望んでいた家が見つからなかったため、日本人の居住地で見つけることにしていた。日本人は家を改造することをはっきり断りはしないものの、約束が曖昧で手配が遅れがちで、フルベッキはうんざりさせられた。あちこち走り回ったあげく、最終的に月一六ド

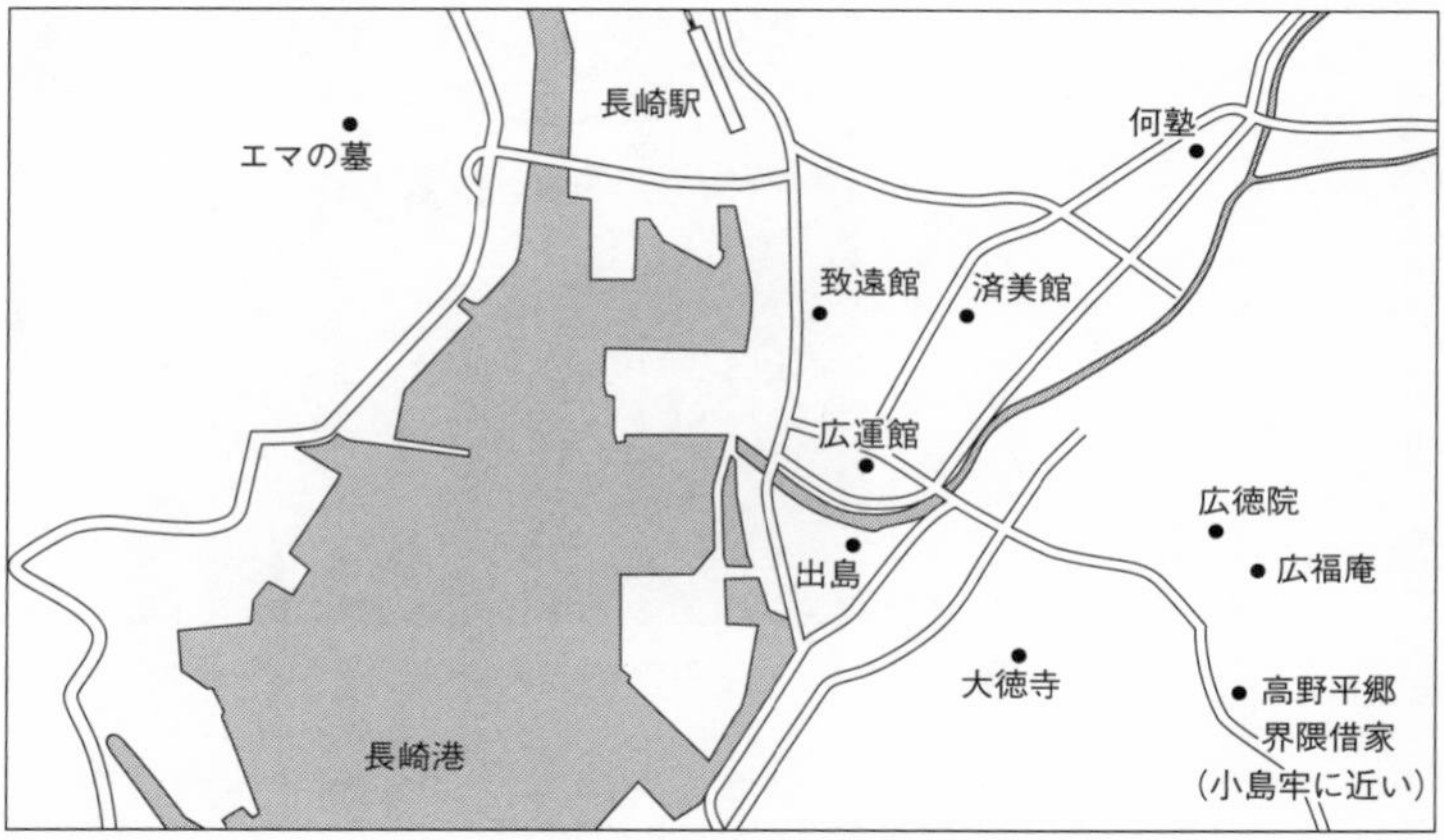

長崎、フルベッキゆかりの場所（石田孝氏作成協力）

ルで二年間、満足のいく家を借りることができた。[1]

もっとも、長崎の人々はフルベッキが外国人の宣教師だとは気づかなかったので敵意にさらされることはまったくなかった。当時、厳しく禁止されていたキリスト教を広めようとする者がいようとは誰も考えなかったからだ。外国人はみんなよく分からない存在であった。

改修費二五ドルを使い、大工や左官屋に頼んで、障子を五〇枚のガラスに変えるなど、住みやすい環境を整えた。

長崎の建具屋には洋風の家具を注文した。職人がとても安く、見た目のいい家具を作ってくれたが、木が縮むのと手抜き作業のせいで、すぐ壊れてしまい、簡素で丁寧に作られている故郷オランダのキッチンチェアーが懐かしくなることも多かった。

間もなく小さいながらも素敵な書斎が完成し、満足のいく寝室もできた。一二月二九日には、妻マリア・マニヨンを上海から迎えることができた。

エマの墓のある稲佐悟真寺国際墓地

旧暦の安政七年元日は、グレゴリオ暦では一八六〇年一月二三日にあたり、フルベッキの三〇歳の誕生日だった。通りは晴れやかな色に溢れ、人々は楽しそうで、どの顔もお祭りムードに満ちていた。とても良い天気で、新しい土地や人々の様子を楽しみながら「コッペル」やアメリカの友人のことをフルベッキは思い出していた。

家事は中国人の使用人に頼むことにし、月三ドルで料理と家事の一切を引き受けてもらった。彼とは別に、彼の半額以下の給料で日本人の少年をひとり雇い、台所仕事と買い物を手伝わせた。

家の主人となった新人宣教師は次のように書いている。

「我々はひとりの中国人の給料で、ふたりの日本人を雇うことができますが、中国人は料理が上手くて、働き者で忠実なのに対し、日本人は我々の料理や生活を知らない上、仕事が遅く、いいかげんで、命令にも従いません。ですが、来年になって日本語が上達したら日本人を雇うつもりです」(*Verbeck of Japan*)

この言葉をフルベッキは実行した。日本で活動した三九年間、日本人を雇い続け、彼らが気高く忠実で正直であることを知った。

フルベッキの三〇歳の誕生日の三日後、クスノキや竹藪、花咲く梅の木に囲まれた季節に、開国以来、日本に最初のキリスト教徒が生まれた。フルベッキはその娘に洗礼を授け、「エマ・ジャポニカ」と名付けた。夫妻の喜びはいかばかりであったろうか。

ところが、その小さな命は生後二週間もしないうちに衰弱し始め、二月九日、天に召されてしまう。

一八六〇年（万延元年）二月一七日付、アイザック・フェリス宛書簡でフルベッキは記している。「一月二六日、可愛い女児が生まれ喜びに満たされました。日本が開国して最初のキリスト信徒の誕生です。一週間、健康そうにみえたが、二週目には病気で衰弱し、今月九日、この小さな生命、主に召されてしまいました。死ぬ前の安息日には、わたしはこの娘にバプテスマを授け、『エンマ・ジャポニカ』と名づけました。今後、数世紀にわたる日本で最初の幼児洗礼でありました。この突然の死別の悲しみは本当に深刻でした」（『書簡集』）

生後わずか二週間で亡くなった長女エマ・ジャポニカの墓が、今も長崎・稲佐悟真寺国際墓地のオランダ人墓地にある(2)。筆者は石田孝氏（長崎フルベッキ研究会）の案内で墓地を訪ねた。オランダ人墓地の門を入って右手にEMMA J. VERBECKの墓碑が見える。

英語教師

当時はまだ、日本人に宣教することは幕府によって禁じられていたため、フルベッキは日本語の文法を勉強し、辞書を引いては言葉を覚えて、福音を伝える日のために備えていた。真夏の数ヵ月間、朝一〇時から午後の五時まではほとんど外出せず、ひたすら勉強した。このため、聖職者としてのフルベッキを訪ねてくるのは、中国海域に駐留するイギリス軍艦に乗船している乗組員のうちの熱心なキリスト教信者だけだった。

今の自分に出来ることは日本語の勉強と機を待つことだとフルベッキは自らに言い聞かせた。これがいつかは身を結ぶと信じた。一八六〇年一〇月一六日付のフィリップ・ペルツ宛の書簡にはこうある。

「今朝わたしの日本語教師が来ました。わたしは正午少し過ぎまで勉強をつづけ暫く休息して、また勉強をつづけ、運動の時間が来るまでつづけました。このように毎日、これをつづけたのです」(『書簡集』)

漢方医の笠戸順節からも日本語を学んだ。広徳院に住むアメリカ聖公会宣教師のジョン・リギンズやC・M・ウィリアムズ等に漢文書籍を提供していたといわれる人物である。

フルベッキは一八六〇年(万延元年)の後半に、イギリス聖公会の宣教師バーナード・J・ベッテルハイムが英訳聖書に片仮名書きの日本語文を付した漢和対訳聖書『路加伝福音書』を蘭訳・英訳・漢訳の諸書と突き合わせて日本語の理解を深めた。ベッテルハイムは一八四六年(弘化三年)五月から一八五四年(安政元年)まで琉球(沖縄)で布教と聖書の琉球語翻訳に携わり、四つの福音書を作って香港で出版した(永嶋大典「聖書邦訳史略述」『幕末邦訳聖書集成』別冊)。

本間郡兵衛(ほんまぐんべえ)(北曜(ほくよう)。葛飾北斎晩年の弟子)も有力な日本語教師のひとりだった。本間郡兵衛は福沢諭吉や福地源一郎らが参加した一八六二年(文久二年)の遣欧使節団に、外国方用達伊勢屋八兵衛の長崎の手代重兵衛という名で随行している。本間郡兵衛について、後年フルベッキは語っている。

「明治元年ごろ、私は度々切支丹邪宗門の高札を日本橋で見たものです。私はあの日本橋を通るごとによくあの高札の下に立って眺めました。当時私のところへは、佐賀熊本鹿児島の人が一番沢山参りましたが、出羽の本間軍（郡）兵衛さんが最もよく来られ、私は本間さんを先生として日本の言葉を研究しました。その人は東北の人なので仮名づかいが、ただは、たえになり、まえはまいになるので困りましたが、よく判る人でした。米国の国体から政治から風俗から、一番早く覚えましたが、私が宗教の話をするとすぐに手を首へ当てて、これだから御免、ということが何度もありました。本間さんばかりではなく誰でも宗教の話をすると色を易えて首をまげたです。実に日本の切支丹の禁止は恐ろしいものでした」（篠田鉱造『明治百話』上）

フルベッキ宣教師来崎記念碑（日本基督教団　長崎古町教会所有）。2019年3月建立。本間郡兵衛が描いたフルベッキ夫妻の像が彫られている。原画は本間家所蔵

本間郡兵衛は一八六七年（慶応三年）に出羽の酒田に戻り、翌年七月に死去している。この高札とは五榜の掲示のことで、一八六八年四月七日（慶応四年三月一五日）に掲げられた。

フルベッキは本間郡兵衛に深い信頼を寄せており、長崎の情勢が

不穏になり家族と共に上海に避難した時（一八六三年〈文久三年〉五月一三日から一〇月一三日まで）など、彼に「家財や出納控え」を預けたほどである。フルベッキは本間に自分たちの「肖像画」を描いてもらった（姫野順一監修『資料に見る長崎英学史　日本における英学と英語教育の発祥』）。

キリスト教の礼拝は香港のヴィクトリアの主教が開始し、C・M・ウィリアムズが受け継いだ。当初、外国人たちは寺に集まり、誰にも愛される讃美歌「百番」の厳粛な曲が寺の中に木霊（こだま）した。その後、出島の倉庫の上にある広い二階で行われるようになる。二世紀以上にわたる出島の歴史の中で初めての礼拝は、イギリスの流儀で、アメリカ人によって執り行われた（*Verbeck of Japan*）。「この頃、神奈川が江戸と同様に、巻き起こっている政治の嵐の中心地になりそうであったのに比べ、長崎は平和だった。フルベッキは事務を行う宣教師とアメリカ・オランダ改革教会の伝道局や主事が彼の長崎滞在を公式に承認したことを喜んだ。新しい宣教師ジェームズ・H・バラが増援部隊として送られてくるかもしれないと聞かされた」（*Verbeck of Japan*）

こうした嬉しい出来事が起きる一方、一八六一年（万延元年）一月一五日に江戸で、アメリカ公使ハリスの秘書兼通訳であるオランダ人ヒュースケンの暗殺事件が起きた。そのニュースは外国人の生活に暗い影を落とした。事件の結果、外国人公使はみな江戸から横浜に移らざるをえなくなり、外国人領事館も、神奈川から横浜に移った。しかし、ハリスは江戸を離れることなく、星条旗を掲げ続けた。

政治経済の中心地である江戸以外の土地に公使館を置くという状況はフルベッキを不思議がらせ

た。しかし、こうした出来事も長崎の平穏な生活を乱すことはなかった。フルベッキを含めた多くの外国人に、日本の本当の政治的な状況を知る者はいなかったし、彼らは国民の暮らしが一新される革命の兆しにも気づいていなかった。

南北戦争もまた日本にいたアメリカ人の心に暗雲を投げかけていた。アメリカ聖公会の布教団は、医師の資格を持つ宣教医のH・E・シュミットが資金の不足を理由に、長崎から戻るよう言われないかと心配していた。アメリカで彼らを支援してくれる人々は、生活状態の厳しい人たちが多かったからだ。財政的に恵まれた境遇にあったオランダ改革教会は、さまざまな教団を引き裂いたような論争になんら巻きこまれることなく、使命を果たし続けた。

南北戦争が始まった後でも、改革教会は宣教師を海外に送っている。ジェームズ・H・バラが一八六一年（文久元年）一一月一一日に来日した。しばらく神奈川の成仏寺に住んでいたが二年後の一八六三年（文久三年）に横浜に居を構え、混血児の救済と女子教育の必要を母国の伝道局に訴えている。

来日当時崇福寺広徳院に住んだフルベッキは、この住居が健康に悪いと気づいた。梅雨時の日本は蒸し暑くカビが生えやすい。湿気は特にひどかった。シュミット医師の勧めでもっと暮らしやすくて、町や港の景色も美しい崇福寺広福庵を見つけた。

『書簡集』中の「一八六〇年（万延元年）一二月三一日までの年報」に掲載されたフィリップ・ペルツに送った年次報告（年報）からは新天地の困難な環境の下で、夫妻が必死に戦っている様子が伝わってくる。妻は新しい国での慣れない日々の生活の中で多くの時間を家事に取られ、日本語を

（上）長崎滞在当時、フルベッキが住んでいた崇福寺山門（下）同所広福庵跡（共に筆者撮影）

勉強する時間がほとんどなかった。満足な日本語の教師が得られないなかで、それでもなんとか日常会話ができるようになるまで進歩した。時々訪ねて来る日本人の友人とも少しずつ話ができるようになった。当時は何事も準備の段階だった。

「わたしたちの準備的な働きについて、他の大きな伝道地の一人の宣教師の言葉を引用して、この一文を結びたいと思います。『戦士の如く難攻不落の都市の前で一〇年忍び、最後の勝利を得るまで一瞬も空しくすごさなかった』と、主が最後の勝利をわれらに備えたまい、その時を早めたまわんことを」（『書簡集』）

日本中のあらゆる場所の渡し場や市には、キリスト教を禁じる高札が他の注意書きと共に立てられていた。表だった布教活動を行えなかったフルベッキは漢訳の聖書を配布していた。漢文の素養のある者ならそれを読むことが可能だ。次節で詳しく述べるように、彼の周囲では、二人の若い役人がすでに漢訳の聖書を読み、理解しようとしていた。

ある時、自宅近くで悲痛な叫び声を聞く。家を出て声のする牢屋をこっそり覗いてみると、番人が囚人を鞭打っていた。その様子をフルベッキは「外人の見た明治話」で語っている。

「殊にその時分の牢屋はひどいものでした。拷問の恐ろしいのが絶えずあります。長崎に居りました時夜中の一二時頃に目を醒ますと、一人の罪人が拷問に会わされていたのでした。起きて庭の方へ出て見ますとそれは隣の牢屋で一人の罪人が拷問に会わされていたのでした。その泣き苦しむ声は実に悲しいものです。私は心が痛みまして寝ようとしても寝られません。私の庭は高く、仮牢屋はその下にあり、支那人の家がその隣にあります。燈明(あかり)がチラチラ見えます。私は寝る時は枕の下におきますピストルを持って眺めました。残念で堪りません。一発打ちたいと思います。打ったら気が晴れるだろうと思います。そこへ人の足音が後の方に聞こえまして、急に私の肩へ手をかけます。ハッと驚いてピストルを向けて振りかえり今一呼吸(いき)で一発というところで、よく見ましたら私の家内でありました。危険なところでした」(『明治百話』上)

「余が寓したる長崎の大徳寺といへる地にて、半夜、今思ふも悲しげなる声のきこえし事あり。(中略) 血気壮(さかん)なりし余は覚えず、短銃を鞭つ者(むちう)に擬したりしが、心づきて自ら之を制したり」(3)

(「三十年前の日本」『護教』三四二号、一八九八年〈明治三一年〉二月一二日号、フルベッキ談)

当然ながら、当時、日本に人権という概念はない。咎人(とがにん)を拷問して自白させようとすることも日常茶飯で、フルベッキはそのことに強い衝撃を受けたのだった。

当時、フルベッキは常時ピストルを携帯しており、ポケットに忍ばせていた。後年、グリフィスに理由を尋ねられたフルベッキは、「安心できるから」と答えたという。

バイブルクラス

時代は前後するが、長崎でのフルベッキの日常を綴ってみたい。

一八六一年（万延元年）一月一八日、長男ウィリアムが誕生したことをアイザック・フェリス宛に書いている（二月六日）。

「ウィリーは大きくて丈夫な子であり、私たちに大きな喜びと感動を与えてくれます。かわいそうに赤ん坊は、どの言葉を覚え始めるか分からないようです。英語か日本語か、あるいは恐らくドイツ語かですが、私はそのすべてを覚えてほしい」（*Verbeck of Japan*）

長崎では天然痘とはしかが流行していた。さらにコレラも発生し、九〇人にも及ぶコレラ患者の死亡者が出た。外国人居留地の外国人からも犠牲者が出ている。長女エマを生後二週間で亡くしているフルベッキは気が気でなかった。ニューヨーク伝道局の要請で、フルベッキは日本の伝染病に関する調査を送っている。

そんななか、一八六一年（文久元年）五月七日、フルベッキは四月三〇日深夜に家に泥棒が入ったとペルツに報告している。

「わたしの家にちょっとした事件が生じました。四月末日から本月一日の夜に拙宅に盗賊がはいったのです。五〇ドルばかりのものを盗んで行きました。その程度でよかったのです。盗賊は外套を盗むつもりで寝室近くやってきましたが、靴一足とコーヒー・ミル一つを取っただけでした」（『書簡集』）

崇福寺広福庵に転居することになり、引っ越しでは何人かのバイブルクラスの生徒たちが家財道具を運ぶのを手伝ってくれた。日本人の荷造りの方法を見るのは――時に悲しい気分や腹立たしい気分になることはあっても――楽しい経験だった。当時の荷造りの方法に苦々しい思いをせずに済んだ外国人は相当運がいいと言える。

崇福寺広福庵は二棟八軒の長屋形式になっていて、外国人居留地から一・六キロほど離れ、そこでは日本人とも自由に交際することができた。寺の建物に宣教師が住むのは、当時は珍しいことではなかった。

一八六〇年（万延元年）から、フルベッキは中国の宣教印刷所で印刷された書物の販売と配布を任されるようになった。一八六〇年一二月三一日までの年報には、科学、歴史、地理に関する著作一六〇冊、宗教関連の冊子類一七〇冊、漢文の聖書一九冊、英文の聖書二冊等を取り扱ったことが記されている。これらの書物は、漢文の素養のある武士階級や富裕層に渡った。

一八六二年の年報で、フルベッキは聖書を学びたいという人たちのために、バイブルクラスを始めたことを報告している。これは宣教師フルベッキにとって画期的な出来事だった。しかも、聖書を学びたいと申し出たのは日本人生徒の側だったのだ。その生徒の中には、佐賀藩士の綾部（あやべ）幸熙（こうき）

（恭）と本野盛亨（周造）、それに医師の江口梅亭がいた。村田政矩（若狭）は前章で触れたように、聖書に深い関心を持ちながら、佐賀藩の重臣であったため、当時の邪宗門を表立って研究することはできなかった。そこで、弟の綾部らを長崎に送り、間接的にキリスト教を学ぼうと考えたのである。

一八六二年（文久二年）六月四日のペルツ宛の書簡では、当時バイブルクラスにはふたりの生徒がおり、英語の聖書をいっしょに勉強していると記している（高谷道男氏タイプ原稿。明治学院大学所蔵）。

七月一〇日のペルツ宛書簡でも、そのことを嬉々として伝えている。書くことは苦手だというフルベッキだが、バイブルクラスについて書く際には筆が弾んでいた。

「ふたりの生徒がいる小さなバイブルクラスが励みになっています。生徒のうちのひとりは聖書についての私の英文の注解書の日本語訳を進めています。彼が数日前に言っていたことによれば、『わが国の排他性と過去における外国人との誤解はキリスト教の特質と傾向に関する知識の欠如により生じたもので、これからのトラブルを防ぐ最大の策はキリスト教徒と知り合いになることであるから、先生の説明を一般的に読みやすいスタイルで文章にするつもりだ』ということでした」

（高谷道男氏タイプ原稿。明治学院大学所蔵）

同じく八月二六日のペルツ宛の書簡では、喜ばしい事実を記している。

「わたしは日本において三人の着実な聖書の読者について記録します。一人はわたしの家におり、その日本人と関連ある二人はここから八〇マイルばかり離れた肥前の国の首府にいる方々です。

（中略）昨日の朝、わたしのところに来て、正規の日課とは別に彼のために英訳の聖書を読んで下さらぬかと申したのです。これは彼自身ばかりでなく肥前にいる二人の友人の希望でもあると言うのです。（中略）無論わたしは、この申し出を承認したばかりでなく、むしろ本人の提案を激励したのです」（『書簡集』）

前述のように外国人への襲撃は、江戸や神奈川でたびたび起きていた。フルベッキの優秀な生徒たちは、外国人たちとの間に生じた軋轢を、攘夷という乱暴な方法でなく、西洋人の精神的背景を理解することで解決しようと考えたのである。フルベッキはペルツに西洋人側にも問題点があることを指摘している。

「一般的に言って、外国人はアジア人の上流階級や貴族への敬意に欠けています。その結果、（土着〈日本〉の人々には）外国人が高い身分の人々に対し、実に無礼な態度を取っているように見えます。これが江戸や江戸に近い二、三の大名に、およそ外国との交流自体すべてに対する反感を招いており、さらに甚だしく、外国人と日本人との間の衝突（生麦事件など）が頻繁に生じていることなどが、そのことを証明しているように思われます」（一八六二年〈文久二年〉九月二九日付書簡、高谷道男氏タイプ原稿。明治学院大学所蔵）

「長崎にありし頃年令十六七とも覚しき二人の士族、英語を教へくれよと請びぬ。よりて一週に二度ほど教授し、日曜には聖書を講じにき。二年ほどありて其武士、一日（あるひ）大きやかなる豚を余に送りぬ。其とく所をきくに曰はく、江戸の御奉行様の館山に渡らせられて、英語の試験ありしに、余ら二人は先生御薫陶の故を以て優等の賞をうけたれば、お礼心にまいらせしなりと。この士族の一人は平井某とよび後に余の勧告により、岩倉公使に従ひて外遊し、遂に大書記官に昇りしが、はや故人となりぬ。他の一人は元老院の議員を勤められたる何礼之氏にて、現に牛込に住せらる」（「三十年前の日本」『護教』三四三号、一八九八年〈明治三一年〉二月一九日号、フルベッキ談）

この二人は唐通事（中国語の通訳で、幕府の要請で英語の勉強もしていた）で後の済美館教師の平井義十郎と何礼之助である。彼らはフルベッキの教育宜しきを得て昇進した。その結果、フルベッキは一八六四年（元治元年）、長崎奉行所の洋学校語学所、後の済美館（旧長崎英語伝習所）の英語講師として招聘されることになった。彼らは、外国人が豚を好むとの考えから、感謝の印に黒豚をフルベッキにプレゼントしたのである。

一八六二年（文久二年）、佐賀藩の命令で石丸虎五郎（安世）、中牟田倉之助、本野周造がフルベッキから数学を学んだ（多久島澄子『日本電信の祖　石丸安世　慶応元年密航留学した佐賀藩士』）。また、佐賀藩の副島種臣と大隈重信も、フルベッキから三年間ほど英語を学んだ。時期は確定されていないが、副島と大隈は一八六七年（慶応三年）設立の英学校蕃学稽古所、後の致遠館の教師となるので、一八六四年（元治元年）ごろにはフルベッキと知り合っていたはずである。

一八六三年一月二四日付の一八六二年の年報で、フルベッキは当時の様子を記している。「監督教会で、私は合唱の指揮をとり、オルガンを演奏したが、集まるのはせいぜい一五人から二〇人でした。神への献身と礼拝への愛が開港場にいる外国人には欠けていたからです。祖国では平均的なクリスチャンだった人物が海外に出ると、デマス（聖パウロと共に働いたが、後にパウロを捨てた人物）になってしまうというのは異常なことです。新しい開港場で、祖国では大いに尊敬されている人物が、極端に世俗的になり、密かに、もしくはあからさまに不道徳な振る舞いを行うことが、商業と布教活動が調和せず、共感も生まない理由になっているのは明らかです。ウィリアムズはまもなく外国人居住地に移りました。私たち一家と『自分は半分日本人だ』と言っていたシーボルト博士は外国人居住地の外に暮らす例外的存在で、家賃は他の外国人たちの四分の一ですんでいました」(*Verbeck of Japan*)

フルベッキの手紙には故郷の兄（一八七八年にフィラデルフィアで亡くなったウォルター）へ送った骨董品について書かれているものもあった。日本の骨董品が芸術的か見た目が派手かに関係なく、アメリカ人の間で人気が出始めた時代だったことがはっきり分かる。ニューヨークでは、実際の価値の一〇倍から二〇倍の値段で売られることもあった。

別の書簡にはアメリカやアメリカ人についての的確な批評が記されていた（日付不明）。

「私がいつも心を寄せるのは、あなたと共にザイストにいた時のことです。あのすてきな場所を再訪することはあるでしょうか。アメリカでよく目にする、中身は空虚で冷淡な、外側だけを繕（つくろ）っているものなどとは縁のない、すばらしい人々しかいない場所に戻って、もう一度会うことを楽しめるでしょうか。私はアメリカが大好きですし、神はアメリカにも愛を与えてくださっています。でも、真の意味で愛情の交換を行い、人生を幸福に過ごす場所を選ぶとしたら、アメリカを選ぶことはないでしょう。誤解をされないように言っておきますと、アメリカは若い巨人のような国で、発展をつづける国だと認めてもおります。アメリカの制度も素晴らしいと思いますし、同じ制度が世界中に広がればいいとも願っています。でも、私が探し求めている本物の社会的幸福は、そんな騒

がしい国の中にはないのです」(*Verbeck of Japan*)

相次ぐ外国人襲撃

幕末に尊王攘夷の志士として知られた長州藩の高杉晋作は一八六二年(文久二年)一月、江戸から長崎へ向かい、四月二九日上海へ出発する迄の間に、崇福寺在住の宣教師ウィリアムズとフルベッキを訪ね、アメリカ南北戦争や中国の太平天国の乱などについて質した。清で起きた太平天国の乱が洪秀全らキリスト教系の宗教団体が起こしたものだったこともあり、高杉はキリスト教を敵視していた。フルベッキと会談した際の様子を高杉は「長崎淹留雑録」に残している。

「長崎崇福寺と申す寺内に、米利堅耶蘇教師二人来居、日本語を学ぶ、予一日之れを訪ふ、一名曰ムリヤムス(ウィリアムズ)、一名曰ムリヘッキ(フルベッキ)、七年前より日本に来ると云ふ、能く日本語を解す、言語頗る通す、其語に云ふ。(中略)

談闌るに随ひ、彼れ頻りに耶蘇聖教のことを語る、予聞を欲せず、因去る、予、彼二人日本語を学ばんと欲する、何とも怪し、其心中推し謀るに、耶蘇教を日本へ推し広めんことを欲るならん、要路の人実に務防有り度きことなり」(『高杉晋作全集』下)

一八六三年一月三一日(文久二年一二月一二日)、幕府が江戸の御殿山に建設中だったイギリス公使館が焼き討ちされた。襲撃の隊長が高杉晋作だった。副隊長は久坂玄瑞、火を着けたのは伊藤俊輔(博文)、井上聞多(馨)らである。長州には強硬な攘夷派がたくさんいた。

長崎にも不穏な空気が漂い始めていた。その原因となる事件は、一八六二年九月一四日(文久二年八月二一日)、神奈川の生麦村で起きた。

「薩摩藩主は、江戸からの帰途にあった九月一四日、なんらかの理由で非常に不機嫌だった。大名行列は一〇〇人ほどで、道の片側を一列縦隊になって主君を先導しながら進んでいた。全員が慣習に従い帯刀していた。三名のイギリス人紳士と一名の女性が馬に乗ってその道をやってくると、薩摩藩士が切りかかり、男性二名が重傷を負い、一名が殺害された。傷の手当てをしたのは、アメリカ人宣教師のJ・C・ヘボン医師だった。リチャードソン氏の傷はひどかったので、落馬して路上に倒れた。その後も、彼の身体は斬りつけられ、槍でつかれた。止めを刺すのは武士の慣習となっていたからだ」(*Verbeck of Japan*)

グリフィスは、生麦事件の残忍性を自分の目で見たかのように記している。しかし、事件は薩摩藩主ではなく藩主の父である島津久光の行列で起きたことであり、また、久光が不機嫌だったからイギリス人を殺したわけでもない。薩摩の武士からすれば、騎乗したままの外国人が行列に闖入して主君の籠に迫ってきたのだから仕方のない処置であった。むしろ主君を守るという武士の義務を果たしただけといえる。この事件にイギリス側は激怒し、賠償と殺害した武士の処罰を求めた。もちろん薩摩藩は応じなかった。こうして生麦事件は、一八六三年(文久三年)の薩英戦争のきっかけとなったのである。

幕府は薩摩に代わってイギリスに賠償金を払い、事態の収拾に努めたが、薩摩藩には無礼者を討った家臣を処罰する気などまるでなく、イギリスとの関係はしだいに険悪になっていく。

一八六三年二月四日二女が誕生した。(4) フルベッキ家に最初に誕生したのは長崎においての長女エマ・ジャポニカだったが、日ならずして夭折したので、フルベッキは二女に同じ名前を付けた。

薩摩とイギリスとの間で戦争が起こるという噂は長崎にも届き、平和だったこの港町でも外国人が襲撃される怖れが生じていた。この状況を憂慮し、フルベッキに避難するよう助言したのがバイブルクラスの綾部だった。一八六三年（文久三年）四月、フルベッキ一家は丘の上の崇福寺広福庵にある家を出て、出島にあったオランダ人医師ケンペルの旧屋敷（カピタンハウス）に逃れた。さらに五月一三日、一家は戦争の混乱を避けるため上海へと旅立った。

フルベッキが不在の日本では、八月一五日、鹿児島湾で薩摩藩とイギリス艦隊が交戦した。薩英戦争である。薩摩藩は一名の戦死者を出し、民間人の暮らす市街地が砲撃によって広範囲にわたって焼かれた。イギリス艦隊は、旗艦艦長ら戦死者一三名、負傷者五〇名を数え、負傷者のうち七名が後に死亡した。互いに損害や犠牲は大きかったものの、これにより薩摩藩はイギリスの軍事力を認識することとなり、講和後に薩摩とイギリスは急接近する。一八六五年（元治二年）、薩摩藩はイギリスに留学生を送り、協力関係の構築と西洋文明の吸収に努めている。

一方、上海にいたフルベッキは休む間もなく働いていた。長老派宣教師団の印刷所、美華書館の主任ウィリアム・ガンブルから印刷技術を学んだ。後に日本の近代活版印刷術の祖と言われる本木昌造は、唐通事会所跡（現・長崎市立図書館）に活版伝習所を設立し、ガンブルを招聘して「電胎法」と呼ばれる活字製造法を修得した。その仲介を務めたのもフルベッキである。

一八六三年（文久三年）六月二〇日、上海からフィリップ・ペルツ宛に書き送っている。

「伝染病としてこの国に蔓延し始めたのは一八五八年以来です。コレラは日本の開港後、まもなく発生したもので、外国との交易に反対した原因であると想像されていることは、まちがいありません。ほとんどあらゆる藩において、これらの伝染病その他の病気の無料診療について、公立または国立の病院が設立されています」（『書簡集』）

さらに書簡では、西洋医学による病気治療が、漢方医師や迷信を信じる民衆の反対にもかかわらず、非常に好意を持たれていると述べている。

次に掲げるのは薩英戦争後、上海に来て五ヵ月経った一八六三年（文久三年）一〇月四日、上海「大君」号船上からフィリップ・ペルツ宛に送った書簡である。

「先月中、薩摩藩主とイギリス艦隊との交戦以来日本側の情報は極めて平和的です。長崎の友人たちから、しきりに帰って来いと勧めてきました。わたしの方針に影響を及ぼす色々の事情を慎重に考慮した後、いよいよ帰ることに決心しました」（『書簡集』）

一〇月一三日に長崎に着くと、フルベッキはしばらくの間、出島で暮らした。

済美館

一八六四年（元治元年）二月、フルベッキ一家は出島を出て崇福寺広福庵に戻って平穏を取り戻した。また、この頃、何礼之助が開いた私塾で英語を教えている。何の私塾に学んだ人物としては以下が挙げられる。薩摩藩からは白峰駿馬（しらみねしゅんめ）、高橋新吉、加賀藩から高峰譲吉、佐賀藩から山口範蔵（尚芳（ますか））、土佐藩から芳川顕正、越後藩から前島密、その他に紀州藩出身の陸奥宗光らが通っていた。

しかし、政治の中心地である京都ではさまざまな事件が起きていた。七月、新選組が池田屋を襲撃し、二〇名以上の尊王攘夷派が殺傷された。翌月、池田屋事件に反発する尊王攘夷派の長州藩兵が、京都御所近くで禁門の変（蛤御門の変）を起こした。しかし、御所を警護する会津や薩摩の藩兵に敗れ、敗走に際して京都の街を広範囲にわたって焼失させた。この衝突事件を理由に幕府は西南の二一藩に長州征伐を命令した。また、英仏米蘭からなる四国連合艦隊も、関門海峡通航の安全確保という名目に加え、前年の攘夷実行（米仏蘭船を砲撃した事件）の報復を兼ねて下関を砲撃し、下関砲台を占領した。いわゆる下関戦争である。この結果、長州藩では幕府に恭順を示す保守派が主導権を握ったが、すぐに高杉晋作が下関で挙兵して藩の主導権を奪い取り、長州藩を討幕へと方向転換させる。日本の体制は大きく変わろうとしていた。

長崎のフルベッキにも大きな転機が訪れた。七月一九日、アメリカ領事の元に長崎奉行から委嘱状が届いた。

「語学所英語教授委嘱貴国士官フェルビーキ儀都合次第江戸町語学所へ出張之上英語教授相願度候間其趣同人江可被申達候委細は掛りより可申談候謹言　元治元年六月一六日」

江戸幕府は一八五七年（安政四年）に長崎に洋語伝習所を創設した。元々長崎在住の師弟をオランダ通詞に育てるために開設されたが、次第に英語の重要性に気が付き、長崎奉行所に英語教育の充実を求めた。一八五八年（安政五年）八月、英語伝習所に始まり、英語所、洋学所、語学所、済美館と、名称を次つぎに変えていく英語学校で、フルベッキは教鞭を執るよう依頼されたのだ。長崎奉行はオランダ語も英語も出来るフルベッキに大きな期待を寄せた。

「長崎で幕府所管の学校の外国の学問と語学を受け持つためわたしを招聘する旨を奉行が江戸表に行った時、幕府に上申したということでした」（『書簡集』一八六四年〈元治元年〉八月二二日）

フルベッキは引き受けた。七月二八日、慌ただしく大徳寺に転居し、早くも八月二日に授業を開始したのである。

八月二日から、土曜日と日曜日を除き、一週間に五日間、午前九時から一一時まで一日二時間、学校で教え始めた。フルベッキは、年一二〇〇ドルに該当する金額を支給して欲しいと申し出た。

「こちらの学校では英語、算術、数学、および有用な科学の概論を教えることになっております。将来のためによいことなのです」（『書簡集』一八六四年〈元治元年〉八月二二日）とフルベッキは記している。

一八六一年にアメリカで勃発した南北戦争は、フルベッキの生活をも圧迫していた。伝道本部からの送金も途絶えがちになり、フルベッキは長崎の知人から二〇〇ドルほど借金をしなければならない状態だった。そうした事情を察して、アメリカ初代長崎領事ジョン・ウォルシュはフルベッキに特別の配慮をした。年俸で一二〇〇ドル支払うように奉行所に要求した。当時の一ドルは一両で換算した。一二〇〇ドルは当時の武士の知行二〇〇〇石取りの実収入を越える高額である。以来、フルベッキは伝道局からの送金を断り「自給の宣教師」と言われるようになった。

一八六四年（元治元年）九月一七日、フルベッキは伝道局に書き送っている。

「藩主の弟の乗っている汽船が一週間ほど港内に停泊していました。わたしは肥後藩の汽船ということも藩主がここにいたことも知らなかったのですが、その船が出帆二日前に、ちょうど今から三年前にわたしのところから漢訳の新約聖書を借りていった肥後の人がわたしに会いに来て、藩主の高官が是非わたしに面会したいと言ったのです。その役人が来ていうには、藩主のために一艘の汽船を購入する助言をして欲しいと、（中略）むろん、こんな仕事はわたしの役目ではない、わたしは商売の取引きなどはできない、わたしの仕事は教理を教えるだけですと伝えましたが、熟考の後、できる範囲で彼等の希望を容れ、米国領事ウォルシ氏に彼等を推薦することにしました」（『書簡集』）

フルベッキは一八六五年（慶応元年）八月、新町の長州藩屋敷跡に移転していた語学所から改称した済美館で多くの生徒を教え、その名は全国に広がった。

肥後熊本藩の思想家、横井小楠（よこいしょうなん）の甥左平太（伊勢佐太郎）・大平（沼川三郎）兄弟は済美館の生徒となり、一八六六年（慶応二年）にフルベッキがジョン・フェリスに紹介した最初の米国留学生となった。

また小楠の甥横井兄弟を留学させたいという希望をフルベッキに伝えたのは肥後藩の荘村助右衛門（省三）である。彼はバイブルクラスに出入りして、一八六六年（慶応二年）三月には米国聖公会のウィリアムズ師から受洗している（日本で二番目の受洗者）。荘村は坂本龍馬や桂小五郎とも交友があった。

フルベッキが一八六四年（元治元年）七月以降、長崎時代の後半を過ごしたのは、当時長崎随一の名勝の地、大徳寺のはなれであった。そこは港や外国人居留地にも近く、長崎の人たちとも交流しやすい場所であった。

村瀬寿代はその論文で、長州の伊藤博文とフルベッキの関係を推測している。伊藤は一八六七年（慶応三年）一〇月二三日に長崎に向かい、二ヵ月間長崎に滞在した。貿易商のトーマス・グラバーとの汽船購入交渉のためである。その間の状況は『伊藤博文伝』に見える。

「公は薩摩藩士吉村荘蔵と称して大徳寺の別坊に寄宿し、諸藩の志士と交はりしが、その中に阿波藩の医学生にて芳川賢吉（顕正）といふ者あり、同人は英学の造詣深く相当の見識もあつた。公は英語の会話も堪能なりしも、読書力は未だ十分ならざりしかば、芳川を自分の寓居に同宿せしめ、用務の傍ら読書の講修を受けた」

芳川は何礼之助の塾生であり、フルベッキとも繋がりがあったので、伊藤とフルベッキの間に関係があったとすれば、この時期と考えられる（村瀬寿代「長崎におけるフルベッキの人脈」『桃山学院大学キリスト教論集』第三六号）。

大徳寺のフルベッキを訪ねたのは英学生だけではなく、世界の情勢や様々なアドバイスを求める各藩の高官も多数いた。土佐藩士佐々木三四郎（高行）と地下浪人出身の岩崎弥太郎も足繁く通った。三菱創業者岩崎弥太郎は一八五九年（安政六年）長崎に四ヵ月間滞在した後、三二歳の時の一八六七年（慶応三年）四月再訪、明治二年までの約一年九ヵ月間、主に長崎に滞在し、開成館貨殖局の長崎出張所、いわゆる土佐商会の主任として土佐藩の貿易業に従事した。

『岩崎弥太郎日記』によれば、岩崎が二〇数回は大徳寺を訪れて、フルベッキと面談していることが分かる。

一八六七年一〇月二四日（慶応三年九月二七日）「訪フルベッキ、談和久之、昨日ノ新聞ニ仏夷与フロイス戦争相始ル様承ルニ付、フルベッキニ相尋ル処、未其事跡ニハ立ノリ候ハヌ由、午後回寓」

フランスとプロシアの戦争について尋ねたところ、フルベッキは政治的な事には立ち入らないと答えた。

また、土佐の英語教師招聘の件については一八六八年一月一二日（慶応三年一二月一八日）「佐々木（三四郎）氏手簡、得と談合筋有之に付、（中略）乃出訪教師フルベッキ、談以土佐国へ来賓之意、答云、近日亜飛脚船将来、其内亜人ノ折簡アリ、依之決行否云々」とある。

土佐に英語教師として雇いたい旨を伝えたが、この話は成立しなかった。

一八六九年二月一六日（明治二年一月六日）「訪フルベッキ云近日東京より山口範蔵来、我東京にて諸生教導致様、東京より被命、不日将赴東京云々、余フルベッキ氏ヲ浪花に招候様周旋ノ意有之処、遺憾ノ至也」

岩崎の二つ目の願いも叶わなかった。

三日後には岩崎は大坂へ向けて、フルベッキは一ヵ月後に東京へ向けて長崎を離れることになる。

土佐藩は、フルベッキの勧告に従い、その所有汽船に源氏名を付けることになったという興味深い逸話がある。

「幕府からオランダに註文のあつた軍艦には、西洋の習慣に基き、日本の著名な、地名、即ち、江戸とか大阪とかいう名称を附して置いた。然るにそれが日本に引取られると、開陽とか蟠龍（ばんりゅう）とかいふむづかしい支那風の名称に改められる。これは日本人にも似合はしからぬことである。西洋でも船の名は、著名な人名若しくは地名を附すことがあれば、日本でも、もっと優美な日本らしい名をつけてはどうか」（白柳秀湖『岩崎弥太郎伝』）

長崎でもっぱら軍艦購入に関わっていた同僚の後藤象二郎はフルベッキの説をもっともと感じ、藩主山内容堂とも相談の上、それでは源氏名などがふさわしいと、土佐藩だけが汽船に「若紫」「夕顔」「紅葉の賀」といった船名を用いることとなった。これらの船は維新後すべて三菱に払い下げられている。岩崎が海運業で成功を収めたのは「フルベッキイ」が貢献したと白柳は書いている。

また確証はないが、土佐藩が援助していた海援隊の坂本龍馬とフルベッキが当時会合していたとも考えられる。その岩崎が金庫番を務めた二人の隊士白峰駿馬と菅野覚兵衛（旧名千屋寅之助）の米国留学もフルベッキや何礼之助の助力があったと考えられ、彼らの留学生活は『禾原先生遊学日記』に記されている。

禾原先生こと永井久一郎は作家・永井荷風（壮吉）の父で、一八七〇年（明治三年）に名古屋藩の貢進生となって大学南校に学んだ。翌一八七一年（明治四年）二〇歳の時に、彼は藩命によって初めてアメリカに留学した時のことを記している。

永井の日記は当時の日本人留学生の交流をよく伝えてくれる。明治四年時、永井はニューブランズウィックにいた白峰や菅野を訪ねている。

「（八月）十四日朝第九字大沢良雄ト携ヘテ汽車ヲ買ヒニューブランスウイキニ至ル第十字杉浦浩蔵菅野一覚両君ヲ訪フ白峯駿馬伊勢佐太郎種田清一最上某原某国司某安藤直五郎至ル蓋シ杉浦君帰朝スル故也安藤ニ托シ書及時計ヲ佐藤百太郎ニ寄ス午食ス第二字白峯ニ従ツテ医家ニ至ル大沢診ヲ乞

フ帰路スキューマンストリート四十九番ニ至リ一房ヲ借ル大沢病ヲ以テ此地ニ滞ス第五字二十五分車ヲ買ヒプリンストンニ帰ル月晴朗」（永井壮吉『禾原先生遊学日記』）

永井は友人と汽車でニューブランズウィックに出かけた。留学生の杉浦が帰国するというので、友人たちと昼食を一緒にする。白峰と入院中の友人を見舞う。汽車でプリンストンに帰る。

永井は当初、プリンストン大学で学んでいたが、フルベッキが紹介した白峰や菅野のいるニューブランズウィックのラトガース大学に移っている。

長崎でのフルベッキの話に戻す。『伊東巳代治伯自らを語る』には、「私は、八歳の頃（一八六四年）から長崎の聖堂へ入つた。聖堂では漢学を習つた。それから英語をフルベッキといふ人に就て暫くやつた。私は、漢学は、やつて居らない。フルベッキは東京に来たので、それからは、アメリカの宣教師の、スタウトに就て、英語を教はつた」と記されている。伊東は英語遣いの達人と言われ、後に明治政府の数多くの要職を務めた。

Verbeck of Japan によると、長崎のミッションスクール東山学院院長でもあった大儀見元一郎は、「学生たちはフルベッキのところに自分たちで様々な本を持参して、天文学や航海学、数学、測量学、物理学、化学などを学んでいた。柳谷謙太郎〔済美館の教師で後の特許局長〕は、築城学をフルベッキと勉強していた」と語っている。

このように、英語教師として、また留学生の斡旋などで多忙な日々を送っていたフルベッキは、一八六五年（慶応元年）六月五日付のジョン・M・フェリス宛の書簡で新しい日本語教師を見つけたことを報告している。

「一ヵ月余り前に学者としての名声ある日本語の新しい教師を得ました。わたしが前の教師と一緒にやっていた注解附の『小信仰回答』の翻訳をやっています」（『書簡集』）

その頃のフルベッキについての貴重な史料に、『藍田先生日暦』（谷口藍田の日記）がある。谷口は広瀬淡窓（江戸時代後期の儒学者）に学んだ漢学者で、長崎に私塾を開いていた。藍田は大徳寺に住むフルベッキに、日本語を教えた人物である。

「（慶応元年）八月二四日　鶏鳴に起きる。課業例の如し。岡田嘯雲（儒学者、後に医師）来たりて話す。敷留辺幾（フルベッキ）曰く、わが合衆国、南北合戦四年、今四月に至りて始めて平らぐ。その始めおのおの兵六十万を擁す、初年南軍捷つ、次年殺傷し相い当る、三年北軍捷つ、ついに南軍を囲む……（下略）」（『藍田先生日暦』）

大園隆二郎は、この『藍田先生日暦』について説明している。

「米国派遣の宣教師フルベッキから教えてもらったアメリカ合衆国の最新情報が岡田を通じて藍田へ伝わっている。一八六五年（慶応元年）四月に南北戦争が終了しており、この後にはリンカーン大統領の暗殺のことも記してある。藍田は日記にも書いたこれらのことを恐らく塾生にも話したであろう。長崎からのアメリカ最新情報はこうして日本の各地に発信されていった」（大園隆二郎『大隈重信』）

一八六六年（慶応二年）、三六歳になったフルベッキに嬉しい出来事があった。五月一四日（慶応二年三月三〇日）当時住んでいた大徳寺の自宅に佐賀藩の重臣、村田政矩（若狭）と弟綾部幸煕（恭）が訪ねて来た。村田とフルベッキは初対面であったが、海中から聖書を見つけて以来一一年が経ち、江口らから聖書の多くを学んでいたので、村田は自身と綾部の受洗を望んだ。そして、一八六六年（慶応二年）五月二〇日にフルベッキは彼らに洗礼を授けた（The first Protestant believer in Japan, *The Japan Evangelist*, October 1893）。

この村田らに対する洗礼については、彼らとの約束で、しばらく教会にも報告していなかった。フェリスへの報告は洗礼の二年後、一八六八年（明治元年）一二月一八日付の書簡にある。受洗の模様をフルベッキはさらに後年になって詳細に記している。

「ついに安息日の夜になり、志願者二人が姿を現した。他に室内に入ってきたのは本野だけだった。八人の従者からなる随行の一隊はドアの前で解散し、一時間後に戻るよう指示された。余計な遅滞が生じないよう、私は何もかも準備しておいたのである。扉を閉じ、ランプに灯りをともし、中央のテーブルに白布を被せ、洗礼盤の代わりに大きなカットグラスの果物鉢を置いておいた。これ以上に適切な代用品が他になかったからである。本野を除き、私の妻だけが証人として列席したので、室内には五人しかいなかった。私は始めに『マタイによる福音書』二八章を読んで、結尾の一節に力点を置いた。我々のこの集いに関して、宣教の目的を語ると共に、イエスの御言葉の意義を述べた。私は二人に特別に困難な状況にあっても挫けることのないようにし、むしろ堅信と愛と神聖に満ちた人生をおくることで、周囲の批判や迫害そのものなど、全てを和らげるようにと説いた。そして、祈りの言葉を英語と日本語で唱和し、典礼へと進んだ。その場で翻訳しながら、洗礼の手順を踏んで秘蹟を授け、祈りと感謝の言葉でしめくくった。実に神聖なる一時間であった。無力で無価値な下僕である私に対し、主が偉大なる恩寵を施してくださったことに深く感じ入らざるを得なかった。そのおかげで、救世主のもとに親しい信徒となる人々を導き、彼らを神の教会へと紹介する手助けをすることができたからである。幸福な集いを終えた後、若狭は明るく落ち着いた様子で語った。『長い時間をかけ、心から追い求めてきたものを私はついに手に入れました』」（*The First Baptism of Converts in Japan*）

受洗後、村田は藩主の鍋島直大（なべしまなおひろ）にキリスト教入信を告げたが、表立った処分は受けていない(5)。維新後、佐賀の教会の源流を作った。家族近隣に聖書を講じ、漢訳聖書の和訳に努め、静かに信仰生活を全うして、一八七三年（明治六年）五月一〇日に昇天した（『資料と解説　長崎教会の草創期』上）。

「村田は久保田に隠居し晩年を穏やかに過ごした。（中略）村田の家系図にはイエス・キリストの下、よい実りある枝葉が青々く繁茂している」（The first Protestant believer in Japan, *The Japan Evangelist*, October 1893）

致遠館

一八六八年（慶応四年）五月四日付フェリス宛の書簡で、フルベッキが幕末当時を振り返っている。

「一年あまり前に副島と大隈の二人の有望な生徒を教えましたが、これら二人は新約聖書の大部分と米国憲法の全部とをわたしと一緒に勉強しました」（『書簡集』）

後に佐賀の学校の教員になった牧由郎の述懐がある。

「当時君〔大隈重信〕の教へを受けた牧由郎は昔を偲び『あの頃、三年間、フルベッキは大隈、副島さん等の専任教師といってよい位だ』と語つた。かうして君は三年間にアメリカの憲法、イギリスの憲法史、万国公法などを読了した。その他、地理、歴史、法制、経済、数理に亘る一般図書をも読んだ。万事、君はその所好の儘に自由に読書したのである」（『大隈侯八十五年史』）

佐賀藩が正式に洋学校を設立する準備が行われていた。それに絶大な理解を示したのが、鍋島直正であった。

鍋島直正は、幕末の英明な佐賀藩主として知られる。弘化・文久の約二〇年間に長崎を訪ねること四〇回、自らも西洋文明の数々を見聞し多くの藩士を遊学させ、他藩に先駆け近代化を成し佐賀藩を幕末の雄藩とした。一八六一年（文久元年）に隠居して家督を直大に譲り、閑叟と号したが、藩の実権は握ったままだった。新奇な文物を好む蘭癖大名の一人に数えられ、藩内に反射炉を造って洋式の大砲を製造するなど新技術の導入に努めた。人材育成のため藩校の弘道館を拡充し、そこでは蘭学も教授されていた。

しかし、当時すでにオランダは西洋文明の中心地ではなかった。国力においても科学技術においても、イギリスとアメリカの優位性は明らかだった。そこで蘭学ではなく英学を、オランダ語でなく英語を学ぶべきとの気運が高まっていた。中牟田倉之助と秀島藤之助にフルベッキから英語を学ばせたのも佐賀藩の方針であった。なかでも英学の重要性を実感していたのが、万延遣米使節団（一八六〇年）に参加し、実際のアメリカを見知っていた小出千之助である。小出は弘道館の蘭学寮指南役を務めていたが、同僚でやはり蘭学を教えていた大隈八太郎（後の重信）らと共に、閑叟に英学の教育機関を設立するよう建言した。もちろん閑叟は裁可し、佐賀藩中老の伊東次兵衛と長崎奉行との間でフルベッキの招聘についての話し合いがもたれ、決済が下りたのは一八六七年一〇月八日（慶応三年九月一一日）である。蕃学稽古所（蕃学所、洋学所）、翌年、改称して致遠館となる学校が誕生したのである。一月六日（慶応三年一二月一二日）、長崎にあった五島町の諫早屋敷を校舎とし、さらに一月二〇日（慶応三年一二月二六日）、副島種臣が舎長、大隈が舎長補となり、中野健明、中山信彬、堤董信（喜六）、副島要作、中島永元らが教師となった。一八六八年九月一〇日（慶応四年八月二五日）には致遠館と改称された（「英学校・致遠館」『近代西洋文明との出会い』）。

致遠館跡（筆者撮影）

ここへフルベッキが招聘された。生徒は三、四〇人ほどで、佐賀藩だけでなく、岩倉具視の二子、具定・具経など新しい時代を作ろうという志士たちが集まってきた。彼らが写る致遠館の教師と生徒の集合写真（「フルベッキ写真」）が残っている（口絵写真参照）。フルベッキはすでに済美館の教師であったが、佐賀藩との深い関係から致遠館にも招聘された。こうして江戸幕府の学校と佐賀藩の学校の二ヵ所で隔日に教鞭を執ることになったの

大隈重信ら佐賀藩士集合写真。パリ万博に参加する小出千之助の壮行会。左から副島要作、中島永元、副島種臣、相良知安、小出千之助、堤董信、大隈重信、中野健明、中山信彬。1867年（慶応３年）初め頃、上野彦馬写真館で撮影（金沢美術工芸大学所蔵）

である。

致遠館の授業は今日から見ても画期的なものであった。生徒が円陣を作って教師を囲み、教師に向かって自由に質問ができた。教師も一緒になって議論を戦わせた。これまでにない教師と生徒の在り方だった。しかもそれは英語で行われたのである。

授業の内容は歴史、社会、法律、経済から通商、貿易、航海、築城、兵制、軍事にまでわたり、しかもそれらが整然たる学理をもって、つながっている。

「余等はますます英学の滋味を解するにしたがい、いよいよ、その有益なるを感じたり」（『大隈伯昔日譚』）と後年、大隈は述べている。

フルベッキが致遠館で教えたのは、民主政治の原点ともいうべきものである。フルベッキが担当した憲法講義は日本における近代憲法講義の最初のもので、また、アメリカ独立宣言なども教えた。

特定の宗教や西洋的な価値観を押し付けず、日本的な道徳に基づいた価値観を尊重した。フルベッキの語る未知の文明国アメリカの「自由の精神」に若者たちは目を輝かせた。文明国には議会があり、新聞があり、自由と平等という思想があることを知ったのである。

大隈は民主主義の思想を知り、それが基礎となって民主主義を信じるようになった。

佐賀藩の弘道館などで学問に取り組んできた大隈はフルベッキからアメリカ建国の歴史を聞き、アメリカという国に大きな憧れを抱く。そして日本の将来の政体はアメリカのような共和制が理想であると考えた。

一八八二年（明治一五年）、大隈は東京専門学校（後の早稲田大学）を創立するが、その「源流」には致遠館があるのだ。

タカジアスターゼやアドレナリンの発見で名高い薬学者・高峰譲吉は加賀藩から選抜されて、初めは何礼之助の私塾、次いで致遠館で学んだ大隈の生徒だった。

「のちに世界を舞台に活躍する高峰の学問的な基礎は、この時代に作られたと言っていい。その時の猛勉強ぶりには驚かされる」（NPO法人高峰譲吉博士研究会元理事長・石田三雄氏談）

「先頃米国から帰つた高峰譲吉博士が、我輩（大隈）を訪問して昔談をし、十二の頃に致遠館の生徒で、我輩の教授を受けたものだといつたので、あゝ左様だつたと想い出した様な話だが、外にもまだポツポツ其の時分の生徒が居るよ、加賀、長州、それから肥後辺の者が大分沢山来て居たからね、あの神風連の豪傑加屋藤太なども、矢張其の頃の我輩の生徒であつたし、それから薩摩の前田正名なども在学した」（『早稲田清話』）

大隈はフルベッキから聖書について学んだことを後に語っている。

「予が基督教の知識を得たるは三年間〔フルベッキ〕先生について学ぶ所ありしに由る。一時は信者たらんかと思ふ程なりしも遂に決心するに至らず。支那孔孟の教先入主となつて信を妨げたるか或は西洋の宗教歴史が予に一種の悪感を与へたるに基因するかを審にせず。兎に角予はフルベッキ先生を尊敬して之に師事せり。（中略）予東京に出づるや政府の御雇教師として開成学校に招聘せり。予が仏教、儒教、基督教の三者を能く玩味し日本の宗教を創造せんと志せしはこの頃なり。（中略）仏教、基督教が一大勢力を有するは釈迦、基督が人に説く前に山に入りて悟を開き、人知れず神と語りたりと云ふにあり。斯く解して予は遂に宗教創造を断念せり。此等の思想もフルベッキ先生に負ふ所多し」（「大隈伯の宗教談」『福音新報』一九〇二年〈明治三五年〉一二月一一日）

その大隈にとって聖書とキリスト教を学んだ知識が思わぬ形で役立ったことがあった。

一八六八年五月二四日（慶応四年閏四月三日）、大坂・東本願寺で、浦上教徒事件（前年に長崎で起きたカトリック教徒への弾圧事件）に関する英国公使ハリー・パークスとの談判が行われた。外国の公使団と大隈たちとの間で、キリスト教解禁をめぐって厳しい交渉が行われた。怒号が飛び交う激しい議論の中、当時、参与職外国事務局判事だった大隈は、「博愛というキリスト教が血塗られた歴史を生んだではないか」と喝破してパークスを驚かせた。そして「内政干渉をするな」と迫った。

この時パークスの通訳を務めたアーネスト・サトウはこう回想している。

「キリスト教に対する敵意が今なお激しく、一般にこれを魔法か妖術の類と思っているという理由で、日本側は禁制を擁護した。（中略）二十四日に、ハリー卿は前回の閣員を相手にこの問題を再び論議したが、こんどは岩倉もこれに加わった。初めて顔を見知った大隈八太郎（訳注　参与兼外国事務局判事大隈八太郎＝重信）という肥前の若侍が、自分は聖書（バイブル）や『草原本（プレーアリ・ブック）』を読んでいるから、この問題は充分心得ていると、われわれの面前で見えを切ったのは、多分この時だったと思う。大隈は長崎のアメリカ人宣教師ヴァーベック（訳注　フルベッキ）博士の弟子らしかった」（『一外交官の見た明治維新』下、坂田精一訳）

　サトウが「草原本」（Prairie book）と書いているのは、大隈が「祈禱本」（Prayer book）を間違って発音したことを揶揄（やゆ）したものと訳者の坂田は註釈している。だが、サトウも大隈が自らの意見をはっきりと主張する日本人であることに強い印象を受けた。そしてこの交渉が三条実美（さんじょうさねとみ）に評価されて、大隈は外国官副知事（外務次官）に抜擢され、明治政府の中枢を駆け上っていく。

　ちなみに同時代の西郷隆盛も聖書に傾倒した一人である。

西郷が説いた「敬天愛人」（天を敬い人を愛する）という言葉は、「キリスト教的な真理に近い。少なくとも新約聖書を読んでいたことは確かである。特に晩年は聖書に親しんでいた」（西郷南洲顕彰館・高柳毅元館長談）

　側近の有馬藤太に西郷が漢訳聖書を貸し与えたという記録がある。

「ある日西郷先生を訪問すると、『日本もいよいよ王政復古の世の中になり、おいおい西洋諸国とも交際をせにゃならんようになる。西洋では耶蘇を国教として、一にも天帝、二にも天帝というありさまじゃ。西洋と交際するにはぜひ耶蘇の研究もしておかにゃ具合が悪い。この本はその経典じゃ。よくみておくがよい』といいながら、二冊もの漢文の書物をかしてくれた」（上野一郎編・有馬藤太聞き書き『私の明治維新』）

漢文の書物とは聖書である。

西郷が聖書を教えていたと証言するのは鹿児島市在住の川邊二夫である。川邊家は古くから西郷と親交があった。

「中学生の時、父から『西郷さんは、家に来て耶蘇（キリスト）教を教えてくれた。漢文の分厚い聖書を持ってきて先祖の衆に教えられた』と聞かされた」（『南日本新聞』二〇〇七年〈平成一九年〉一二月八日付）

「西郷は横浜の教会で洗礼を受けている。時期は一八七二年（明治五年）九月か翌年四月、いずれも帰郷の際に横浜に立ち寄った時と推測される」（高柳毅氏談）

フルベッキが西郷と会ったという記録はない。だが、薩摩藩と関係が深いフルベッキを西郷が知っていたことは間違いないだろう。

「日本だま　みがけやみがけ」

フルベッキは日本人の海外留学生を斡旋する先駆けとなった。当時のアメリカに留学した学生の統計データについて石附実の研究がある。一八六八年（慶応四年）から一八七四年（明治七年）までの世界全体に向けての日本人留学生は五〇〇人余り、アメリカに限ると二〇〇名ほどにすぎない。

「グリフィスによれば、慶応二年、フルベッキの紹介状をもって、ニューブランスイックへはじめて留学した横井兄弟たち以後、明治一八年までの間、同地で学んだ日本人は総数約三〇〇人にのぼるという。もっとも、七〇年代のはじめまでには約四〇名ほどであり、そのうちラトガスに学んだのは一三名、さらに完全に卒業した者はわずか四名にすぎず、多くはグラマー・スクールか小学校レベルの教育でおわった」（石附実『近代日本の海外留学史』）

日本人のかなりの数の人物がフルベッキによってニューヨークの改革教会外国伝道局の主事フェリスを通じて、ニューブランズウィック、ニューヨークなどに留学した。

第一陣は、一八六六年（慶応二年）のことで、フルベッキのもとで英語を学んだ横井小楠の甥である横井左平太（伊勢佐太郎）と大平（沼川三郎）の兄弟がアメリカへ旅立った。そして一八六七年（慶応三年）、福井藩士の日下部太郎（くさかべたろう）が続いた。横井大平は病気で間もなく帰国したが、左平太はラトガース大学のグラマー・スクールで英語を習得し、アナポリスの海軍兵学校に転じた。

フルベッキは留学した横井兄弟を案じる書簡をフェリス宛に送っている。

「横井兄弟二人がお世話になってすみません。このことについて、お手紙をうけてから、わたしも深く気にかかっている次第です。（中略）彼等は、本国からの学費の支給は期待していないので、もし、英語を学ぶために、また航海術を学ぶためにどんな仕事でもやりたいと申しております。出発するための金は多少もっていると申していましたから、ニューヨークのような港で生活のため船で働かしてくれるような船長に頼むことはむずかしいことではあるまいとわたしも考えたのです」（『書簡集』一八六七年〈慶応三年〉三月一日付）

傑出していたのは日下部太郎だった。日下部は、まさに寝食を忘れて猛勉強し、「数学の天才」

と称された。残念なことに一八七〇年（明治三年）五月一三日卒業直前に肺結核で病死したが、その優秀さゆえに卒業と見なされた。「優秀な日本人を知りたい」、グリフィスが来日しようと決めた背景には、日下部の存在があったからとされる。

一八六五年（慶応元年）二一歳の日下部は洋学修行のため長崎遊学を命ぜられ、何塾で英学を、済美館で英語と数学を学んだ（永井環『新日本の先駆者　日下部太郎』）。

二年後の一八六七年（慶応三年）三月一八日に、日下部は長崎を出航した。最初期に公式留学した人物の一人で、幕府（日本政府）から正式に渡航許可証を受けた。

一八六八年（慶応四年）五月四日付フェリス宛の書簡で、フルベッキは日下部について記している。

「日下部については処置しておりますから、よい結果となると思います。同君の好学心がみなの注意をひいたことを知って、満足です。日本人の知人の中に人間的に申して優れた人を多数知っているけれども、日下部ほど明敏なものは十人か十二人ぐらいしかいません。というわけは、これらの日本人の一般的の知性、外国の文化に対するあこがれ、一般的に彼等の知識欲は誠にすばらしいものがあります」（『書簡集』）

一年後の一八六九年（明治二年）五月、日下部は明治新政府の官費留学生になるが、肺結核に罹る。「日下部の病気のことを承り心痛の至りです。恢復して研究が続けられるように切望しております。米国で教育をうけている青年等が将来自分の国に善い広い感化を及ぼすことを期待しています」

（『書簡集』一八七〇年〈明治三年〉五月二一日付）

フルベッキの願いは叶わず、日下部は一八七〇年（明治三年）五月一三日に亡くなった。死後に、ラトガース大学から卒業と認められた。優秀な学生に与えられる「ファイ・ベータ・カッパ」（最優秀賞の黄金キー）は来日したグリフィスから福井の日下部の実家に届けられた。

薩摩藩出身で、後の長崎二代目県令の野村盛秀（のむらもりひで）は、『野村盛秀日記』に、西浜町の薩摩藩蔵屋敷から目と鼻の先の大徳寺に住むフルベッキの元に、慶応年間に一〇数回面談に出かけたこと、その中には薩摩藩の第二次留学生の仁礼景範（にれかげのり）や吉原重俊（後の初代日本銀行総裁）らを連れて、渡航準備の打ち合わせに行き、ニューヨークの有力者への紹介状を書いてもらったこともあったと記している。

一八六九年（明治二年）、薩摩藩の青年四名（うち一人は後の大山巌（おおやまいわお）元帥）がヨーロッパ留学に当たってフルベッキに助言を求めた。フルベッキは「兎に角、どんな面白い事や、可笑しい事や、慰むことがあっても、決して決して日本魂を失ってはいけません」と言った後、歌を贈った。

すめ神（がみ）のくだしたまひし日本（やまと）だま
みがけやみがけ光でるまで

（『福音新報』一八九六年〈明治二九年〉二月七日）

日本人の魂を忘れないように、と言うフルベッキが生徒たちに贈ったこの歌の作者が歌人の八田（はった）

知紀（とものり）であることは、一八六六年（慶応二年）の『野村盛秀日記』で知ることができる。「五月二五日、八田大人より亜人フルベッキへの詠歌」（『野村盛秀日記』）とある。

フルベッキは若者たちの迸る（ほとばし）熱い心、新しい知識や思想を吸収しようという貪欲な知的好奇心、自らの力で自らの道を切り開いていこうとする強い意志に心を揺さぶられたのではないかと思う。「野心」をもってアメリカに渡り、さらに「未開地日本」に来た自身の熱い心と重ね合わせていたにちがいない。

一八六八年（明治元年）大坂に出掛けたフルベッキは外国官副知事（外務副大臣に相当）である、薩摩藩の小松帯刀（こまつたてわき）を訪ねている。これは小松が新政府の外交の責任者として、当時渡米していた薩摩藩留学生を政府（国費）留学生に切り替える件を現地留学生に伝えるよう、フルベッキに依頼したためであった。その時に同席した元海援隊士の白峰駿馬はフルベッキからアメリカ留学に関する予備知識を得たことが切っ掛けで、同志である菅野覚兵衛とアメリカを目指した（佐藤寿良『続ある海援隊士の生涯　白峰駿馬伝』）。

坂本龍馬の従兄、沢辺琢磨（さわべたくま）（ロシア正教徒信者）が逮捕された一八七一年（明治四年）、フルベッキは時の外務卿で元教え子の副島種臣に働きかけ、政府に強く抗議している。

また、一八六七年（慶応三年）に高橋是清と共にアメリカに留学した勝海舟の息子小鹿（ころく）を一八七一年（明治四年）に、アナポリスの海軍兵学校に斡旋した。

ちなみに高橋是清は帰国後、東京のフルベッキの自宅に寄宿するなど師弟関係が続いたことは後述する。勝海舟とフルベッキが長崎時代に会ったという記録は残されていないが、勝のキリスト教への関心は強く、東京の自邸を「耶蘇教講義所」として開放までしている。

西郷隆盛と共に江戸城を無血開城に導いた男は最晩年「キリストを信じる」と告白してもいる（*Katz Awa, "The Bismarck of Japan" Or, the Story of a Nobel Life*）。

この勝海舟に関する本を著したエドワード・ウォーレン・クラーク（「少年よ、大志を抱け」の言葉で名高い、札幌農学校のクラーク博士に対し、「もうひとりのクラーク」と呼ばれる）は一八七一年（明治四年）、勝がグリフィスに教師として斡旋を頼んだ人物であった。あまり知られていないが、このクラークは「地方からの教育」を実践した功労者の一人である。

勝海舟とキリスト教、聖書との関係について聖書学者の鈴木範久は語っている。

「とくに一八七一年（明治四年）、勝海舟の尽力で静岡学問所の教師として招いたクラーク（エドワード・W・クラーク）は静岡で聖書も教えました。また、商法講習所（後の一橋大学）の教師となるホイットニー（ウィリアム・C・ホイットニー）は一八七五年（明治八年）に来日、一八七六年から勝の邸内に居住します。そこでは聖書集会が開かれていました。やがて勝の息子梅太郎とホイットニーの娘クララとが結婚する話はよく知られています」（日本聖書協会編『国際聖書フォーラム　二〇〇六年講義録』）

赤坂の勝邸には津田仙、徳富蘇峰、新島襄（にいじまじょう）、内村鑑三、小崎弘道（こざきひろみち）などの著名なキリスト教徒が出入りしていた。

勝は聖句「途也真也生命也」を小崎弘道が翻訳したジュリアス・H・シーレー著『宗教要論』の扉のために揮毫した。これを書き下すと「途なり、真なり、生命なり」で、ヨハネによる福音書第一四章六節の「わたしは道であり、真理であり、命である」である。

その著者のシーレー牧師は無教会主義キリスト教の創唱者、内村鑑三や新島襄の恩師として知られ、一八七七年にはアマースト大学総長になった人物である。

勝の聖句の書は「揮毫を求めた人が持参した聖書によるもの以外はすべて同じ中国語訳聖書（ブリッジマンとカルバートソン訳）から採られています」（鈴木範久談）

勝が聖書に深く精通していたことを表している。

さて、フルベッキの長崎時代に話を戻すと、この時期、フルベッキは加賀、佐賀、薩摩、土佐といった諸藩からも「教師」として招かれたが、少しでも布教に時間を割けるようにと丁重に辞退している。

一八六七年（慶応三年）九月七日、フルベッキはフェリスに、伝道への情熱を持ちながらも、思い通りに進まない苦悩を伝えている。

「自慢ではありませんが、貴伝道協会の宣教師の名が高く評価されていると申してもよいのです。でもただひとりの宣教師では、必要に迫られて、こういうことなどについて申す場合に、箴言二七章二節『自分のくちびるをもってせずほかの人にあなたをほめさせよ』の言葉にそむくようなことがあるのは残念です。どうか、われらの『主』が適当な時期に、単なる名声よりも、もっと実質上の援助を与えてくださることを願っています。

新聞で、この地のキリシタン迫害の誇張した情報をお読みのことと存じますが、事実はこうなのです。あるローマ・カトリックの司教がこの町の近郊の村落で信仰の残存者を発見したと言っているのです。これらの残存者を信者たちの集会に集めて、ローマ・カトリックの教会を訪ねるように勧誘したのです。仏教の僧侶たちは、ローマ・カトリック（切支丹）をねたんでいたので、政府の役人を刺激し、切支丹禁制の政策を強化せしめようとしたのです」（『書簡集』）

こう書き送った二ヵ月後、時代は大きく動く。一八六七年一一月九日（慶応三年一〇月一四日）江戸幕府第一五代将軍徳川慶喜（とくがわよしのぶ）が朝廷へ政権返上を申し入れた。大政奉還である。一八六八年一月三日（慶応三年一二月九日）、王政復古の大号令が出され、天皇を中心とする新政府が成立し、江戸幕府の時代は終わった。長崎奉行所の済美館も明治政府により再編成されて「広運館」となった。フルベッキは引き続き、教育に携わっていた。

一八六八年一月一七日付フェリス宛書簡でフルベッキは日本に希望を見出している。

「衆議院、それに類する政治機構は樹立せらるべきであり、今『リバティー』ということばは、日本語ではそれに正確に対応することばはありません。（中略）一言でいえば、此の国は中世の封建制度から、進歩した時代の状態に応ずるような合理的国家に移行する外に途がないのです。この仕事を完成するために西欧は数世紀を要したのです。ところが日本は西欧の経験によって益しようとしており、わずか数十年にして、その事業を達成しようとしています。少なくとも、これはわたしたちの希望であり、現在経過しつつある事態はこの希望を保証するように思われます」（『書簡集』）

先に紹介した『明治百話』上（「外人の見た明治話」）でフルベッキは語っている。

「またその時代の党派の争いは大変なもので、鎖港と開港とがあり、自由と保守の争いでありました。井上さん方が開港論者でした。今の壮士というものは一人もありませんで、浪人という壮士のようなものであって、外国人には大変危険でした。そうですナ、壮士は外国で何といいますか、ストロングマンと訳したのを見ましたが、ストロングマンでは少し実際より良過ぎましょう。
今の自由という事を思う者は誰もなかったのです。私がその時のお侍に自由の話をしたら、皆これを悪いことと思いました。危ない事と思いました。
副島サンも大隈サンも長崎で私のところへ参りました。副島サンは漢学者で、米国の独立宣言書にある自由の話をしても、よく解りません。大隈サンは年も若いし、喜んで私の話を聞きました」

義弟への私信

ここに新しく発見されたブルーの三枚の小さな便箋の表裏に書かれた文章がある。フルベッキが義理の弟（妹セルマの夫）ジョージ・ファン・デュール牧師に宛てた書簡である。長崎在住中のフルベッキが義理の弟に宛てた私的な内容であり、また随所に「本音」とも思える内容が散見できる。最も驚かされるのは、S・R・ブラウンに対するフルベッキの評価である。以下に全文を掲げよう。

ファン・デュール牧師
八丁目四四六番地
トロイ（アルバニーの近く）、ニューヨーク

アメリカ合衆国
長崎　一八六八年四月一九日

親愛なるジョージとセルマへ！

心のこもったお手紙を数日前に拝受しました――住所は八丁目四四六番地とありましたが、日付は書かれておりませんでした。皆様がご健勝で、新居での暮らしを楽しんでおられると知り、私たちも喜んでおります。折りにふれてお便りを下さることに対し、心から感謝すると共に、私が無音に打ち過ぎておりますことをお詫びします。これでは、このところ全く便りを寄こさないコーネリアスと同じようなものです。さて、こんな無益な後悔や言い訳に時間や書面を費やすのはやめにして、私たちの近況をお伝えすることにしましょう。先ずは、前々回のお手紙にトロイへ転居予定とあったのには、大いに驚かされました。しかし、ご自身とお子さんたちにとって、大都市に比べてトロイのような田舎で暮らす方が、ずっと楽しいのではなかろうかと想像いたします。

お手紙の文面から察するに、すばらしい場所に居を構えられたように思いますし、田舎の空気は皆さんの健康にも良いに違いありません。それに加えて、あなたのフィラデルフィアでの説教を引用するなら、あなたがたは束の間の安息を得る、といいますか、得なくてはならないのです。どうか神のご加護によって、あなたの新天地での生活に幸多からんことを、そして、再び善き人々の導き手に復帰されることを願っています。前回のお便りには、ローザからの手

Nagasaki. 19 April. 1868.

Dear George & Selma,

Your very kind letter, marked 446 Eighth Str. but without date, came to hand a few days ago, & we were rejoiced to see that you were all doing well & enjoying your new domicile. We are indeed very much obliged to you for writing from time to time, & I must beg your pardon for my own remissness in this respect. In fact, I am almost as bad as Cornelius, from whom we have not heard for an age. I will not now fill up my time & paper with vain regrets & excuses, but tell you how we are & what we are doing. In the first place, you took us a good deal by surprise in your before-last by stating your then intended moving to Troy. We can well fancy how yourself & the children especially enjoy the countrylike Troy in comparison with the large city.

義弟への私信（筆者所蔵）

紙は同封されていましたが、ウォルターのものはありませんでした。私もすぐに彼らに手紙を出すつもりですが、あなたからもよろしくお伝えください。ウォルターの金銭状況はどうなっているでしょう？　マリアが提案し、私も完全にその考えに同意しているのですが、私たち三人で一人頭四〇〇ドルずつをウォルターに先払いして、収益の見込める仕事を始めさせるというのは如何でしょう？　期間を定めて、適正な利息を乗せて貸与するということです。彼はこのような計画を安全にこなせるでしょうか。あなたがどう思われるか、ぜひご意見をお聞かせください。

前の手紙を書いて以来、私たちの環境は激変しました。天に在ますま父の加護により、実質的な被害は受けていないものの、切迫した危険の中で過ごしております。国全体が動乱の中にあり、大きな変革を経験しようとしているのです。この国は中世的な封建制度を脱して、より輝かしい自由な近代の光に向かって進んでいます。騒動はまだ収まっていません。私のごく身近な場所では個人的に危害を受けることはなさそうですが、まだ外国人の殺害が時にして起こります。毎晩眠る時に二丁の拳銃を枕の下に用意しておくのですから、到底のんびり暮らしているとはいえないとお分かりでしょう。当初は、そうした手段を馬鹿にしていました。そして、私たちが信じるべきでない「人間の武力」(6)に重きを置き過ぎるように思っていました。しかし、備えに過ぎないはずのものが、しばしば危険回避に効果的だと分かってきたので、泥棒相手にしか役立たないにしろ、むしろ義務として、手軽な用心をしておくことが必要だと考えるようになりました。また、先日は大火事があり、我が陋屋の屋根にあわや燃え移るところでした。

日本家屋に住んでいるので（外国人では私たちだけです）、火災保険もかけられず、私の木の家が火事に遭えば、持てるものを全て失ってしまいそうです。これは大変恐ろしいことだと感じますし、実に悲惨な状況ですが、ひとつ良いこともあります。私は慈悲深い神の御業（みわざ）を深く信頼しておりますので、物事全てに慣れてからは、現在も常に変わらぬ義務の数々を念頭に置き、そして、取り分け我が救い主たる神を信じながら、全般的には幸福と平穏のうちに暮らしているのです。

ブラウン氏は今アメリカにいます。最近聞くところでは、オーバン付近のオワスコ湖畔にしばらく滞在するとか。そこは彼が前に赴任していた場所なのです。再び派遣されるかどうかは定かではありません。私は派遣されないことを希望します（内輪の話ですが）。彼は全くもって善人ではありません。キリスト教徒とオランダ教会[7]の名が、彼を知る全員にとって「鼻つまみ[8]」になったのは、ブラウン氏の所為です。彼の妻も同じです！　そして娘でさえも！　一八五九年五月にニューヨークを出港した一行の中で、今や私だけがこの地に残っています。この手紙がそちらに着くころ、横浜伝道教会の親愛なる同胞バラ師もまた、妻君を日本に連れ戻すために帰国することになっています。彼こそ最も献身的な伝道者で、忠実な働き手であると思います。彼が横浜で日本人二人に洗礼を施した[9]と聞いたときには、とても嬉しくなりました。彼が日本を離れている間、私はたった一人で我が教会の代表を務めることになります。バラ師は年内には日本へ戻ってこられます。

いまだに私は教師の仕事をしています。その主な理由は、伝道局の支出を軽減するためです。

要望があれば、今年は教師の収入だけでやっていくことも可能でしょう。我が教会の資金はいつも不足していて、私の見るところ、毎年末に二万ドルから三万ドルもの負債を抱える状態です！　当初の不足は南北戦争によるものでしたが、今ではなぜなのか理由すら分かりません！　いずれにせよ、このような状態で四人も子のいる家族に食べさせていくのは容易ではありません。伝道の報酬だけで暮らすべきなのですが、家計をやり繰りするのはとても無理な状態です。しかし、これもまた上手くいくよう望んでいますし、日本帝国の全教育部局の監督者に任命されるようなことがなければ、厳密に布教と関わる以外のあらゆる教育活動をやめ、聖書翻訳に全精力を傾けたいと思います。

牧師より教師になりたいと常々おっしゃっていたそうですね。今日、マリアからそう聞かされました。私があなたにグリーンベイでスコットランド鰊(にしん)を一箱買って差し上げたことを覚えておられると思いますが、私も決して金に執着する人間ではありません。私たちはその話題で心から笑い合いました。あなたは実は預言者で、お金や教師の話題が出てくることを知っていたのではありませんか？　私の家族についていえば、長子が学齢に達することもあり、この国の情勢が不安定なこともあって、この手紙と同じく、マリアと子供たちをあなたのもとへ送る予定でした。帰国する同胞バラ師が、私の家族の面倒を見ようと申し出てくださり、絶好の機会だと思ったのです。しかしながら、見直すべき状況が生じました。とりわけマリアは第五子をこの八月に出産することになっており、事を一年先送りするほうが良いと考えました。もとの計画はこうです。マリアと子供たちは、あなたの家か近所、あるいはオーバンに出産後まで滞在する。その少し後、年末前にジャージーのニューブランズウィックに移転し、そこで子供たちに教育を受けさせ、マリアは快適な家を見つけて自国の人々の間で暮らすというものです。しかし、これらは全て中止です。[10]

神意に適うならば、次が新しい計画となります。来年の夏、サンフランシスコ、もしかするとパナマまで家族たちを送り届けます。前の計画と同様に、妻はオーバンであなたの家に一、二週間滞在することになるかもしれません。その間に我が教会の事務官がニューブランズウィックに転居する準備を十分整えてくれるはずです。その地で子供たちに教育を受けさせたいと考えます。私には大西洋を横断旅行する資格が付与されるはずだと思っていますし、私にとっても有益だと確信しています。しかし、まだまだ故国に行けそうにありません。百年祭[11]までに故郷の土を踏めるよう、一八七四年か七五年には実現させたいと思います。もちろん、これらは全て神の御業に属するものであり、私たちは常に神意に従う覚悟がありニューブランズウィックを選んだのは、我が教会のグラマー・スクール、大学、神学校がそこにあり、他のどこよりも子供たちの教育費が安くすむだろうと思うからです。マリアにはすぐに友達を作ってほしいと思います。そして都会と田舎が相半ばする土地で、安心して暮らしてほしいと望みます。家族と離れて暮らすのはとてもつらいのですが、子供たちに教育を受けさせる方法が他に思いつきません。マリアも私に同意してくれていますが、愛する子供たちを父も母もいない状態にしておくより、どうしても必要とあらば、私たちがしばらくの間、離れているほうがましだと考えたのです。たとえば、あなたが幼いお子さんたちを、だれも知り合いのないところにぽつんと置いておくとすれば、どんな気持ちになるでしょう？　ひどく恐ろしいと思われるのでは？　少なくとも私たちはそう考えたのですが、不自然な考え方でしょうか？　家庭というものを考えたとき、あなたならこの問題に関する光となるご意見を投げかけて下さるのではないかと期待しています。感謝の気持ちを持って受け止め、十分参考にさせていただきます。

敬愛するジョージならお分かりでしょうが、私が手紙を送る回数が少ないせいで、ずいぶん長いものになってしまいました。一方、あなたからの二ヵ月毎のお便りは、簡潔ですが、もう少し量を多く書いてほしい気もします。今やカリフォルニアを往復するすばらしい郵便船が就航しております。運行状況がよければ、ニューヨークからの便りを四五日で受け取ることができます。この手紙の日付を見てください。きっと六月七日か八日にあなたの手許に着いているはずです。オーバンにも手紙を書いて、これと同時に送るつもりでおります。もし私が手紙を出せなかった場合には、お手数ですが彼らに私たちのことを知らせていただきたく思います。

心を深く結びつつ、変わらぬ信頼を。

愛をこめて

グイド

私もオーバンに手紙を出すとすれば、あなたも手紙のやりとりをしているでしょうから、他のことも書くことになるでしょう。エヴェラード・ファン・ラールは、何処でどうされていますか？　よろしくお伝えください。

この頃、フルベッキの心は宣教師として生きるのか、教育者として生きるかの間で揺れていたことが伺える。しかし、時代は急速に変化しつつあった。誰もが自分を頼って来るようになっているとも感じた。一八六八年五月四日の書簡で記している。

「宣教師は政治的問題にかかわることを避けねばならぬことも知っておりますが、しかし、これら日本人がわたしのところに来て日本国を繁栄に導く対策を心から尋ねてくる場合、彼等の質問をきき、適当な忠告をしてやることを拒むことはできません」（『書簡集』）

新しい時代へ

一八六八年、明治維新という大きな政治改革が起こると、時機をうかがっていた宣教師に好機が巡ってきた。フルベッキは機敏にそれをつかみとった。長崎を離れ、より可能性があり、有望な宗教活動のできる土地へ行きたいという要望を、数ヵ月前にアメリカに伝えていたのである。幸運にも時代の動向に鼻が利く上司フェリスのおかげで、すぐに大坂に視察に行くよう知らせが届いた。

一八六八年（明治元年）一〇月一六日の書簡で、フルベッキはフェリスの指示に従って明日大坂に向かうこと、自分の旅行が宣教計画と地域の調査のため地理を調べる機会を与えられたと伝えている。

一八六八年一〇月一七日、フルベッキは佐賀藩士の小出千之助と共に長崎を出港し、翌日には平戸を通り過ぎた。一七世紀初頭、オランダ人の最初の商館と居留地が作られた土地だ。午後七時に関門海峡に入り、町の明かりが見えたが、数年前の下関戦争の痕跡はなかった。翌日の早朝デッキに出ると、魅惑的な海岸と小さな島々、そして宮島が見え、瀬戸内海の美しい光景に感激した。フルベッキはこの九年間、上海と佐賀を訪れた以外は、長崎の丘と海ばかりを眺めて暮らしてきたのだ。夜一一時に神戸に到着し、翌一〇月二〇日の朝に上陸。初めは徒歩で大坂に向かった。途中からは舟に乗り、街の様子を水の上から眺めた。大坂は豊かで活気のある大都市だった。水路が交通と運送を担っていた。

大坂では佐賀藩の屋敷を宿にして、大坂城、商店など、さまざまな場所を見学して回った。一〇月二三日、ジェームズ・バラと会った。また、外国官副知事であった小松帯刀、新政府の参与となる副島種臣らの要人との面会もこなしていった。横井兄弟をアナポリスの海軍兵学校に入れる手続きや、江戸幕府がアメリカから購入した装甲艦を、明治新政府が代わって受け取る算段について、小松や副島らから相談を受けた。誕生したての新政府は、欧米との折衝に的確な助言を与えられるフルベッキのような人物を強く必要としていたのだ。

フルベッキの今後に関わる重要な知らせを伝えてきたのは、フルベッキの友人で弟子でもあった何礼之助だった。何は小松帯刀の補佐役を務めていたが、フルベッキに会いに来て、東京（九月三日に江戸から改称）に学校を開設すると語った。小松帯刀の説明によると、三〇〇人の学生が学べる学校であり、フルベッキと他に三人の教師が必要とのことだった。この学校とは、明治政府が江戸幕府から接収した開成所のことで、一〇月二七日から開成学校として再開する予定になっていた。後に東京大学の一角を占め、日本の官学の中核に育っていく学校である。実際は、新政府がフルベッキを教師として招聘する前から学校開設計画が持ち上がっていたと推測される。

木戸孝允に宛てた大久保利通の書簡（一八六八年五月二三日付）に次の一文がある。

「崎陽逗留之亜人フルベキ、溥識有徳之者にて皇国之情態にも相達、別而有用之人物にて候段、年来承居候」

長崎に暮らすアメリカ人のフルベッキは、博識で人徳があり、日本の事情に通じ、とりわけ有用だと長年聞き及んでいる、という内容であるが、この高評価を大久保に吹き込んだのが佐賀藩の副島種臣だった。前述したようにフルベッキと佐賀藩の繋がりは深い。元佐賀藩主の鍋島閑叟はフルベッキを三回引見し、うち二回は佐賀に招待している。フルベッキの新政府招聘、フルベッキが去った後の致遠館の処理などについて親しく話し合っている。大隈重信も深くフルベッキを信頼していた。このように佐賀藩の有力者たちの評価が明治新政府の重鎮を動かして、開成学校（フルベッキが着任した頃には大学南校と改称）の教頭および政府顧問としての採用に繋がるのである。

視察を終え、長崎に戻ったフルベッキは、一八六八年（明治元年）一一月一六日付、フェリス宛書簡で、大坂旅行の報告をしている。

「大坂でバラ氏に会って驚喜しました。友人の船長の好意で、大坂に巡航してきたのです。彼に会い、彼と語り、彼の心が伝道の働きに熱いのを知って、わたしは大いに益しました。まもなく彼は合衆国に行って、夫人を伝道地に連れ帰る予定です。（中略）数名の新しい求道者がいますが、その二人は仏教の僧侶です。これらの人々が果たしてその求道に誠実であるか、あるいはただわたしたちの教理をスパイするために来たのか、どうもわかりません。しかし、無論、彼等が真実に求道しておるものとわたしは認めて迎えています。その逆であることがわかるまではやむを得ません」

（『書簡集』）

一二月三日に、岩倉具視の息子たち、具定、具経が佐賀に到着し、同月一〇日長崎・致遠館に入学することになった（『幕末伊東次兵衛出張日記』）。

一二月一三日、フルベッキは浄土真宗の僧侶である清水宮内（しみずみやうち）に洗礼を施した。清水は禁教令に反した罪で、後に獄につながれることになる（杉井六郎『明治期キリスト教の研究』）。

一二月一九日付フェリス宛の書簡でフルベッキが語っている。

「本月の一三日、すなわち明日から一週間前、以前あなたに極く簡単に申し上げたことのある一人の仏教の僧侶にパブテスマを授けました。この人は主の日を守り始めて、ついにキリスト信者となり、救い主を信じる忠実な謙遜な信徒となったために、寺の和尚に寺から放逐され、ついにその生活も親戚も一切なげ捨てて、しまったのです」（『書簡集』）

フルベッキからキリスト教を学んだ仏僧は清水だけでなく、他にも数人いた。原口針水（はらぐちしんすい）もその一人である。博多の万行寺で真宗学を学んだ学僧で、後に西本願寺大学林（現在の龍谷大学）の総理事務取扱を務めた人物だ。だが、彼ら僧侶たちの目的は、キリスト教を信仰することではなく、異教の教義を研究することにあった。フルベッキに教えを請うた僧侶の良厳[12]は、キリスト教を「破邪」「闘邪」の対象と見なして、冊子『崎陽茶話及長崎邪教始末』を上梓した。

「耶蘇の教師フルベッキの妻マラヤと申者乳のみ子を捨置き、火輪舩にて漢長へ参り彼地に居留の教師数人を日本に連れ来る為に上海香港辺え罷越申候」（朝枝善照「善謙『日次』所載の『崎陽茶話』『長崎邪教始末』考」『平松令三先生古希記念論集　日本の宗教と文化』）

フルベッキの生徒には、フルベッキを邪宗を広めようとする「最も危険な人物」と見なす者もいたのだ。

フルベッキは、フェリス宛書簡（一八六八年七月一八日付）で、この冊子について記している。

「これを書いたのが僧侶であることは、内容からほぼ確実です。冊子に書かれている氏名、数字、その他の事柄を知る日本の僧侶は他におりません。前述の僧侶たちだけが私の書斎で書きつけた大量の覚書を持っています。（中略）その著者がプロテスタントについて述べているのは私に関することばかりです。彼が会ったプロテスタントは私だけだからです。名ばかりの改宗者を数多く抱える多数のカトリックの神父よりも、私を国にとって危険で有害な存在だと考えていますが、むしろ宣教師である私への誉め言葉だともいえるでしょう。実際には、僧侶らは私をこう見ています。身分の高い支配階級に取り入ろうとしているが、なんの成果もなく、彼らから見下されていると。私のは、カトリック教会が取るような性急な道（つまり政治的な衝突や干渉）とは違ったやり方で、最終的に知的な日本人たちが歩みよって来るというものです」（*Verbeck of Japan*）

一八六八年（明治元年）一二月一八日付フェリス宛の書簡には、フルベッキにとって辛い事件の埋め合わせとなる知らせが書かれている。

「先週の水曜日、まったく意外にもわたしの友人で信仰の兄弟の若狭がここに来ました。この人は肥前の前の藩主の家老職ですが、一八六六年五月、わたしは彼とその弟にパプテスマを授けました。この度、若狭はパプテスマを受けさせるため息子と家来の一人、医師を伴って来たのです。今晩六時、わたしは受洗した父親とわたしの妻の面前で前記二人にパプテスマを授けました」（『書簡集』）

村田若狭ら集合写真。後列左から本野周造、江口梅亭、前列左から村田久吉郎、村田政矩（若狭）、村田龍吉郎（政匡）。1866年（慶応２年）に受洗した頃、上野彦馬写真館で撮影（長崎大学附属図書館所蔵）

村田政矩の息子は村田政匡（龍吉郎）であり、医師は村田の命令で聖書を学んでいた村田家の医師江口梅亭と考えられる。一八六六年（慶応二年）五月の村田政矩らが受洗した頃に撮られた集合写真に村田政匡と江口が写っている（『幕末維新永松七郎助史料集』）。

フルベッキは新しい時代を予感し、S・R・ブラウン宛書簡（一八六九年一月二二日付）にこう記した。

「この国の信者に関する微妙な事情を、一部の日本の信者と関わる中で体験した非常に感動的な出来事をもっと自由に書けたらと思います。しかし、お分かりの通り、私の中でますます警戒心が強くなり、そのようなことを公に出せば――帝国の現法律の下で――主の大義を阻害し、危険にさらす可能性があるように感じて仕方ありません。

さらには私の慎重な行動にすべてを委ねてくれている人々の生活と財産までも危険にさらすのではないかと。しかし、私たちが教会の奨励（短めの説教）のために信者の数と名前をはっきり『書面で公表』できる日も遠くないと信じています。それまでに顔を合わせて直接お話できる機会がない限り、今は話すことを控えさせてください」（高谷道男氏タイプ原稿。明治学院大学所蔵）

　村田政矩の息子らへの授洗後、フルベッキは佐賀を訪れた。この手紙は、この時点ではブラウンに明確に話すことができなかったが、佐賀の地で村田政矩の母にも洗礼を施したことを伝えるものである。フルベッキは、一連の出来事を神聖なキリスト教徒の美の表れと感じ、将来はキリスト教が広まるようになるという予感を強くした。数年後、村田政矩の娘も長崎で洗礼を受けた。村田家は三世代がクリスチャンとなる。

　佐賀滞在中、フルベッキにとってはもうひとつ非常に重要な会談があった。一八六九年（明治二年）一月二日、鍋島閑叟の神野別邸で行われた会談がそれで、そこでは長崎の致遠館の今後やフルベッキの移籍が話題に上ったと考えられる。その時、閑叟は新しい日本の建設のためにフルベッキを東京へ送り出そうと、すでに決意を固めていた。

　明治時代の司法官であった加太邦憲（かぶとくにのり）は、大隈が語ったこととして後にこう述べている。

「明治二年に至りましてネ、鍋島閑叟公が思召でネ、此の如く拙者（大隈）共の一藩（佐賀藩）丈けの子弟数名を限つて学ばしむるよりは、寧ろ幕府の開成所を復興して、此のフルベッキを教頭に挙げ、其他に尚ほ数名の外国人を雇ひ入れて、全国より秀才の聞こえある者を東京に集めて、大に西洋学を修めしめたら宜しからうといふ処から、此の事を朝廷へ建議されたのサ」（『日本及び日本人』臨

時増刊・第七一三号、一九一七年〈大正六年〉九月）

一八六九年（明治二年）二月一三日、明治政府の三条実美の命を受けて山口尚芳がフルベッキ招聘のために長崎を訪れた。東京に大学を設立する任務の要請だった。フルベッキが長崎から出したフェリス宛書簡（一八六九年〈明治二年〉二月二三日付）が、招聘を承諾した理由を記している。

「わたしもその招聘を拒絶する理由がなかったのです。この国においては、上は大臣から下は庶民に至るまで、帝国政府に現在重要な地位にある人々と接触するということが他に対し、どういう力をもつかということをご存知ないでしょう。ことにまた、ローマ・カトリックの人々も同様な目的のために最善の努力を払っているのです」（『書簡集』）

この頃、フルベッキは広運館で教鞭を執る傍ら、『改正増補和訳英辞書』[13]の出版にも大いに尽力した。この辞書は高橋新吉（たかはししんきち）、前田献吉（まえだけんきち）、前田正名（まえだまさな）の薩摩藩士が編纂にあたり、序文に「日本　薩摩学生」と署名がある。いわゆる「薩摩辞書」の俗称で名高い英和辞典だが、これはフルベッキの紹介で上海にあるアメリカ長老教会の印刷所・美華書館で印刷された[14]。

編纂した三人は長崎へ出て唐通事の何礼之助やフルベッキについて学ぶにつれ、どうしてもアメリカへ留学したくなった。だが、資金がない。そこで当時、高値ゆえに多くの人が容易に手が出ない『英和対訳袖珍辞書』の改訂版を発行して売ることで洋行資金を作ろうと思い付いた。三人はフルベッキの力を借り、見出しの英単語と訳語の漢字に片仮名の「フリガナ」をつけ何とか完成させたのだった。

出版に際しては長崎の商人や薩摩の商人・浜田十兵衛、後に総理大臣となる松方正義の資金援助も仰いでいる。その「薩摩辞書」は二〇〇〇部を刷り、五代友厚や小松帯刀らの尽力で新政府への大量売り込みにも成功する。こうして薩摩学生たちは、留学の夢をかなえることができたのである。

美華書館では、一八七一年二月に広運館のフランス語教師岡田好樹による本邦初の活字本の『官許仏和辞典』が印刷・出版されている（『「官許佛和辞典」と岡田好樹をめぐって』）。

一八六九年（明治二年）三月一〇日、広運館を引き継ぐ宣教師ヘンリー・スタウトが着任した。慌ただしい出発の準備、友人たちとの送別の行事、スタウトとの仕事の引き継ぎに追われた。三月二三日、フルベッキ夫妻はウィリアム、エマ、チャニング、グスタヴ、ギドーの子供たちを伴って長崎の地を後にした。

岩倉具定、具経兄弟はこの年の夏に廃校になる致遠館から広運館に移り、その年の暮れ頃までスタウトの教授を受けて勉学を続けた。致遠館の生徒たちの多くも、佐賀藩の許可を受けてフルベッキを追って東京に向かった。

フルベッキは大きな時代の変化の渦に巻き込まれようとしていた。

第三章　岩倉使節団

明治新政府への出仕

一八六九年（明治二年）三月二三日、フルベッキは、長崎から家族を連れて出港した。横浜に着いたのは、同月三〇日である。

三月三一日、横浜に着いたフルベッキは早速フェリスに書簡を送っている。

「東京（江戸）にわたしを召し出した表向きの、そして無論究極の目的は帝国大学のようなものを設立する役目をわたしに与えることでした。来月〝みかど〟天皇は西京（都）から江戸に遷都される予定です。また有力な諸大名がここに会同して、帝国の国法の改正と外国との条約の改正ならびに欧米に使節を派遣することについて協議する予定です。それでこれらの重要懸案の解決前に、政府はわたしをここに呼び出した訳です」（『書簡集』）

一八六九年（明治二年）四月、フルベッキは開成学校の語学および学術教師となり、一年目は代数と歴史の講義を担当した。二年目からは学校の経営にも関わっている。

「フルベッキが宣教師仲間を呼ぶことによって、（教育の質を）高めていくわけです」（高谷道男・

太田愛人『横浜バンド史話』）

年俸は破格の五〇〇〇元（当時の一元は邦貨で約一円、つまり五〇〇〇円）。月に均せば四〇〇円強と相当に高額であった。お雇い教師の給料は高かったが、それでも月給三〇〇円程だった。

東京に赴任したばかりの頃、政府高官を欧米に派遣するという話を聞いたフルベッキは、海外視察を意義あるものにするべく提言を行おうと思い立った。それはブリーフ・スケッチ（草案の概要）と呼ばれ、一八六九年（明治二年）六月一一日付で大隈重信に送られた。本章の主題は、このブリーフ・スケッチであり、後で詳述する。

六月二九日、フルベッキは「今や攘夷派が非常に強硬なので、自由派の連中は一時攘夷派の潮がひくまで、沈黙する外ないのです。個人的には、わたしに対し悪感情を抱くものはありません。しかしあらゆる外国人に反感をもっています」とフェリスに書いた。そして、「それは一時的な反動に過ぎず、変革や推移の過程には、しばしば起こるもので、また進歩への適当な歩みがこれに伴って来るものです。でもこうした時代にこうした動きの中心近くにいることは不愉快なものです」（『書簡集』）と記している。

この書簡にある攘夷派とは、幕末の過激派の志士たちを指すのではなく、新時代になってもいまだ外国人を嫌い、その殺害を企てる無頼漢たちのことである。自分たちの身に害が及ぶという点では同じなので、外国人は区別していないのだ。

このような情勢下で、伝道活動はまだ禁じられていたし、外出もままならない状況にあった。フルベッキは長崎に帰りたいとも考えた。だが、彼を慕って東京に出てきた三六人もの佐賀藩出身の学生たちがいる。彼らをいたずらに故郷に戻すことはできない。それゆえフルベッキは東京に留まるつもりでいるが、どれだけいられるか不安は消えない。「わたしは自宅で、あたかも囚人のようです」（『書簡集』）とフルベッキは嘆く。

前年一八六八年（慶応四年）四月、新政府は五榜の掲示を掲げ、遵守すべきことを広く民衆に知らしめた。その中に吉利支丹宗門の禁止、万国公法の履行、外国人殺害の禁止などがある。殺人を禁じるのは当然に思えるが、わざわざ掲示せざるを得なかったという事実からも、外国人殺傷が横行していたことが伺える。外国人の移動には別手（べって）と呼ばれる護衛がつくほどだった。フルベッキは「恐ろしき浪人」という表現を使って当時の様子を語っている。

「今日世に横行する壮士とてはなかりしも之より更に恐ろしき浪人というものありけり。おもふに神奈川、神戸などにて、浪人の刃に一命を隠ししもの二三十名もやありけん。余は明治二年長崎より東京に招かれて、開成学校の教師となり、校内に住しき。官の雇とて別手は余を護しくれぬ。余横浜に赴けば、別手は、川崎まで送り、此処にて彼方より来りし別手に渡すなり」（「三十年前の日本」『護教』三四三号、一八九八年〈明治三一年〉二月一九日。フルベッキ談）

この年、相良知安（さがらともやす）が政府にドイツ医学導入を働きかけた。佐賀藩出身の相良は長崎で近代医学を日本にもたらした、ヨハネス・レイディウス・カタリヌス・ポンペ・ファン・メールデルフォールトの後任のオランダ人医師アントニウス・フランシスカス・ボードウィンから医学を学び、鍋島直正の侍医になっていた人物である。明治政府に徴士されて医学行政に関わっていた。

彼は長崎時代にすでにボードウィンからドイツ医学が世界で最も進んでいると教わっていた。日本は出島のオランダ人から一世紀にわたって知的感化を受け、医学もオランダから学んでいた。しかし、オランダ医学はドイツ書からの翻訳が多く、日本の蘭医たちはドイツ医学の優秀さを理解していた。こうした相良の主張が認められ、ドイツ医学導入が決定した。そこで、相良はドイツ医師招聘のための建言書に、ドイツの国情に通じるフルベッキの保証書を添えて政府に提出したのである（「相良翁懐旧譚（二四〜二五）」『医海時報』五三九〜五四〇号、一九〇四年〈明治三七年〉一〇月八日〜一五日）。

一八六九年（明治二年）七月二八日のフェリス宛書簡によると、フルベッキは妻マリアがアメリカに帰っていて不在なので、寂しさを募らせている。フルベッキは日々の生活で妻を頼りにしていた。異境の地で一〇年も生活をしたが、この時ほど、文化の恩恵とキリスト教的な交友とから断絶した孤独を感じたことはなかった。四〇歳になろうとする今日までこれほどまでに自分がこの世で巡礼者であり旅人であると感じたことはない。妻子の様子もほとんど伝わって来ない中で、フルベッキはこの世にとり残されているような侘しさを感じていた。

「妻が今暫く故郷にとどまり、この秋こちらに帰れるかどうかは、妻が三人の子供たちを誰かよい方にまかせて日本に帰って来られるかにかかっているのです。妻が帰って来る旅費については、妻の決心次第で、わたしが一切支出できるのです」（『書簡集』）

同年八月二八日付の書簡には、大学から三週間の夏休み休暇の許可を得て、四ヵ月半ぶりに長崎を訪れ、後任のスタウト師の仕事ぶりを見届けたと記している。

東京に戻ったフルベッキは多忙な日々を送っている。

「日曜以外、毎日大学に勤務しております。毎日五時間半で、その外に家では生徒を教えるし、またかなり講義の準備に時間がかかります」（『書簡集』一八六九年〈明治二年〉一二月二九日付）

大学には英文科と仏文科、独文科があり、学生は七〇〇人から八〇〇人の間で、年齢は八歳から四〇歳までと幅広く、年長の学生の多くは助手として生徒を教えた。四人の英語教師と二人のフランス語教師は外国人で、その六倍の日本人教師がいた。大学南校の教科書はすべて洋書だった。フルベッキの教え子には、江戸時代末期の医師を描いた森鷗外の傑作史伝小説『渋江抽斎』の主人公の七男、渋江保（たもつ）（翻訳家、著述家）がいた。

フルベッキは日曜日には六名ばかりの求道者と聖書研究者の会を開催している。

一八七〇年（明治三年）二月二一日、フェリス宛に宣教師としての誇りと決意を述べている。

「長い年月をへて漸次現在の地位に導かれてきました。そして自分としては感謝と謙虚な心をもって申し上げる次第ですが、この地位において、かかる名声と勢力とを得たので宣教問題を現在の光に照らして見て、最も明確な、最も重大な理由なくして、わたしがこの地位を放棄することは賢明ではないと考えます。もしわたしがここにいなければ、これら数百の大学の青年学生は公然と不道徳な生活をしている人々や、神と聖言（みことば）の敵の勢力に支配されてしまいます。現在、学生たちは宣教師をこのみかつ尊敬しております（もっと申し上げてもよいのですが）、また大学の当局者も宣教師たちは最も信頼し得る教師だと認めております。その証拠に数日前にも、一人『宣教師』（と言ったような人）を欲しいという申し出がありました。これについて、長老ミッションのコーンス師を一年間来週から大学で教鞭をとるように世話することに成功したので、当局者は勿論、わたしも喜んでいる次第です。この外わたしの立場は高い地位の人々や低い地位の人々にも接触する機会が多いのです。普通ならば、とてもわたしなど交際できないのです。（中略）力のおよぶ限り愛の福音を伝えるため直接の感化を及ぼす努力を怠らぬつもりです。いつも大いなる目的、すなわち、この国民の再生のために働くことを忘れてはおりません」（『書簡集』）

この書簡の末尾で、中国語、英語、仏語の聖書を配布できたことも報告している。

留学生については、この頃フルベッキは岩倉具視の二人の息子（具定、具経）に紹介状を持たせてニューヨークのアメリカ改革教会外国伝道局に送った。

三月一九日付のフェリス宛の書簡にこう記している。

「さて、この度の旅行には五人の有望な青年が加わっておりますが、多分貴下をお訪ねしてニューブランズウィックへの道順について、ご指示を仰ぐことと存じます。以上五人の名は左の通りです、旭（小太郎：岩倉具定）、龍（小次郎：岩倉具経）、折田（彦市）、服部（一三）、山本（重輔）、です」（『書簡集』）

さらに同年五月二一日付のフェリス宛書簡では、フルベッキの紹介でニューブランズウィックに留学していた日下部太郎のことを気遣っている。また、米国で教育をうけている若者たちが将来自分の国に善い感化を広く及ぼすことを期待しているとも述べている。しかし、残念なことに日下部はフルベッキがこの手紙を出す直前の五月一三日に亡くなっていた。

「この頃の季節には土地が不安定で、この国の北部には激震がありました（この地震は小田原あたりを震源としたもの）。数夜前一分間恐ろしいほど家が左右に揺れ、ぎしぎしと激しく（三度）ゆれ、目をさましました。しかしよき主のめぐみにて何らの危害もありませんでした。この国の地殻は堅固でないので安心できません。ある温泉の水が普通の水面より上ったので、国の北西部に新しい火山が活動したといううわささえあります」（『書簡集』一八七〇年〈明治三年〉五月二一日付）

大学関係については四月二一日付フェリス宛の書簡では、『ナポレオン法典』を仏語から、アーサー・ペリーの『政治経済学』を英語から、アレキサンダー・フォン・フンボルトの『コスモス（宇仲）』をオランダ語から翻訳して出版したことを書いた。また、ある生徒から「わたしはバックルの『文明史』第一巻を読んで、今第二巻を読んでいる」と言われた。別の学生から「『ウェランドの道徳科学要論』を読んでいるが、そのむずかしい個所を解説して下さい」とも言われるのを聞くと、とても嬉しいと述べている。

そして、一八七〇年（明治三年）七月、フルベッキは大学南校の教頭に推挙された（一一月着任）。

この頃、フルベッキはフェリスに依頼の手紙を送った。自然科学の機械一式の代金として注文したパイク商社に為替一一一ポンド九シリング二ペンスを送金し、その為替の残額を長崎でフルベッキから英語を学んだ長州藩留学生の児玉淳一郎に送ること、そして、福井藩の依頼により化学と自然科学を教えるための青年数名を派遣してもらうことである。

一八七〇年（明治三年）九月二一日付のフェリス宛の書簡には家族のことが多く綴られている。

妻マリアが、ウィリアムとエマをアメリカ（ニューヨーク）に住む妹のセルマに預けているので、寂しい思いをしている。二男のチャニングが学齢期に達していることや、三男グスタヴと四男ギドーが病気に罹（かか）っていることなどである。将来、子供の教育をアメリカで受けさせたいとも言っている。また、アメリカの若い教師を求めていること、華頂宮博経（かちょうのみやひろつね）親王、柳本直太郎、白峰駿馬らをアメリカに留学させることも書かれている。

一一月二三日付の書簡では、大学南校では一二人の外国人教師を雇っているが、アメリカから派遣された教師よりも劣っていると嘆いている。

フルベッキは多忙を極めていた。アメリカ建国一〇〇周年の一八七六年までには家族一緒に生活できることを望んでいるとも書簡で記している。

一二月二九日、福井藩での教育のためにウィリアム・E・グリフィスが来日した。その経緯は次章で詳しく述べる。

南校の教頭

一八七一年一月二一日、フェリス宛の書簡でフルベッキは森有礼(もりありのり)が新駐米大使として赴任するにあたって、ニューヨークの改革教会のフェリスを紹介したと報告している。そしてグリフィスの赴任先が福井に決まったこと、彼の負債に関することなどを詳細に書いている。

この書簡にはさらに、大学の二人の外国人教師が市内の街路で襲撃されたという興味深い記述がある。

「襲撃のあった晩のことですが、ダラスとリング両氏は護衛を連れて外出しましたが、暗くなってから一時間半、午後七時に護衛を去らせ、彼等は一人の日本の女を同伴して暗い通りを歩いていた時、八時一五分に背後から切りつけられたのです。彼等は護衛に知られたくない用向で出かけたことは明らかです。もし彼等が正しい生活をしていたら、その夜は無事だったでしょう。ところが今彼等は、わたしが学校の構内にある彼等の家にあのような女たちを引き入れることを禁じたということで、わたしに非難を浴びせようとしています。（中略）政府は数日間、全市とその近郊に犯人発見の目的で捜査網をはりました。しかしこれまでのところ容疑者は挙っていません」（『書簡集』）

グリフィスは一ツ橋南校外国人宿舎のフルベッキ宅で一ヵ月半を過ごし、南校で教えた後、東京を発った。そして三月四日、福井に着いた。松平慶永（春嶽）の要請により藩校明新館の教師として赴任したのである。春嶽は先進的に西洋の文明を取り入れようとしていた。それ以来グリフィスは、春嶽とは終生親交があった。

三月二二日付、フェリスへの書簡では、学校は隆盛に向かっていると述べている。一ヵ月前の新学期当初には一〇〇〇人に四人足りない生徒が在学し、設備の不足のために二〇〇名以上が入学を断られた。フルベッキのほか英語、フランス語、及びドイツ語の三学部のため一二人の外国人教師が教鞭を執った。さらにその書簡でフルベッキはアメリカに数人の学生を送ること、彼らがフェリスの許を訪れるので、よろしくと書いた。

その頃、東京・神田一ツ橋のフルベッキの外国人宿舎に修業時代の高橋是清が下宿していた。フルベッキ先生のところで、夜になると相撲甚句やご維新後のはやり歌を教えてもらった（上塚司編『高橋是清自伝』）。音楽や文学など多趣味なフルベッキは是清を好ましく思っていたようである。是清とフルベッキの関係については後に述べるが、その子弟関係は生涯続くことになる。

一八七一年（明治四年）九月に大学南校は廃止され、新しく設置された文部省の管轄となって改組、名称も南校となった。

南校の時間割は、月曜日から土曜日、朝七時から昼十二時まで、五コマの授業があった（途中九時から三〇分間は「体操」）。フルベッキは英一英文科のクラスでは代数学、英二のクラスでは修身学、英三のクラスでは歴史と修身学を担当した（『東京帝国大学五十年史』）。

当時、後の外務大臣小村寿太郎、音楽教育の創設者伊澤修二、外務・農商務官僚斎藤修一郎、漢学者杉浦重剛、政治家鳩山和夫、法学者古市公威などの俊英がフルベッキから「英語で、代数学・修身学・歴史学の授業」を受けたのである。

「英語のクラスは少人数であり、音楽を教えようとした宣教師はほとんどいなかった。二人の先駆者――ヘボン博士とフルベッキ博士――の音楽の分野での業績の全容は、明らかにされてはいない。彼らは二人とも、音楽の素養がかなりあった。つまり、一人はフルートの、もう一人はオルガンの演奏に秀でていた」（手代木俊一『賛美歌・聖歌と日本の近代』）

後年になるが、長野県県歌「信濃の国」（一九〇〇年〈明治三三年〉）を作曲した北村季晴（江戸時代前期の国学者・北村季吟の末裔）も、フルベッキからオルガンを習ったという。

「季晴は明治学院に入って、ヘボンもフルベッキも前から知っていたから心強かった。またサンダム館にあったストップの沢山ある大型オルガンの使用も許されたから、定められた曜日には欠かさず練習したり、フルベッキの指導も受けた」（中村佐伝治『「信濃の国」物語』）

サンダム館は明治学院の校舎兼講堂で、礼拝がここで行われていた。オルガンは当時、日本にはここ明治学院の一台しかなかった。

余談だが、一九一四年（大正三年）一一月一四日、校舎が火事になった時、生徒二人がかりでオルガンを運び出した。このオルガンは、明治学院の教授をしていたオーガスト・ライシャワー（駐日アメリカ合衆国大使の父）の尽力でアメリカの教会から寄贈されたものである。現在、明治学院記念館に保存されている。

フルベッキは音楽の才能がありオルガン演奏が上手で、季晴は彼から西洋音楽の薫陶を受けた。季晴は明治学院では作家島崎藤村と同級生で、後に伊澤修二の東京音楽学校（現・東京藝術大学音楽学部）に学び、日本最初の創作オペラ『露営の夢』、和洋折衷歌劇『ドンブラコ』の作曲者として大きな業績を残した。

「伊澤のアメリカ教育思想の受容は、かれが言うように、『ゼ、チヤイルド』をプレゼントしてくれたフルベッキの示唆や、文部省が収集していたアメリカの教育情報によるものだが、もう少し視野を広げてみると、明治六年（一八七三年）に学監として招かれていたお雇い外国人で文部省学監のデイヴィッド・マレー、（モルレー）David Murray,（1830–1905）の存在も大きい」（奥中康人『国家と音楽』）

『ゼ・チャイルド』はマチルダ・H・クリーゲの著書*The Child, Its Nature and Relations*のことである。その後、伊澤はこの幼児教育の本を読んで、ドイツの教育学者、フリードリヒ・フレーベルが主張する創造的な教育に関心を抱くことになる。

マレーはラトガース大学在職中の一八七二年（明治五年）、アメリカ駐在の森有礼から受けた「日本の教育」についての質問状に回答した。その内容が注目されたのがきっかけとなり、当時訪米していた岩倉使節団を介して招聘を受けた。一八七三年（明治六年）六月文部省に招かれて、来日。文部省学監の田中不二麿の文部行政を助けることになる（吉家定夫『日本学監デイビッド・マレー　その生涯と業績』）。

一八七一年（明治四年）九月、文部省設置後、フルベッキは南校の教頭になった。

森鷗外の史伝小説の白眉『渋江抽斎』にはフルベッキが「フルベック」と表記されて〈その九十二〉や〈その九十七〉にその名前が見える。鷗外は〈その九十二〉で「フルベック」を「日本の教育界を開拓した一人である」と述べている。

「成善は四月に海保の伝経廬に入り、五月に尺の共立学舎に入ったが、六月から更に大学南校にも籍を置き、日課を分割して三校に往来し、なお放課後にはフルベックの許を訪うて教を受けた。フルベックは本和蘭人で亜米利加合衆国に民籍を有していた。日本の教育界を開拓した一人である」（森鷗外『渋江抽斎』）

成善は抽斎の七男で後に渋江保という筆名の作家となっている。尺とは洋学者の尺振八である。ここで描かれている年代は明治四年、つまり明治に改元して三年にも満たないが、すでにフルベッキの名は教育界で広く知られていたことを示している。鷗外が記すように、フルベッキは教育界の開拓者として多大な貢献をし、教え子たちの多くが近代日本を創り上げていった。

一八七一年（明治四年）一〇月二六日、フルベッキは突然、岩倉具視に呼び出されて、明治政府の最重要課題に関わることになる。岩倉の要請により、使節団への助言を求められたのだ。この助言により、この年岩倉使節団による米欧回覧が実現することになる。だが、ここに至るまでには、多くの紆余曲折があった。

使節団の成立

明治新政府は中央官制を整備しつつ、一八六九年（明治二年）に版籍奉還、一八七一年（明治四年）に廃藩置県を実施して、国内の中央集権体制を固めつつあった。

「廃藩置県により、条約改正すなわち欧米諸国と対等関係を築く基礎が創出されたのである」（勝田政治『廃藩置県』）

新政府にとって焦眉の外交課題が、安政年間にアメリカ、オランダ、ロシア、イギリス、フランスと結んだ不平等条約の改正だった。最初に調印された条約は、一八五四年（嘉永七年／安政元年）の日米和親条約で、これによりアメリカに片務的最恵国待遇を与えることとなり、また領事駐在権も認めさせられた。さらに一八五八年九月六日（安政五年七月二九日）に調印した日米修好通商条約は、日本に関税自主権がなく、アメリカの領事裁判権を認める内容だった。江戸幕府は、日本の安定と発展を阻害し国威を傷つける同様の条約を、五ヵ国と結んでしまったのである（安政の五ヵ国条約）。そのうちの日米修好通商条約の第一三条に、条約見直しに関する条項があった。

「今より凡百七十一箇月の後即ち千八百七十二年七月四日に当たる双方政府の存意を以て両国の内より一箇年前に通達し此条約並に神奈川条約の内存し置く箇条及ひ此書に添たる別冊ともに双方委任の役人実験之上談判を尽し補ひ或は改る事を得へし」

条約は一八七二年七月四日（明治五年五月二九日）以降改定できるが、その場合は一年前に通達する必要があるという内容である。廃藩置県の詔書が渙発（かんぱつ）されたのは、一八七一年八月二九日（明治四年七月一四日）であるから、この時点でアメリカに条約改正交渉を通達したとしても、準備期間はすでに一年に満たないことになる。

岩倉具視は、早くも一八六九年三月（明治二年二月）に国事意見書（会計外交等ノ条々意見）を提出している。

「外国既ニ交際ノ礼ヲ以テ公使　参朝セシ上ハ我邦ヨリモ亦勅使ヲ被遣以テ答ヘスンハアル可カラス且条約ヲ改ムル事ヲ弁シ賊平ノ事ヲ告ク可シ是固ヨリ外交上ノ礼ナリ彼ノ請ハサルニ先ンシテ発遣ス可シ然ルニ是等ノ大事件必預シメ天下ニ布告暁諭シテ疑惑ヲ釈キ流言ヲ生セサラシムルヲ要ス可シ但勅使ノ人撰尤肝要ト存候」（『岩倉具視関係文書』）

つまり、外国からすでに公使が来ているのだから、わが国も勅使を送るべきである。勅使は条約を改めることを陳弁し、戊辰戦争が終結して国内が安定したことを伝えなくてはならない。これは外交上の礼儀である。勅使を送るよう相手国から請求される前に派遣すべきである。これらの大事件は必ずあらかじめ天下に布告して国民に言い聞かせ、疑惑や間違った噂が立たぬようにすることを要する。ただし勅使の人選が最も肝要だと考える、というのである。

一八六九年（明治二年）三月の時点では、岩倉は勅使を送る必要があるとは思っていたが、自身が勅使になるとはまだ考えていなかったことになる。

新政府の参議だった大隈重信は、『大隈伯昔日譚』に当時を振り返って記している。

「翻つて外政を見るに。前にも述へたる如く、条約改正の期は近く明年に迫り、一たひ此機を失すれは、永く我国権と国利との屈辱を雪ぐ能はざらんとするの場合に際会せり。条約改正の事業は当時に於て最困最難なる大問題なりしか如く……」

大隈は、この条約改正の機会を逸すれば、国権と国益が損なわれてきた長期間の屈辱を雪ぐことができないが、それでも、条約改正の事業は、当時においては非常に困難であると考えていた。

「余は此議を主張し、幸ひにして容れられなは自ら進んで使節の任に当たらんことを請ひしに、閣僚とても左したる異存なく、一応は余が発議に決せり」

大隈は、自ら使節となって交渉の任にあたりたいと閣議に諮り、一応の了承を得たと述べている。

一八七一年一月二八日付で、アメリカ出張中の伊藤博文が、条約改正問題について澤宣嘉外務卿に意見書を送っている。

「明治四年二月二八日、各国条約改正の期迫れるを以て我政府に於て其の準備に務むる様、大納言、参議、大蔵卿、外務卿連名宛にて建議書を提出す」（『伊藤博文公年譜』）

その書簡は一八七一年（明治四年）五月二八日頃、日本に届くが、それ以前の五月八日、大隈は外務省から条約改正の御用掛に命ぜられている。

そして、七月二六日澤宣嘉外務卿は三条実美と岩倉具視に以下の書簡を送っている。

澤宣嘉書簡（三條実美等宛）　明治四年六月九日

条約改定之義は重大之義に付。過日省中見込書入御覧、諸官省えも御下問に相成候処、追々諸官省よりも見込可申上と存候処、右改訂の義は担当仕候全権之者無之候ては不相成候間、過日大隈参議右改定掛り被仰付候末之義に付、何卒同人並諸官省之中御人撰にて右改定御委任状賜候様願上候、尤右頭取之全権は大隈氏一人にて可然候得共、輔助致し候者は諸省より御人撰にて四五人有之候様致度存候、左候得は速に取調行届御不都合無之義と存候間、至急御沙汰相成候様致度此段申上候也

六月九日　　宣嘉

尚々右改定之義は外之事務取扱候片手にて致し候様にては迚も行届き不申と存候間、右御任状給候後は重々右取調に取掛り候様致し度存候間此段も申上置候

（外務卿）

三條殿

岩倉殿

（『大隈重信関係文書』第一巻）

この書簡から、大隈が四、五人の小規模の条約改正交渉団を組織しようとしていたことが明らかである。また、外交使節派遣に関しては複数の人物が建言していたことが分かる。

外務省外交史料館の「日本外交文書」中にある一八七一年（明治四年）外務省の資料（「条約改正ニ関スル件」）を読むと、この年四月頃から外務省は各国公使館宛に条約改正の意志の通知を始めており、岩倉は六、七月頃から英米など各国公使と会って、条約改定のための下準備をしていることが分かる。『遠い崖：アーネスト・サトウ日記抄９』に記されたフランシス・O・アダムズ（パークスのイギリス代理公使）と岩倉の対話からもそのことが伺える。

このように、当初、大隈を中心とした少数の条約改正交渉使節の派遣だったものが、総員一〇〇名を越える大規模な使節団派遣へと変わっていった。

『岩倉公実記（下）』の「特命全権大使発遣朝議ノ事」にその経緯が記されている。

「初メ九月三条実美勅ヲ奉シ特命全権大使ヲ欧米各国ニ派遣スヘキ事由書二通ヲ具視ニ下シ以テ意見ヲ詢フ其一ニ曰ク……」

一八七一年（明治四年）九月初め、当時の太政大臣三条実美が天皇の命令を承って特命全権大使派遣の「事由書」二通を岩倉具視に下して意見を訊いたが、その一通目にこう書いてある、というのである。『岩倉公実記（下）』には、以降、事由書の内容が一一ページ以上にわたって記載されている。それによれば、派遣の目的は、一つは我が国の政体が更新したのでさらに和親を篤くすること、一つは条約改正について我が政府の目的と希望するところを各国政府に報告して協議することとしている。しかし、従前の条約を改正したいと望むならば、我が国の法体系も列国の公法に拠らざるを得ず、改正には時間がかかるという。事由書によれば、使節団の目的は、各国に改正の三年間延期を提案し、了解を得ることであり、欧米を範とした国家作りを早期に行っていくことを諸国に約束することだった。

「……列国公法ニ拠ルヘキ改革ノ旨向ヲ報告シ且之ヲ商議シ実地ニ之ヲ我国ニ施行スルヲ要義トスルニ由リ其実効ヲ験知スル為メ欧亜諸州開化最盛ノ国体諸法律諸規則等実務ニ処シテ妨ケナキヤヲ親見シ其公法然ルヘキ方法ヲ探リ之ヲ我国民ニ施設スル方略ヲ目的トスル亦緊要ノ事務トス故ニ全権ノ使節ハ全権理事ノ官員何人ヲ附従シ之ニ書記官通弁官ヲ附属セシメ右全権理事官員ハ之ヲ各課

ニ分チ各其主任ノ事務ヲ担当スヘシ……」（『岩倉公実記（下）』）

そこで、列国公法に準拠した改革を行う旨を各国に報告して協議すると共に、どのように改革を進めればよいのか、全権大使以下一同で発展している国々の諸制度を実地に見聞してくるというのである。また、使節団は外交だけでなく、諸外国を視察して回る役目も負っていた。留学生まで帯同して使節団が大規模になったのは、政府高官たち自らが欧米に学ぶことを必要と考え、また、世界に通用する人材を育成することが急務だったからである。

一八七一年一〇月二八日（明治四年九月一五日）付の「事由書」へ岩倉具視が寺島宗則と山口尚芳と連名で回答した三通目の文書がある。

「条約改定延期断之為使節可レ被二差立一起原ノ条理件々御下問ノ書中固ヨリ異議無レ之早々人員御撰挙発程ノ準備被二仰出一度存候但三年定限立候儀ハ将来之景況ニ由リ万一失見モ有レ之候ハヽ指支候ニ付先使節一行帰国我政府熟議ヲ遂候上右期限更ニ可二申入一方可レ然歟且学校兵学宗教等ニ至ルマテ同時研究之趣相見候へ共右ハ条約改定ノ急務ニ無レ之其中法律理財交際ノ三科丈ケ急務ニ有レ之候間使節一行中ニテ研究可レ致儀ト存候外ニ償金一条ハ猶取調更ニ相伺可レ申候此段申上候以上

山口外務少輔

寺島外務大輔

岩倉外務卿

辛未九月十五日

正院御中

追而本文学校兵学宗教等ノ儀云々ノ次第ハ全ク職掌ニテ申入候へ共此儀ハ別段見込可二申上一候

尚又使節人員何分ニモ速ニ御取極有ㇾ之度存候也」（『岩倉公実記』下巻）

各国に条約改正の延期を申し入れることと、各国での調査の対象として教育、軍事、宗教はさておき、法律、経済、交通に関しての調査が急務としている。

それでは、この「事由書」はどのようにして成立したのだろうか？

「事由書」の原型となるブリーフ・スケッチ（草案の概要）を作ったのが、フルベッキその人なのである。前述のようにフルベッキは、一八六九年（明治二年）六月頃にこれを執筆し、参与兼外国官副知事だった大隈重信に提出した。原文は現存していないが、フルベッキが後に岩倉の要請によって復元したブリーフ・スケッチの写しが残っている。『書簡集』によれば、一九六六年（昭和四一年）、アルバート・アルトマン教授が、ニューブランズウィック神学校のガードナー・F・セイジ図書館のフルベッキ文庫から発見した。これは上端に「Copy（複写）」とあって、フルベッキがフェリスに宛てて送った写しである。一八七二年（明治五年）八月六日付フェリス宛の書簡にブリーフ・スケッチについての記述がある。

「別便にて右の臨時の仕事に関する二通の書類をお送りいたします。あなたはわたしに何か出版することをお勧め下さいますが、残念ながら次のような事情で、それができないのです。お送りいたした文書は公開できないのです。それらが一般に興味があっても、これらの文書は決して公開してはいけないのです。もしわたしがやっておる仕事を発表したりするならば、この国におけるわたしの役目は終わってしまうのです。この国の人々はわたしが為すこと、及び彼等に関して知っていることを、人々のように全然口外したりしないことを知っているからこそ、彼等はわたしに絶対的な信頼をよせているのです。（中略）岩倉は、政府がなさなければならないのは、実にそのことであり、且つ唯一のことであり、そして、わたしの出した計画案を厳密に一字一句、その通りにやって行くべきであるとわたしに言いました」（『書簡集』）

東京で大学教師を務めることを通常の仕事とすれば、「別の仕事」（extra work）とは、政府の顧問としての任務であった。そして、「別の仕事」の「見本となる写し」こそ、ブリーフ・スケッチに他ならない。手紙の日付の一八七二年（明治五年）八月六日、すでに岩倉使節団はアメリカでの滞在を終え、イギリスに向けて出港しているが、フェリスのいるニューヨークでも、岩倉一行は注目を集めていたはずである。そのころフルベッキは、休暇中でありながら新政府のために働いていた。機密を要する案件も多かったはずだが、フルベッキはフェリスに自分の仕事の一端、そしてその重要性を知ってほしかったのだろう。

この手紙にはまた、ブリーフ・スケッチが作られた経緯が記されている。

「わたしが一八六九年に江戸に来たときは、強い排外感情が国内にみなぎっていました。それは幸い、短期間だけで静まりました。しかし有力な友人たちが、わたしに外国へ使節を派遣することは、この秋か冬になる可能性があると話してくれました。このことがわたしに次の文書を作成することを暗示したのです。この文書をわたしは一八六九年の六月一一日頃、秘かにわたしの友人大隈に送りました」（『書簡集』一八七二年〈明治五年〉八月六日）

岩倉がこのブリーフ・スケッチに関する噂を聞きつけて、大隈重信に送ってくれるよう依頼の手紙を出したのは、一八七一年一〇月一八日（明治四年九月五日）のことであった。早稲田大学図書館所蔵の『大隈重信関係文書』にその書簡が収められている。

「益御清栄珍賀候。然者過日御噂有之候条約に付米人フルヘッキよりの建白書当省中捜索候処無之、定而大蔵省にも可有之歟、一応御取調御廻し有之候様致度、此段申入候也。

九月五日

追而至急一見致度儀有之候付、早速御回し被下候様致度候也」

岩倉は、この間から噂になっているフルベッキの建白書（ブリーフ・スケッチのこと）を捜したが、自分の役所（外務省）にはないので、大蔵省にないかどうか調べてほしい。至急見たいのでお急ぎくださいと言ってきたのである。

フルベッキは一八七一年一〇月二六日（明治四年九月一三日）、岩倉に呼び出される。フルベッキの一八七二年（明治五年）八月六日付書簡を基にその時の会話を再現するとこうなる。

「通常の儀礼的な下問が終わったあと『あなたは、ある文書を書いて、知り合いの高官の一人に渡したことはないか？』というのが最初の質問でした。

『覚えておりません。もっと分かりやすく説明していただきたいのですが』

『かなり前になるが、あなたは大隈に何か送っていないか？』

私はしばらく考えて答えました。『ああ！　二年前、あるいはもっと前だったでしょうか？　欧米への使節派遣に関するものですか？』閣下は意味ありげに頷かれた。

私は答えました。『当時、使節の件が取り沙汰されておりました。今となってはほとんど詳細を思い出せません。時代が変わってしまい、時宜に適わないかもしれません』

『今、まさにそれが必要なのだ。ほんの三日前に書類のことを聞いたのだが、私はまだ見ていない。明日、翻訳したものを手にすることになっているが、今、あなたが覚えていることを全て教えてほしいのだ』

そこで、私たちは話し合いを続けましたが、結局、三日後の一〇月二九日にまたお会いして、実際の書類をもとに全ての課題を再検討することになりました。そして、一条項ずつ検討を重ねてきました。最後に彼は私に次のように告げました。『これはまさしく我々がなすべき唯一の事柄であり、あなたの計画を文字どおり厳守しなくてはならない』

何度もの聞き取りがその後続き、深夜に及んだこともありました」(『書簡集』)

岩倉使節団が横浜港を出発したのは、岩倉具視との話し合いのほぼ二ヵ月後の一八七一年一二月二三日(明治四年一一月一二日)のことである。岩倉使節団の準備がいかに慌ただしく進められていたかが分かる。一方で使節派遣の発議者の一人であった大隈は、後に『大隈伯昔日譚』で当時の心境を語っている。

「世は意外の点に結果を見るものにて、留まるべしと思ひし木戸、大久保は留まらずして外に出て、往かんと思ひし余は往く能わずして内に留り、内外の衝に当りて其実権実務を掌握するの大任を負わざるに至りしこそ、是非なけれ」

この「是非なけれ」に大隈の嘆きが込められている。

フルベッキは、ブリーフ・スケッチの付記で、全権大使は地位の高い人物であって、知性と勇気と高潔な人格に対して全幅の信頼を寄せられる人物でなくてはならず、「おそらく天皇は帝国で勢力を持つ階級『公家』と『大名』のいずれかの代表者を派遣するお考えです」と述べている。

公家で外務卿であった岩倉具視に、正式に全権大使の宣旨が下されるのは一八七一年一一月二〇日（明治四年一〇月八日）のことだが、この日、同時に右大臣にも任じられている。内閣制度ができる以前の太政官制の時代、右大臣を務めたのは、三条実美と岩倉の二人だけである。これほどまでに「地位の高い人物」でなければ、特命全権大使にはなれなかったのである。[1]

かようにして、フルベッキの提言によって短期日で大隈使節団は岩倉使節団に変貌していくのである。

大久保利謙は「事由書」が「フルベッキの『ブリーフ・スケッチ』等を参酌して、新しい使節団派遣構想として起案された」と結論している（『岩倉使節の研究』）。

次節に「事由書」の骨子となったブリーフ・スケッチの全文を掲げる。[2]

ブリーフ・スケッチ

これまで私は、自国の繁栄を切望する賢明な人々から、幾度となく質問を受けてきました。政府の形態、諸国の法体系、司法行政、国家間の政治的平等、教育方法、宗教制度、そのほか西洋文明に関連する類似したテーマについての質問です。

それらの多くに対して、ここでそれなりに回答することもできるでしょうし、また書物から答えを得ることも可能でしょう。しかし、外国人であるがために信頼するに足りないかもしれない一個人の意見や、せいぜい長期間の実践と経験の蓄積に過ぎない書物からの知識は、理性的な論拠から

(Copy) 1871 —1—

Brief Sketch

Inquiries are not infrequently made of me by intelligent men, who are desirous to promote the welfare of their country, in regard to forms of government, the laws of other countries, the administration of justice, the political equality of States, methods of education, systems of religion, and other similar topics concerning the civilization of the West. On many of the above inquiries a satisfactory answer could be given here, or obtained from books, but what is the answer of one man, who is a foreigner and therefore perhaps not fully trusted, and what is a mere book knowledge in matters that are, to a large extent, the result of the practice and experience of ages rather than the result of abstract reason? Such answers and such knowledge would be good enough so far as theories are concerned, but there is something in the civilization of the West that must be seen and felt, in order to be fully appreciated; personal experience is necessary to understand the theory of civilization so thoroughly as to be enabled to introduce it into other parts, and besides there is no evidence so convincing as that of the eye. To come to a full appreciation of the present condition of Western States, it is necessary not only to know the underlying principles but also to observe the practical operations. It is not enough to say that there is no way of succeeding by the study of systems and theories, and then experimenting in the same, if necessary, but experiments are expensive, both as to time and money, and sometimes dangerous. Experiments in mechanics or chemistry may result, if unsuccessful, in the breaking of a wheel or a lever, or in the breaking of a bottle, but experiments in politics, if unsuccessful, [illegible] the happiness of men, it may be of a whole nation, and may result in [illegible] the loss of progress here. And in the important matters of legislation, finance, education, &c. it is not necessary to

ブリーフ・スケッチ（草案の概要）Archives of the Reformed Church in America, Japan Mission Records 提供の写しの第１ページ

帰結したものとは見なせないのではないでしょうか？　そのような回答や知識は、理屈の上では有用かもしれませんが、西洋文明を完璧に掌中のものとするには、目で見て、触れてみなくては把握しきれない部分が必ずあるものです。文明の理論を十分に実現できるものとするためにも、理論を他の地域に転用するためにも、個人の実体験による理解が必須であり、さらに言えば、自分の目で確認した証拠ほど確実なものは存在しないのです。西洋諸国の現状を完全に理解するには根本原理を知るだけではこと足りず、実際の運用を観察しなければなりません。システムと理論の研究をしてから、必要に応じて同様のことを実験で確かめるというやり方が成功しないというつもりはありませんが、実験には金銭も時間もかかり、ときには危険が生じます。機械工学や化学の実験なら、失敗しても車輪やレバーを壊したり、瓶を破裂させたりする程度ですみます。しかし、政治上の実験が失敗すれば、人々の幸福、さらには国家全体の幸福に累が及ぶ恐れがあり、混乱のうちに貴重な人命が失われかねません。立法、財政、教育といった重要な事項については実験する必要はありません。ヨーロッパ全土に、学んで、そのまま取り入れればいいだけのものが、すでに存在しているからです。欧米において、考えうる限りのあらゆる形の政体、法律、国家財政の運営法、教育システムが数世紀にわたってすでに実験されており、今日の欧米に存在する国家の制度はそうした実験の結果だからです。非常に多くの点で、学んで取り入れる価値のある優れたものもあれば、知ることで避けておきたい欠点もあるかもしれません。

私が、あえて多少の所感を書き記したのは、今挙げた質問と考えに関し、少しでも、実用的な方向に導く助けになりたいと考えると同時に、悩みを抱えた人々に応え、先に推し進めたいと思うからです。天皇は次の秋か冬（一八六九年）、様々な条約国の政府に使節を派遣したい意向であると伝えられています。素晴らしい考えだということには疑問の余地がありません。これまでも外国に使節が派遣されたことはありますが、当時、「将軍」という臨時的な支配者の下で派遣されたもので、海外の情報を得るよりも、むしろ将軍の意に沿う印象を相手国に与えることに目的がありました。当時得た情報はどんなものだったにせよ、大部分は現在の政府には大して効果のないものとなっています。全体としてみれば、政府が独自に使節を派遣することは今の政府によい影響を与えてくれることでしょう。

さて、欧米に使節派遣の議が本当に企画され、しかも特別な性質をもって派遣されることが想定されたとして、私は、一般的な性質をもった有益な事柄に関して、いくつか考えを書かせていただきます。

天皇と政府にとって全権大使という重要な職務に選ばれ、任命される人物は、地位の高い人物であって、天皇と国民が全権使節のすぐれた知性と勇気と高潔な人格に対して全幅の信頼を寄せられる人物である必要があります。そのような使節が日本に戻ってきて与える助言には大きな価値があり、国民の福祉の増進にきっと寄与することでしょう。使節に随行する役人たちにも同じことが言えます。学識、人格を兼ね備えた人物であることが必要です。（付記：おそらく天皇は帝国で勢力を持つ階級「公家」と「大名」のいずれかの代表者を派遣するお考えです）

使節団の特別な目的がなんであるにせよ、通常の任務として挙げられるのは、歴訪する国々の政府に次のような事情を伝えることです。

帝国は大きな政治的変革を経験したばかりで、それまでの将軍による支配権は廃止され、天皇は尊厳なる皇祖にならい、自ら帝国の統治者となり、従って国内の政治の改善を計り、さらに大きな変革が執り行われている最中で、時間を掛けて、さらなる改革を行おうという所存です。陛下はまた、日本政府が平和的かつ友好的に、外交関係を継続する意向であり、その関係の変化と改善を望んでおられます。それらの中でも最も重要なのは西欧諸国との関係における日本独特の状況で、西欧諸国からは日本を政治上、対等に置くことを認めず、従って、日本は国際法によって考えられた世界各国の国際社会には十分に承認されているとは言えません。天皇陛下は、わが国と西洋諸国とを比較したときに政治的平等が不足している理由として、西洋の国家がそれぞれ独自の憲法と法律を有していることに気づいておられます。そうして、できるだけ早く完全な平等の地位に押し上げたいと希望しているのです。すなわちこうした望ましい変化をもたらし、その予備的折衝に入るために、天皇陛下は条約国の諸政府と協議するための特命全権使節を派遣します。その使節の主要目的のひとつは、外交関係において上記の望ましい変化をもたらすために日本政府が取るべき必要な方策や手段に関する意見を、諸政府から学び取ることにあります。また陛下は、日本が政治的平等を確立するために必要と想定される重要方策の数々を特命全権大使に（文書にて）与えてほしいと望んでおり、各国の政府に特別な計らいを願っています。そして、同じ目的のために、使節団一行が各国の役人や政治家の方々と、様々な問題について話し合える機会を与えてくださるよう望んでいます。陛下はかくして与えられたあらゆる忠告を正しく考究し、日本国家と国民の特質に適するならば、喜んでこれを採択するとの意向であります。等々。

さて、現段階でも、そうした問題に対する答えをいくつか想定することは難しくありません。主たるものは次のようになると思われます。

1、日本の法律、特に民法、商法、刑法は、西欧諸国の法律とはあまりに異なりすぎており、欧州の人間と財産を日本の法律に従わせることはできないので、西洋諸国の法律の基準に近づくように改正すべきである。

2、日本の文明は（主として教育による）西欧諸国やアメリカ合衆国で発展した文明と非常に異なっている。

3、日本政府は外国人に対し、国内を自由に旅行、移動、生活する権利を与えるべきである。その権利は既に日本から欧米諸国を旅行する全ての訪問者に与えられている。

4、西洋の宗教に対する昔からの禁令の高札は撤廃されるべきである。その結果、日本の信者らが平和を守り、明らかな罪を犯さない限り、その信仰のために命を失うこともなくなる。（後出の「宗教的寛容に関するノート」を参照）

5、日本の政府は外国の主要な都市と港に公使館と領事館を設置するべきである。

些細に見えるかもしれないポイントが他にもあります。それは、ある国の政府はある点を重要視し、また他の国の政府はまた他のある点を重要視するだろうということです。しかし、このポイントは将来生じる主要課題の全てに当てはまるものであると思料されます。これまでに申し上げたことは、すでに多くの政府の役人であれば思い浮かべられることです。しかし、これからまったく別の問題について申し上げさせていただこうと思います。それはこうです。

先ほどのような回答を予期して、計画された使節一行に関し、随行員から理事官を任命し、理事官の下に秘書官を、その能力に応じて配属させ、各自その担当の部門で働くようにします。それは以下のようになります。

A　三人の理事官と一人の秘書官で組織された専門委員は、世界でも最も文明の進んだ四ヵ国もしくは五ヵ国、たとえばイギリス、フランス、プロシャ、オランダ、アメリカ合衆国の法律を学ぶ。一行の任務は、その理論だけでなく、実際的な機能についても学ぶことである。任務にあたる者は外務省、国会、裁判所、刑務所などを調査すべきである。

B　三人の理事官と一人の秘書官で組織される専門委員は各国の財務に関する法律と制度、地方税および国税、関税、公債、紙幣を学び、国立銀行、商業取引所、商事会社、造幣局、保険会社等を研究する。

C　三人の理事官と一人の秘書官で組織される専門委員は国立学校、高等学校、普通教育に関する法律、公立の学校の設立と維持、学校の校則、学習の部門、学校の試験、卒業証書などに関するシステムを学ぶべきである。大学、公立学校や私立学校の他、工芸学校、商業学校といった専門学校についても学ぶべきである。

D　四人の理事官と二人の秘書官で組織された専門委員は各国の陸海軍の徴兵、組織、補給ならびに経理等の諸制度を学ぶべきである。また兵器庫、海軍工廠（こうしょう）、造船所、兵営、海軍兵学校、陸軍士官学校、要塞等を視察する必要がある。

E　現在、西欧に広く行きわたっている宗教の諸制度に関して、使節団全員にそれぞれ、訪れる国々で研究する特別な自由が与えられている。西欧の国々の宗教において、もし、切支丹禁止の昔からの高札が撤廃された場合に、日本政府や国民に特別な危険を生じるものがあるかどうかを、よく研究するよう、特に命じておく。

備考1　使節団全員、とりわけ秘書官が、自分たちが見聞きしたあらゆることについての詳細な記録を書くよう指示し、それぞれの専門分野に関する可能な限りの情報を文字の形で手に入れるようにさせるべきである。そうすれば帰国後、政府が国民の一般的利益と国家の啓蒙のため、すべての結果を編集して刊行することができる。

備考2　使節は全部または大部分の条約国を訪れる可能性はあるものの、詳しく学ぶ価値のある制度を持っている国は既に指摘した通り、フランス、イギリス、プロシャ、オランダ、およびアメリカ合衆国である。もしこれまでの話をよく理解していただいているなら、そのことにこれ以上の説明はいらないはずである。例えばイギリスでは外交問題で特に学ぶものが多いかもしれない。別の国、おそらくフランスでは財政問題、プロシャとアメリカでは教育問題、といった具合になる。

備考3　訪問する各国の順序についていえば、インド航路を使って、最初にヨーロッパから回るのが最善のコースだと思われる（一八六九年の時点でのフルベッキの認識。当時は大陸横断鉄道が完成していなかった」。任務終了後、アメリカを通過して帰国の途につけば、世界を一周する事になる。使節団が秋に出発すれば、冬中、ヨーロッパに留まり、それから春に合衆国へ向かい、大陸横断鉄道と太平洋汽船を用いて帰朝するので、ニューヨークかワシントンから江戸までは約三〇日間かかることになる。この旅程の順序はまた気候の点で、最適である。ヨーロッパでは多くの政府が冬季中、政務を執っており、異常な暑気の季節は、この旅程の順序によって避けられる。

備考4　特別任務を担当する高官をそれぞれ任命しておく利点の第一は、使節団全員の任務が明確になるだけでなく、それぞれお互いが努力すべき目的や方向を指摘できることにある。結果、それぞれが得た結果や果たすべき任務を正確に知ることができる。そして、明確化することで、時間や努力の無駄も省くことができる。二番目の利点として挙げられるのは、担当の細分化による恩恵を保証してくれることにある。結果、同じ人数で、より多くの任務をこなすこともできる。三番目の利点は、使節団には一般的な能力を持つ者が参加しているが、特別な任務にあたる高官の任命は特別な分野で利用する機会を政府に与える。従って、国家が有する最上の人材を政府に雇用させることになる。

宗教的寛容に関するノート

日本の識者との話の中で時々気づく点は、ヨーロッパ人の「宗教の寛容」に関して誤解があることです。宗教の寛容となると、政府が西洋の宗教を公然と認め、国民に広く薦めることが不可欠なのだと、漠然と解しているように見受けられます。そのようなことはこの用語には決して含まれません。多くの場合、政府はそんなことをしません。確かに、イギリスの憲法では、プロテスタントのみが王位につくことが定められているけれども、それはイギリスの国王や女王がイギリスに存在する他の宗教を批判したり、承認したりする理由にはまったくなりません。信仰の寛容はすべての国民に認められています。

これについては条約や公文書にも書かれたり語られたりする必要はありません。この問題で必要なのは、多くの世界中の人々に、西洋の宗教を迫害する過去の残酷な政令が撤廃され、国民が天皇に忠誠で、国の法律に従い、隣人と平和に暮らし、職場に誠実に通い、犯罪や不道徳な行為に手を染めない限り、信ずる宗教が担保されると知ってもらうことです。仏教でも、儒教でも、プロテスタントでも、カトリックでも、その他どんな宗教でも、構わないということを。宗教の寛容が意味するのは、どの国の、どの国民も、宗教に関して自由な考えをもち、自身の判断に基づく祈りの方法を選ぶ自由があるということです。その人が罪を犯しても、信仰にはまったく関係がなく、その人物がただ有罪で、罪の処分を受けるということに他なりません。

先ほど挙げた使節の任務でも、宗教に関することは提案していません。全員がよく学ぶべき価値のあるものだからです。一方で、ごく普通の教養のある人がヨーロッパやアメリカの生活を目にして、西洋の宗教が悪徳の抑制や誘惑、公私の道徳を改善するか、あるいは害するか、どんな影響力があったかを学んでもらえれば、日本国民が自身の人生で、どの宗教を選ぶと人生にどんな影響があるか、仏教徒よりキリスト教徒が犯罪を起こしやすいのか分かるはずです。こうした疑問が存在するのは、日本の僧侶の強力な反対によるところが大きいのです。彼らの多くはすべての海外の宗教が堕落やモラルの低下の原因になるという幻想を抱いています。

そこで、信教の寛容を与えることの可否について決定することは、主として、次の疑問にどう答えるかということに帰結します。その教理が一部の人間の考えるような有害な影響をもたらすことになるのか、それともそんなことはないのか。良識ある研究者ならば容易に答えは出ます。ところで、天皇は仏教僧職を委員としてヨーロッパに派遣するよう任命することはないようです。しかしながら、よく考えてみると、位の高い、かつ仏教諸派の良識ある僧侶たちの幾人かが任務にあたることが好ましい結果を生むように思われます。

重要事項　同じ原則に従えば、一部の極端な保守派（攘夷派）が他の理事官と一緒に任務に当たれば好ましい結果が生まれるかもしれません。それは使節一行の派遣の容認も促し、逆にそうしなかった場合、彼らの疑念や憎悪を生みかねません。そうすることで、自由派、保守派、僧侶階級のすべてが立案された使節派遣に納得し、積極的な関心を抱くでしょう。

一八六九年六月一一日　大隈に送った書状
一八七一年一〇月二九日　復元
G・F・フルベッキ

（『書簡集』）

明治政府の高官たちは、不平等条約を改正しようとあせって取り組んではいたが、ブリーフ・スケッチを読む限りでは、フルベッキの重点はそこにはない。まずは欧米諸国の現在、すなわち産業、文化、社会制度、法体系等を虚心坦懐に実体験として学び、それらのうちの良い部分を日本に取り入れて国内を整え、列強から認められるようになった時、はじめて条約改正が実現できると考えていたようである。宗教者フルベッキは、欧米社会を支える精神的基盤はキリスト教であると考えていたはずである。ブリーフ・スケッチの中の「宗教的寛容に関するノート」を読めば、フルベッキの宣教師としての顔が見えてくる。

「フルベッキはいう。『宗教的寛容』とは、特定の宗教を勧めることではなく、その国の法律を犯したり、不道徳に走らない限り、あらゆる宗教に対して、それを信じて礼拝を行うことの許容であると。（中略）さらに、使節団が、西洋諸国で行われているキリスト教の実態を通じて、キリスト教が、決して日本で案じられているような危険なものでないことを学ぶ必要を、フルベッキは勧めている」（鈴木範久『信教自由の事件史』）

かくして特命全権大使派遣の「事由書」は、旧幕臣で外務少丞の田辺太一がブリーフ・スケッチに沿って忠実に起草し、政府に提出した。田辺は岩倉使節団の団員にもなった人物である。ところが起草に当たって、フルベッキの思いが最も込められた項目Eの宗教の諸制度についての研究と「宗教的寛容に関するノート」を外してしまった。政府の長たる太政大臣三条実美が、大変なキリスト教嫌いであったことが原因かもしれないが、そもそも当時は五榜の掲示がいまだ効力を持っていたのである。

ともあれ、ブリーフ・スケッチが明治政府の大きな助けになったのは間違いない。フェリスに宛てた前出の書簡（一八七二年〈明治五年〉八月六日付）に次の一文がある。

「新聞に掲載されているものは全く普通のことです。もう一つのことは、もっと重要です。事実、総理大臣で、しかも全権大使一行の長である岩倉が、わたしに一度ならずこう申されました。『政府を難局から救うことに尽くしてくれた』と。そして大使一行は出発され、北米合衆国に向かいました」（『書簡集』）

フルベッキの貢献に使節団の通訳の推薦がある。『岩倉具視関係文書』に岩倉の秘書の渡邉洪基宛のフルベッキの手紙の訳文がある。一八七一年（明治四年）一〇月の「使節団」準備段階のものだ。「旅行用の欧州のガイドブック」を差し上げますとか、フランス語の通訳池田寛治（政懋［まさよし］）（彼は済美館でフランス語を学んで広運館の教師から使節団の書記官になった）や長崎でフルベッキに英語を学んだ若山儀一を推薦するという内容である。

岩倉使節団が日本を発つおよそ一ヵ月前の一八七一年一一月一七日（明治四年一〇月五日）、フルベッキは大学南校での働きに対して明治政府からその貢献が認められ、宮中に招かれた。明治天皇に拝謁し、勅語を賜るという栄に浴したのである。

フェリスへの書簡（一八七一年〈明治四年〉一一月二一日付）では、一七日の明治天皇との拝謁、二〇日のアメリカ公使と岩倉との会談について書いた後、岩倉使節団についても言及している。

「政府は欧米に特命全権大使の一行を近く派遣することになりました。わたしは随員の人に、あなた宛の（特別）書簡を渡します。全権大使一行はサンフランシスコに向けて一二月二二日に出帆する予定です。大使一行の長は龍と旭（ニューブランズウィック留学中）の父親です。日本帝国の総理大臣（岩倉卿）で、最も勢力のある人物です。この使節の派遣は永年にわたり、熱望しているキリスト教信教の自由をもたらすかもしれず、あるいは少なくとも、それに近づくのに大いに役立つかもしれないというのがわたしの希望であり、祈りであります」（『書簡集』）

フルベッキの願いはこの手紙から一年二ヵ月後、岩倉使節団がフルベッキの故国オランダに到着した日に聞き届けられることになる。一八七三年（明治六年）二月二四日、五榜の掲示が廃されて、ついに日本でキリスト教が解禁されたのである。

岩倉使節団とフルベッキのかかわりについては、別の史料でも確認することができる。

使節団出発前、フルベッキは大使随行の久米邦武に「一米人フルベツキより内々差出候書[3]」を送っている。それには使節団帰国後の報告書編纂のための要点が記されている。

この文書が短期日に、詳細に記述されたのには理由がある。宣教師たちは未知の土地に行くに際して、いかに現地の情報を的確にしかも詳細に摑むかを求められる。そのための手引書（マニュアル）があったのではないだろうか。

「宣教のために事前に可能なかぎり情報を集め、精緻な計画を練り、万般にわたる研究を怠らなった。これら四九項目にはこうした宣教師の経験が息づいている」（山崎渾子談）

著述の仕方について記したこのマニュアルがあったからこそ、久米が編纂した膨大な欧米視察見聞録『米欧回覧実記』が成立したと言っても過言ではない。

「行けや海に火輪を転じ……」

久米邦武は自身の岩倉使節団随行に関して慌ただしい渡航準備の様子を語っている。

「余は弥々西洋行の舞台に登つたが、余りに急速で、一一月五日に任命され、一二日出発するまでの一週間で旅装を整へねばならなかつたが、その時『髷を切つて頭髪を改めても、中の脳味噌が変らずしては何になるか』などと頑張つたが、其の髪を山内健六が切つて呉れた」（『久米博士　九十年回顧録』）

一八七一年一二月一九日（明治四年一一月八日）、太政大臣三条実美は岩倉たちを招いて送別会を催し、送別の辞（特命使節並一行官員を送るの辞）を送った。

「外国の交際は国の安危に関し、使節の能否は国の栄辱に係る。今や大政維新海外各国と並立を図るの時に方り、使命を絶域万里に奉す。外交内治前途の大業其成其否実に此挙に在り。豈大任にあらずや。（中略）我其必ず奏功の遠からざるを知る。行けや海に火輪を転じ、陸に汽車を輾らし、万里馳駆、英名を四方に宣揚し、無恙帰朝を祈る」（『岩倉公実記』中巻）

一行は一八七一年一二月二一日（明治四年一一月一〇日）に横浜に着き、二日間逗留した。その二日間、遊郭で「飲めや謡へや」の大騒ぎを演じた。

使節団出港の図（「岩倉大使欧米派遣」・山口蓬春作・聖徳記念絵画館所蔵）

一八七一年一二月二三日（明治四年一一月一二日）、晴れ、岩倉使節団を乗せた蒸気船アメリカ号は祝砲と共に横浜を出港した。六三二日間に及ぶ壮大な旅が始まったのである。

岩倉具視を全権大使、木戸孝允、大久保利通、伊藤博文、山口尚芳を副使とし政府の幹部官員は四六名、一行には日本最初の女子留学生五人も加わり、総勢一〇七人の大使節団となった。このうち、フルベッキが長崎滞在中に親交のあった随行員は何礼之助、中山信彬、中島永元、瓜生震、中野健明、岡田好樹であった。また、同行した留学生には、フルベッキに学んだ中江兆民（後の自由民権運動の理論的指導者）、金子堅太郎（後の大日本帝国憲法や皇室典範の起草者の一人）らもいた。

岩倉家には、岩倉がイギリスで購入した手帳が残されている。それには当時岩倉が考えていた様々な交渉事項に関するメモがある。そのメモを読み解くと、後に『米欧回覧実記』として刊行された岩倉使節団の公式報告書の作成について、巡回中から岩倉がフルベッキの助言に沿って真剣に取り組んでいたこと、帰国後設置される大使事務局の構想が記されている。

「一　紀行取立之義公然御申付相成度事

一　右ニ付きてハ書籍其外相集め一局を開度就而ハ外宅借座敷ニても借受可申哉之事

一　杉浦ニハ御用差ハづし毎日何字〔何時〕より何字まて右局ニ相部〔勤〕度事

一　久米ニハ〔毎場〕使節ノ諸御巡覧之席ニ陪し候ハ、目撃之験ハ不少候得共右様ニ而は本課ニ隙取ス情もあり如何心得可然哉之事」（岩倉具忠『岩倉具視――『国家』と『家族』――米欧巡回中の「メモ帳」とその後の家族の歴史』）。

岩倉使節団大使・副使集合写真。左から木戸孝允、山口尚芳、岩倉具視、伊藤博文、大久保利通。サンフランシスコで撮影（「特命全権岩倉使節一行」山口県文書館所蔵）

岩倉使節団は各国で条約交渉を行ったが、そのほとんどは途中で交渉を打ち切らざるを得ず具体的な成果は上げられなかった。専ら友好・親善と、諸外国の政治・行政・軍事・教育・科学技術等の実情の視察、そして見学・観光に時間が割かれた。

それでも、その後の交渉の基礎は使節団によって作られたといっていい。

岩倉使節団がアメリカを去る時に、岩倉大使、大久保副使の連名でアメリカ改革教会外国伝道局の主事フェリスに次のような礼状を贈っている。

「我が国民の歴史上、重大なる危期に際会したる、其折柄、貴国に留学して修業し居たる日本人学生に対し、貴下が、隔意なく、施与せられたる御懇篤なる御援助と御奨励とは、我等の間に永く記憶せらるべきことにて有之候。今や、彼等学生の知識は大に進歩して、我国家有用の人材と相成候、これ、偏に、貴下の御斡旋によることゝ存じ候」（『フェリス和英女学校六十年史』）

この書状はフェリスの功績を最大限に称えたものである。後に述べるように留学生・視察者からは後年、各分野において日本の指導者として活躍し、著しい業績を上げた人物が数多く輩出した。フェリスは、「フルベッキを通じて送られてきた日本人留学生を多数米国に受け入れて世話をし、日本人留学生の父と仰がれた」（W・E・グリフィス著、村瀬寿代訳編『新訳考証　日本のフルベッキ――無国籍の宣教師フルベッキの生涯――』）のである。

高札撤廃

『大隈重信関係文書』にフルベッキが望んだ高札が撤廃されることを見通した文書『耶蘇教諜者各地探索報告書』(4)がある。

一八七二年（明治五年）二月二五日に探索者が開成所（南校）に行ってフルベッキの話を聞いた。「開成所ニ至リ、フルベッキニ遭フ。彼云リ。昨年外国ニユキマシタ岩倉木戸ナドノ役人当年カヘリマスト直ニ条約変リマス。其時ハ大方制札ヲヲロシテ此宗ヲ開キマセフ。タトヒ表ニ開宗ハ許サズトモアマリ六ケ敷ナヒヤウニナリマセフ。免シモセズ禁シモセズト云位ヒニハ必スナリマセフ。何卒夫ナレハ外国ヨリモマダ〱沢山教師カ来リ、今五年ノ内ニハ日本中に開ケマスト思ヒマス。何卒喜ンデ御待ナサレ」（『耶蘇教諜者各地探索報告書』早稲田大学図書館所蔵）

木戸孝允や大久保利通から留守政府を任された大隈は多くの国内改革を行った。

『耶蘇教諜者各地探索報告書』。フルベッキの高札撤廃への見通しが分かる文書。探索方のフルベッキからの聞き書き（早稲田大学図書館所蔵）

「すなわち第一に太陰暦を廃して太陽暦に改め、その年の十二月三日を翌五（六）年の正月一日とした。（中略）四民平等を実行した。それなら人身売買を止めるが当然だと、娼妓解放を厳行した。また、従来行政官が裁判をやる、それ故幾多の弊害が続出する、よろしく司法を行政より分離すべしとて、裁判の独立を励行した。その上徴兵令を布いて武士を廃し、その両刀を奪った。教育令を布いて全国に大小中学を設くなどということを断行した」（渡辺幾治郎『大隈重信』）

一八七三年（明治六年）二月の高札廃止も政令布告のコスト削減が表向きの理由だった。

「もはや改革すべき重なるものを大

分改革してしまった」と後に語った大隈は帰って来た木戸にやり過ぎだと非難された。しかしながら、明治五～六年に行われたこれらの改革こそが本当の新しい日本の出発点であり、その最大の功労者は大隈であったとも言えるであろう。

一八七二年（明治五年）の鉄道開設に尽力したのも大隈である。二〇二二年大隈没後一〇〇年の記念事業として高輪築堤の一部が大隈の出身地、佐賀県で復元されることになった。「高輪築堤は、新橋—横浜間の鉄道開業に合わせて現・田町駅付近から品川駅付近まで約二・七キロにわたり建設された。佐賀城本丸歴史館（佐賀市）などによると、当時の兵部省（後の陸軍省と海軍省）の反対で付近の陸地に線路を通せず、鉄道建設の責任者だった大隈らの判断で海上の築堤建設に踏み切ったという」（『東京新聞』二〇二一年〈令和三年〉一一月九日付）。

使節団の目的は、欧米先進諸国の視察と制度等の調査だったが、江戸時代末期に結ばれた不平等条約を改正する予備交渉も重大な任務だった。ところが、改正文書に調印するための全権委任状を持参しなかったため、大久保利通と伊藤博文がとんぼ返りで取りに戻るなど不手際も目立った。外交交渉において全権委任状が必要とされるという初歩的知識も無かったのである。

結局、アメリカ政府は改正条約の調印に同意せず、大久保たちの努力は無駄になった。

使節団は交渉を打ち切って、各国の視察を続けることになる。

伊藤や大久保らが全権委任状を取りに戻ったことは、禁教令の撤廃とセットになっていた。伊藤博文は一時帰朝後、直ちに禁教令の撤廃を留守政府に求めている（『岩倉使節団における宗教問題』）。

ワシントンの使節団も帰朝している伊藤に電報を送って禁教令の撤廃を求めた。

天ノ命ニ則リ萬世一系ノ帝祚ヲ踐タル日本國
天皇睦仁敬テ威望隆盛ナル良友
米利堅合衆國大統領グラント閣下ニ白ス朕幸ニ
両國間ニ存在セル友愛懇親ノ情誼ヲ永ク維
持セン事ヲ希フ至情ヨリ茲ニ貴重ノ使臣ヲ派遣
ス則右大臣正二位岩倉具視ヲ特命全權大使トシ
參議從三位木戸孝允大藏卿從三位大久保利通
工部大輔從四位伊藤博文外務少輔從四位山口尚
芳ヲ特命全權副使トシ之ニ全權ヲ合與又ハ分與シ
閣下ノ政府ニ赴キ両國平和ノ交誼ヲ益堅ク益廣
カラシメンカ為ノ便宜ノ地ニ於テ商議センヿヲ委任
セリ而シテ今我國ト貴國政府ノ間ニ存セル條約
ニ載セタル條約改定ノ期近キニアルヲ以テ朕之ヲ改
定修正シ大ニ公權公利ヲ擴充セシメンヿヲ願フ今此
目的ヲ達セン為ノ最文明ナル諸國ニ行ハルヽ制度規
摸ノ善ク我國現時ノ事情ニ適スル者ヲ撰ンヿヲ
欲ス是以テ從來ノ條約ニ掲載スル趣旨ニ從ヒ貴政

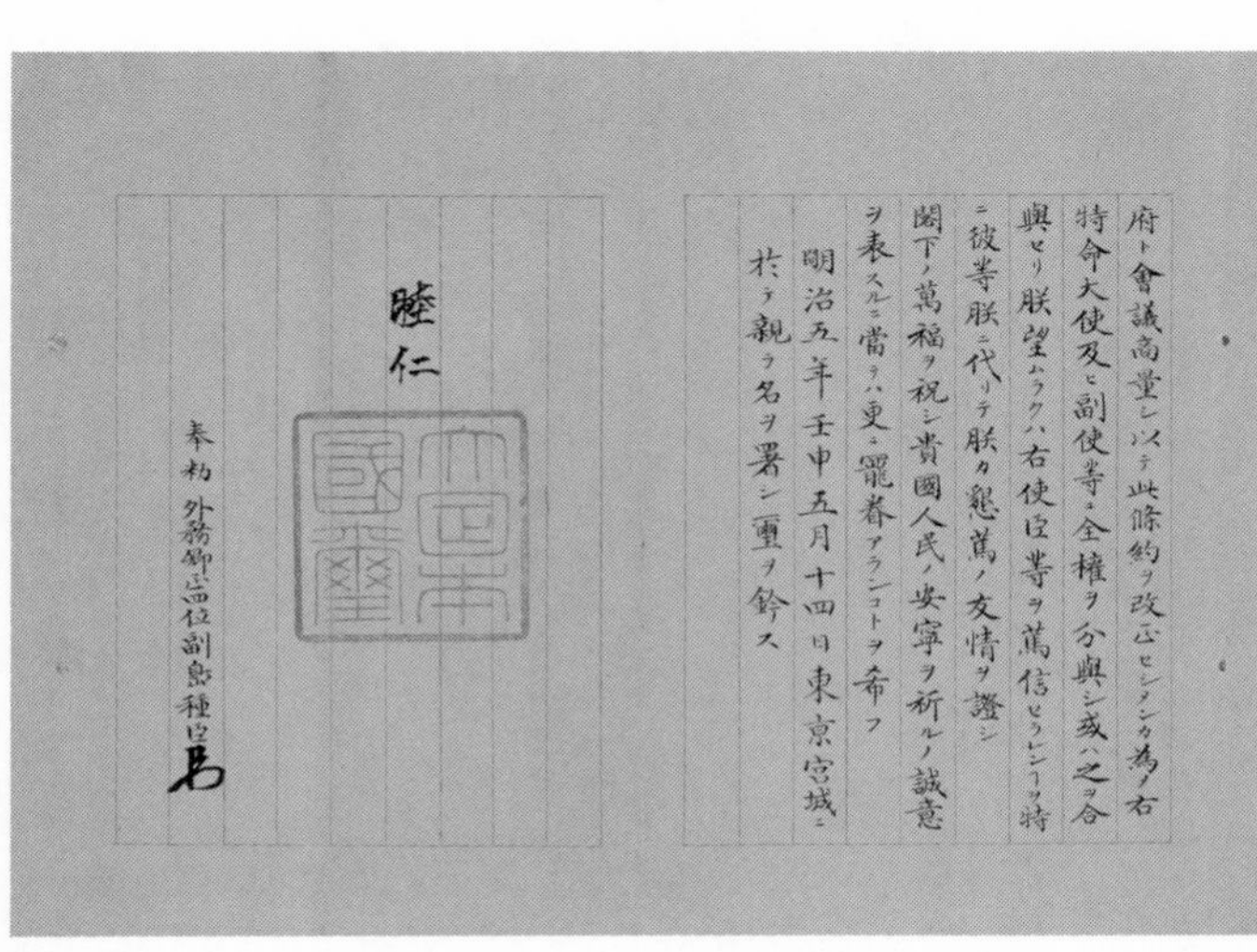

府ト會議商量シ以テ此條約ヲ改正セシメンカ為ノ右
特命大使及ヒ副使等ニ全權ヲ分與シ或ハ之ヲ合
與セリ朕望ムラクハ右使臣等ヲ篤信セラレンヿヲ特
ニ彼等朕ニ代リテ朕カ懇篤ノ友情ヲ證シ
閣下ノ萬福ヲ祝シ貴國人民ノ安寧ヲ祈ルノ誠意
ヲ表スルニ當テハ更ニ寵眷アランコトヲ希フ
明治五年壬申五月十四日東京宮城ニ
於テ親ラ名ヲ署シ璽ヲ鈐ス

睦仁

奉勅 外務卿正四位副島種臣

国書御委任状。大久保利通と伊藤博文が取りに戻ったが、実際には役立たなかった（国立公文書館所蔵）

キリシタン禁令の高札（第三札）。「一　切支丹宗門之儀者、是迄御制禁之通、固く可相守事、／一　邪宗門之儀者、固く禁止候事、／慶応四年三月　太政官／右之通、堅可相守者也／安濃津県」（亀山市歴史博物館所蔵）

こうした条約改正交渉の過程で岩倉使節団に加わった政府の要人が、実際にキリスト教の国に行ってその国の人たちと交流したことが、偏見払拭の一番の近道だった。そういう意味では、フルベッキを仲介とした宣教師たちの意図は成就したと言えよう。

特にワシントンDCに長逗留したために、木戸や岩倉が公式行事とは関係ない多くの時間を過ごしたことが重要だった。日曜日になると人々が家族揃って出掛ける光景を目にした。いかにアメリカ人の日常生活にキリスト教が根差しているかを実感したのだった。

「注目すべきは、政府が帝国全土にある高札場からいくつもの古い布告を撤去したことだが、すでに現実に起きる事件にこれらの布告が追い付けない傾向にあった。そのなかにあったのが、日本人がキリスト教に入信したり信仰を告白したりすることを禁じた高札なのである。私たちの宗教に関しては、実際にはなにも言及されていないが、問題であった高札の撤廃は、少なくとも宗教に対する寛容と良心の自由への大いなる一歩であると見なすことができるだろう」（*The Japan*

Weekly Mail)

一八七三年（明治六年）一月二日、パリから大隈と副島に送られた伊藤の書簡に言う。

「教法之事は唯之を黙許して法律上におゐて区別せさるを主とすへし。（中略）現に高札等に耶蘇之禁令ある等は固より能く熟知せり。故に我国にて教法は黙許なりと云ことは洋人に向て説くこと不能。（中略）教法の禁令の如きは却て之に反す。国禁ありといへとも内地人民を圧制するに過きず。外民の来て我禁を犯す者、決して之を防くこと不能なり。（中略）禁令の行はるゝは阿片烟の如くならされは禁と云べからす」（『大隈重信関係文書』第一巻）

当時の郵便物はヨーロッパから東周りで日本に届くのに四〇〜五〇日かかった（『横浜にあったフランスの郵便局――幕末・明治の知られざる一断面――』）。伊藤の書簡を受け取った大隈が一計を案じて高札撤廃に動いたと考えられる。

一八七三年（明治六年）二月、政府は太政官令の掲示の方法を改めることとし、高札の廃止を公的機関に通知した。以後の掲示は県庁などの役所の玄関に三〇日間行うことに変更された（鈴江英一『キリスト教解禁以前――切支丹禁制高札撤去の資料論――』）。

次々に変わる政令を出す度に高札を作り変える費用を節約するために、大蔵省を仕切っていた大隈が発案したと見られるが、実際には外交の見地から、キリスト教禁制の高札を外すのが目的だったのだろう。

一八七三年（明治六年）二月二二日、フェリス宛の書簡でフルベッキは喜びを語っている。

「この時代の大いなる光輝ある事件は一週間ほど前に、外国宗教の布教を禁止する布告を、政府の命令によって、全国にわたる高札面から撤去することになりました。それは宗教の自由を許したことに等しいのです。主はほむべきかな」(『書簡集』)

一八七三年(明治六年)九月一三日、岩倉使節団は帰国した。

その三ヵ月後の一一月二二日、グリフィスは姉のマギーと共に岩倉邸に招かれた。同席したのはマレー夫妻、ケプロン夫妻(北海道開拓の父)だった。

マレー夫人が岩倉に世界を旅して一番感銘を受けたのは何だったのかと聞いた。すると岩倉は即座にこう答えた。

「ワシントンの中央政府の力だ。君主国で力があるのは理解できるが、共和国では、どうすればそれほどまでに力がもてるのか私には理解できなかった」(*Verbeck of Japan*)

アメリカに倣(なら)うのではなく、天皇を中心とした新しい国家を作らなければならないという思いを岩倉は強くした。

岩倉使節団の諸外国との交渉の成果として挙げていい、長年の懸案の一つが解決した。一八七五年(明治八年)、横浜外国人居留地の英仏軍が一二年間に及ぶ駐屯から撤退したのである。

岩倉使節団には後の明治新国家の法律や文化を形成する有能な人材が参加した。副使・大久保利通や木戸孝允はその後の日本の政治の中枢を担い、伊藤博文は初代首相となった。田辺太一、何礼之、畠山義成、佐々木高行、山田顕義などの書記官や随行者たちも政治を支える重要な人材となった。また、女子留学生五人のうち、後に大山巌の妻となる山川捨松(やまかわすてまつ)は看護師教育と女子教育への支援を行った。津田梅子(つだうめこ)は後に女子英語塾(現・津田塾大学)を創設した。永井(瓜生)繁子は東京音楽学校（東京藝術大学音楽学部の前身）の教授となり、日本の音楽教育の先駆者となった。そして吉益亮子、上田悌子は一年余で帰国した。

新国家の担い手となるべき人々が「自分の眼で世界を見た」ことは大いなる成果と言っていい。それこそがフルベッキがブリーフ・スケッチで望んだことであった。

宗教学者の比屋根安定は『基督教の日本的展開』で岩倉使節団は日本基督教史において画期的な事件であったと記している。

「天正年間の大村、大友、有馬三侯の遣欧使節団には耶蘇会巡察使ヴァリニヤニあり、慶長元和の伊達政宗の支倉常長派遣にはフランシスコ会宣教師ソテロあったが、明治初年の岩倉大使の欧米巡行には同じく基督教宣教師フルベッキがあった事は、特に記念すべきである」

賜暇休暇

一八七二年（明治五年）五月六日、南校に天皇が行幸し、フルベッキは勅語を賜った。

翌年二月二二日、フルベッキは「昨年天皇陛下がわたしたちの大学に行幸になった時わたしが陛下に拝謁している写真一枚を同封いたします。講堂の装飾はわたしがしたのです」とフェリスに報告している。

「必死に働き続けてきたフルベッキ氏がようやく休息できる時代がきていた。日本人自身の手で、国家が動かされ、忍耐強く続けてきた努力が実を結び、狂信的行為が廃絶され、キリスト教の教会が組織され、迫害は消え失せ、僧侶たちの狡猾さが戒められて、仏教が国教の地位から降りて、

様々な形で文明化が果たされていくのをフルベッキ氏自身、目撃してきた」(*Verbeck of Japan*)

六ヵ月間の賜暇を得て、四月一六日に横浜からスエズ運河経由で英国に向けて出港、六月一四日にロンドンに到着した。

日本を離れて、休息したいという彼の申請が正式に認められたことは、一八七三年(明治六年)七月一〇日のザイストからのフェリス宛の書簡で確認できる。

「この時、それもこの場所、わたしの生まれた土地からの手紙を受け取られて驚かれることでしょう。事実は至って簡単です。それは過去六年間、働きつづけたことがもとで、ひどい神経衰弱にかかり、首尾一貫した文章も書けなくなりました。それで、わたしは健康を恢復するため、しばらく日本を去ることが必要となりました」

「それから、ちょうど日本へ帰ろうとしておられる岩倉公に会うため、急いでスイスへ行きました。わたしは、それからここへ来て、今月の二日以来滞在している次第です」(『書簡集』)

その後、妻と家族を呼び寄せ、ヨーロッパ各地を旅行した。八月二八日にリヴァプールから乗船したフルベッキは九月七日にアメリカのジャージーシティに到着。ニューヨークで数日間を過ごし、友人たちと会っている。それから大陸を渡り、一〇月一日にサンフランシスコから日本に向けて出港した。その頃、岩倉使節団が帰国している。

帰国後の一八七三年(明治六年)一二月開成学校を退任したフルベッキは正院(明治初期の内閣)翻訳局のお雇いになった。住まいの確保に苦労したが、高橋是清の世話で駿河台鈴木町に住むことになった。一八七四年(明治七年)四月のことである。

休暇から戻って職場に復帰したフルベッキにとって周囲の状況は喜ばしいものではなかった。グリフィスは記している。

「一八七四年の初め、東京の教育、特に帝国大学の運営に大きな変化があったことを私は記憶している。派閥政治や縁故や特権といった悪が巷（ちまた）にははびこっていた。私はそのことに、初めのうち気づいていなかった。政府がとりわけ一つの藩によって仕切られていることを知っていたにもかかわらずだ。要職を奪い取り、近代の教育と文化というより、組織政治に精通している人々を投入したのだ。社会全体の風潮に変化が起こっていた。礼儀作法や感謝の気持ちがなくなり、礼儀のまるで感じられない扱いを私たちはたびたび受けることになった」（*Verbeck of Japan*）

政府が最初に実行しようとしたものの一つに外国人教師に対して、日曜日を休日とするのを廃止しようとしたことが挙げられる。グリフィスは言う。

「取り決めに対する明らかな違反行為であり、契約書に記載された項目に対する違反であった。背後にいた担当政治家や文部省の役人たちは間違いなく、自分たちの計画の遂行のためには、勝手に誓約を反故にしていいと考えていた。毎月、日曜日だけの休日よりも日本の休日の方が多いのだから、外国人は従うはずだということに何の疑いも持っていなかった。何の確認もなく、勝手な判断をしていた。少なくとも私ひとりは、そんな不実な行為に反対する決意をしていたのだ」（*Verbeck of Japan*）

契約に違反する発表がなされた当時、グリフィスはイギリス人やアメリカ人の教師たちに会いに行った。

「その全員が安息日を日曜日から『一六（イチロク）』という、日本の太陰暦の毎月『一』と『六』のつく、一日、六日、一一日、一六日、二一日、二六日に変えることに反対ということで一致していた。私たちはすでに交わしている取り決めだけでなく、日曜日がすべてのキリスト教国家、とりわけ我々の出身国の安息日であるという事実に基づき、抗議と拒否を表明した。異国の地で任務についている中、これまで通り、祖国でほとんどの学校が休みである土曜の勤務も辞さない気持ちはあったが、このまま国外移住を望んでいる訳ではなかった」（*Verbeck of Japan*）

こうしたグリフィスたちの意見は、礼節を損なうことなく発表されたが、当時、力を持っていた、まるでアメリカの「政界のボス」のような人物の怒りを買ってしまった。

「典型的な政治家はそのたとえがぴったりの行動をとった。すぐに、私にこれ以上の契約更新はしないという通知を出したのだ。私も、契約を更新するつもりはなかったので、何の不都合もなかったが、度量もなければ地位も低い人間からこうした扱いを受けることは、公平だとも、名誉だとも思えないし、日本政府や日本政府が行う契約内容や評判を上げる行為だとも考えられなかった」（*Verbeck of Japan*）

通知を出してきた人物⑤と話すことはせず、グリフィスは岩倉具視に、今回の出来事について伝える書状を送った。この問題はすぐにグリフィスにとって満足のいく形で結着した。更に三年間の契約延長の申し出を受けたが六ヵ月の契約にとどめた。一八七四年（明治七年）七月一八日、グリフィスは契約を終了し、姉のマーガレットと共に帰国した。

「その後ほどなくして、日本政府と文部省は、高官たちの直属の部下よりも、訓練された教師を大切にすべきで、大きな大学の運営に際しては、藩閥にしがみつくのではなく、知性と知識を持つ人間を使うべきだと言うことを理解した。大学には新しい長が選ばれた。道義と能力を兼ねそなえた人物〔畠山義成〕が地位に就いた」（*Verbeck of Japan*）

岩倉使節団の帰国後にフルベッキは岩倉ら政府要人たちと秘密会談を持った。その内容は使節団では十分に調査が行えなかった日本の軍事関係の今後の在り方についてである。アメリカ帰国前のグリフィスにフルベッキが語った⑹。

「一八七〇年当時に彼は岩倉や岩倉周辺の政治家から、日本が陸軍、海軍の増強、沿岸の警備を整えることに本気で取り組むべきか、なぜ装備が必要か、尋ねられた。秘密会議はそのまま数時間つづけられた」（*Verbeck of Japan*）

岩倉と長時間にわたって話し合われた内容について、フルベッキはむろん口外はしなかった。フルベッキと岩倉は揺るぎない信頼関係で結ばれていた。

当時はまだ弱小、かつ分断していた日本が、非常に好戦的なヨーロッパ諸国、ロシア、フランス、イギリスといった力の増強を続ける国々の目前にいることをフルベッキは理解していた。だからこそ、陸軍と海軍の増強と沿岸警備が急務だと助言した。フルベッキはその理由として二つを挙げている。

「一つ目が最も重要で、国家の団結を守って、帝国の国力の発展を維持するためである。二つ目は日本国家の存在を確保し、国民の信頼を失わないためである」（*Verbeck of Japan*）

フルベッキは世界を知る人物として岩倉に助言をした。そうすることは神の前で行う正しいことだと信じていたし、日本人のためになることをするのが彼の願いであり、最も重要な目的であった。

第四章　お雇い外国人

グリフィスの来日

前章ではフルベッキが岩倉使節団に果たした大きな役割を見てきた。フルベッキなくして岩倉使節団は成立しえなかった。

フルベッキのように貢献した外国人、「お雇い外国人」は多数いた。

一八七二年（明治五年）、『御雇外国人一覧』が刊行され、それにより「お雇い外国人」という言葉が一般に広まったとされる。日本が近代化する過程で、このお雇い外国人の果たした役割は極めて大きい。

一八六八年四月六日（慶応四年三月一四日）、五箇条の御誓文と同時に発せられた勅旨「億兆安撫国威宣布の御宸翰」に以下の文がある。

「汝億兆を安撫し遂には万里の波濤を拓開し国威を四方に宣布し天下を富岳の安きに置ん事を欲す」

海外諸国に並び立てるよう、国家の態勢を早く整える必要があるという強い意識がうかがえる。

それには、海外諸国から知識を得るための人材、すなわちお雇い外国人を早期に取り込まなくてはならない。

明治政府が初めて外国人を雇用したのは一八六八年（慶応四年）六月のことで、それまで薩摩藩に雇われていたフランスの地質学者、コニエを招聘したのが最初だと記されている。近代産業技術の導入が目的だった。コニエとは生野（いくの）鉱山の開発に活躍したコワニエ（一八三六〜一九〇二）である。

フルベッキについては、『御雇外国人一覧』の「文部省」の項に「月給六百元、辛未九月朔日ヨリ壬申八月晦日迄、南校諸学教頭」と記されている。グリフィスについては「三百元、壬申正月元日ヨリ癸酉十二月晦日迄、南校専門科教師」とある。総勢二一四人で、そのうち英人一一九人、米人一六人。フルベッキはアメリカ人として記載されている。

お雇い外国人としてのフルベッキは、語学の才能を遺憾なく発揮してさらなる大きな業績を残している。

一八七三年（明治六年）、開成学校[1]を満期で退任したフルベッキは、正院（明治初期の内閣）と左院（立法府）の翻訳局に勤めることになった。そこでの仕事は法典の翻訳であった。二年後、左院廃止によって元老院（立法機関）へ転勤し、ナポレオン法典、ブルンチュリーの『国家法』、法律に関する『二千の格言』とその注釈、欧米の憲法、森林法、ほかにも何百もの法律や政治文書を日本語に翻訳することに尽力した。フルベッキは法律の専門家ではなかったが、オランダで学んだドイツ語、英語、フランス語を駆使して、世界中の文献を翻訳した。

グリフィスは書いている。

「仕事のために、彼は『四つの母語』をもっていた。そして『忍耐』と『待つ』を加えた『六つの言葉で寡黙』になれた。話すことと同様に、沈黙を通すという彼の大きな力は、国家の真の教育者になることができ、国家の指導者たちが自主的に政体を整え、防衛を築くのに貢献した」(*Verbeck of Japan*)

フルベッキの流暢な日本語についてこんな逸話がある。

「〔一八六九年（明治二年）〕八月二十九日、大学校別当松平公（春嶽）始めて開成学校に入来ありて、生徒の物まなびする様を巡見せられ、校内に居留の教師フルベッキ、プーセー、パリー、ガロー、メイヤの五名に面会し、続きて筵を開きて饗応あり。少監秋月侯及び大少丞少博士其席に列す。主客語を異にすれども、フルベッキ氏は既に我邦に留寓すること殆十年にして、能く日本語に通ずる故に、英仏の語を日本語に翻して松平公に語り、或は其応対に代りなどして歓笑頗る興あり。松平公の詠ぜられし歌

むつましくこと国人とうたけするけふのうれしさ何にたとへむ

此歌も例のフルベッキ氏が本国の語に訳して、四人の教師に聞かせしかば、各感謝の詞を述べたり」(『中外新聞』第三〇号、一八六九年〈明治二年〉九月二日)

では、他の外国人の雇い入れはどのように行われたのだろうか。

時代を遡るが、フルベッキがアメリカのオランダ改革教会を通じて、グリフィスを福井藩に招聘した例をみてみよう。

一八七〇年（明治三年）七月二一日付書簡で、福井藩から教員を依頼されたフルベッキはフェリスに理化学教師とオランダ人医師の斡旋を頼んでいる。

「現在要望されているのは、主として化学と自然科学を教える青年と外科医師です。前者は年俸二、四〇〇ドルで住宅と馬一頭、御地から横浜までの旅費四〇〇ドルで到着後、旅費は支払う由です。任地はある藩の国の内部にある由です。わたしを通じてなされた契約は到着してから向う三カ年の予定で、俸給も到着後支払うとのことです。家と馬の費用は先方もちで、謹み深い独身青年教師ならば、一年間八〇〇ドルで生活できます。（中略）あなたが適当と思って派遣される方なら、わたしは引き受けますので、本人とあなたとの間で取り決めた契約によってよいのです。（中略）但し婦人はまだ無理です。青年教師は（いわば）立派で親切で、その専門の学、特に化学に達識の人であり、独立自尊の方でとくに堅実で敬虔な精神をもった人物でありたい。この国では、誘惑が恐ろしく多く、本国で鉄のような堅い人々でも、この国へ来て誘惑に陥った例は少なくないのです」（『書簡集』）

かくして、ラトガース大学の卒業生でフルベッキの「化学と自然科学」の教師という要望を考慮して、グリフィスが第一候補に挙げられた。

グリフィスはラトガース大学在学中に、杉浦弘蔵（すぎうらこうぞう）に日本語を習っていた。杉浦の本名は畠山義成で、一八六五年（元治二年）、薩摩藩第一次留学生としてイギリスに密航、その後アメリカに渡り、一八六九年（明治二年）ラトガース大学の理科に入学した。

さらに、フルベッキの紹介で留学しラトガース大学に学んだ人物に福井藩の日下部太郎がいる。日下部は成績抜群だったが、卒業直前の一八七〇年（明治三年）四月一三日に肺結核のため、ニューブランズウィックで二五歳の若さで亡くなった。グラマー・スクールから大学課程に進んだ最初の日本人である。

当時、幕末の攘夷運動や外国人殺傷事件が外国にも伝わっていて、日本のような野蛮極まる国に行くことはアフリカの奥地に行くようなものと思われていた。グリフィスも当初は日本行きを拒絶していた。それを翻した理由はフェリスの熱心な勧誘や日本人との出会い、とりわけ、条件面で優遇されたことだけではなかった。「日下部のようなすぐれた日本人のいる国を見てみたいと思ったから」と後に語っている。

一八七〇年（明治三年）一二月一日、グリフィスはサンフランシスコを出港し、一二月二九日に横浜に着いた。

一八七一年（明治四年）一月二日に東京に着き、一ツ橋南校外国人教師宿舎のフルベッキの元に身を寄せ、二月一六日に東京を発って三月四日に福井に着いた。

その際、「ファイ・ベータ・カッパ」の証である賞状と黄金のキーといった日下部の遺品を遺族に届けている。

福井からグリフィスは姉のマーガレット（マギー）宛に手紙を送っている。

「こちらに来て五日になる。先週の土曜の正午に着いた。町は期待した大きさで武家屋敷と貧しく粗末な家屋、商店が半々に分かれていた。けれども嬉しい驚きは、ぼくの家、屋敷が気持ちよくしてあった。（中略）日曜日の朝、若くて事実上の越前藩主の松平さん〔茂昭〕、上役人、学監に謁見した。（中略）月曜日、役人と教師に会ってぼくの講義と学習の計画を立てた。日曜日を除く毎日、約四時間を教える。（中略）学校の生徒数は武芸、医学、人文の各科をあわせて七〇〇人。ぼくの生徒数は現在九〇人足らずで四組に分かれる。一週一回、全校生徒に科学などの講義をする。良い通訳がつく」一八七一年（明治四年）三月九日付（山下英一『グリフィス福井書簡』）

あっという間にグリフィスの充実した福井での一年間は過ぎていった。

「あと一六日で日本人との契約一年が終わる。今日、手紙が江戸から届いた。（中略）それは文部大臣の招きとフルベッキさんの緊急の要望で、ぼくを江戸へやるという決定だった」一八七二年一月一〇日付（『グリフィス福井書簡』）

グリフィスは福井を去って東京に行くことに明確な理由を持っていた。福井藩は廃藩置県で消滅した。「天皇の政府が今のぼくの俸給を払っていて、引き取る権利がある」とグリフィスが考えるのは当然のことだ。また、友人のフルベッキがグリフィスを福井に呼び、今度は東京に誘った。断る理由などない。さらに生徒たちも、彼を慕って東京に出る。その数は少なくとも一二人になる。グリフィスはそうした生徒たちや新しい日本のために東京に行くと決意した。

こうして福井から東京に出たグリフィスは一八七二年（明治五年）五月六日の明治天皇南校行幸時の様子をこう記している。

「その頃の護衛兵は黒の上衣に、赤いズボンで馬に乗つてゐた。大帝の御召物は、やはり日本式の御装束であつた。時の校長デー・エフ・ヴァーベック（或はフルベッキ）博士が、どうして玉座を設けようかと大いに心配して、貴重な材料を用ひて一番よい御椅子を作つたことを記憶してゐる」（ウィリアム・エリオット・グリフィス「明治大帝の印象」大日本雄弁会講談社編『明治大帝』）

グリフィスは南校（退職時には東京開成学校と改称）で化学、生理学、地理学、修身学、文学を教えた。そして一八七四年（明治七年）七月一八日に姉マーガレットと共に帰国した。

政府顧問

フルベッキは行政組織がひとまず整うまで、政府の最高顧問ともいうべき地位にあった。この間、多くの施策に関与した。フルベッキは、明治の教育制度の確立に深く関わっていた。『学制実施経緯の研究』をもとに、お雇い外国人としてのフルベッキの果たした役割を辿ってみたい。

文部省では学制取調掛によって、一八七二年二月（明治五年一月）にはすでに「学制」の大綱ができていた。教育制度を定め、全国に学校を設立し、その理念と就学の徹底の基本方針を示したものである。

『学制』制定ニ関スル上申

伏惟レバ、国家ノ以テ富強安康ナル所以ノモノ、其源必世ノ文明、人ノ才芸大ニ進長スルモノアルニヨラザルハナシ。是以学校之設教育之法其道ヲ不可不得、依之今般学制学則ヲ一定シ、無用之雑学ヲ淘汰シ、大中小学ノ制例ヲ建立シ、文芸進長ノ方向ヲ開導仕度奉存候。其目的ノ概略ハ万国学制ノ最善良ナルモノヲ採リ、内外之便宜ヲ斟酌シ、先全国ノ人口ニ基キ、土地ノ広狭ニ随ヒ、天下ヲ大別シテ七八部ニ分、一部内ニ大学一処、中小学若干処ヲ置キ、更ニ検査ノ法ヲ詳ニシ、必ズ其階梯ヲ誤ラシメズ、傍ラ人民ノ貧富ヲ区分シ、其入学ノ途ヲ濫ナラシメズ。右着鞭ノ順序ハ、一旦悉ク天下在来ノ諸学則ヲ廃シ、其法制ヲ新ニシ、其書籍ヲ新ニシ、其器械ヲ新ニシ、其教授ノ法ヲ新ニシ、其受業ノ規ヲ新ニシ、村学私塾ニ至ルマデ、一切右定則ニ依ラシムベク見込ニ有之候。細目ノケ条ハ追々可奉欽奏候得共、先此段奉伺候。

文部卿正四位　大木喬任

明治五年壬申正月四日（尾形裕康『学制実施経緯の研究』）

要約すれば以下のようになる。

国家が富国強兵となるには、文明化し人民の能力を向上させなければならない。そのためには学校の設立、教育に関わる法律および学則を一定に定めなければならない。大中小学校の制度を立案する。その目的のためには世界各国の学制の良い点を取ること。国内外の状況を考慮して、まず全国の人口、土地の大きさに鑑み、全国を七、八地域に分ける。その一部内に大学を、中小学校若干を置くこととする。これまでの諸学則を廃し、法制を新たにする。教科書などの資料を新たにし、設備も新たにする。

近代的教育政策の最初の所産が「学制」であり、近代教育の出発点であった。

「学制」立案の中心人物は大学南校教員の箕作麟祥（みつくりりんしょう）で、フルベッキとは大変懇意にしていた。また、南校校長になった取調掛の辻新次もフルベッキに相談している。

当時の状況を高橋是清は『高橋是清自伝』で述懐している。

「フルベッキ先生は、当時文部省の顧問、開成学校の教頭として、随分顕職の人にも知己が多かった。高位高官の人たちが外国の事情を知りたいと思う時には、まずフルベッキ先生を訪ねて教えを乞うた。就中（なかんずく）、加藤弘之、辻新次、杉孫三郎などいう人々は、しばしばやって来て、先生の教えを受けた」（『高橋是清自伝』上）

一八七二年四月四日（明治五年二月二七日）付、大木文部卿宛の書簡で、辻新次がこう述べている。「フェルベッキ氏へも相談……別冊普魯西国教育訳出フェルベッキ氏より申出候間御覧ニ入申候」（『辻新次書簡』）

『学制』頒布当時フルベッキは大学南校の教師であったが、その実はむしろ政府の教育顧問、とりわけ学校制度に関する諮詢に応じていた。大隈をはじめその他の人々も、フルベッキが学制制定を建白し、起案した一人であると明言している。この一事を以てしても、かれのわが教育上の功績を忘れてはなるまい」（『学制実施経緯の研究』）

前章で述べたように、一八七三年（明治六年）、フルベッキは神経衰弱のため休暇を取って、四月一六日に英国に出発した。岩倉具視とスイスのベルンで会い、ザイストに滞在した。フルベッキが日本を離れていた九月には開成学校（南校）教頭を解任された。一〇月二六日、日本に戻ったフルベッキは一二月に、開成学校を退任した。

それまでのフルベッキの貢献に感謝する書簡を文部省の田中不二麿が送っている。

第一大学区東京開成学校御雇教師米人「ジー。エフ。ウェルベッキ」明治六年一二月満期雇止

ノ節贈賜左ノ如シ

貴下　東京開成学校在職中注意懇到今日学事諸般ノ端緒ニ就クモノ其功不尠実ニ感謝ノ至ニ候

依テ聊カ酬功ノ表トシテ此品進呈候条御領収有之度候也

明治六年十二月　　文部少輔五位田中不二麿

ジー。エフ。ウェルベッキ君貴下

別紙目録

一　古貨幣　金貨二〇種　銀貨三種

一　大日本史　一部

（『文部省雑誌』一八七四年〈明治七年〉第二号）

一八七三年（明治六年）一二月、フルベッキは今後五年間、月給四〇〇円で正院翻訳局に「翻訳質問」に従事するため雇い入れられた。同時に正院法制課である左院にも勤務した。

フルベッキが正院の翻訳局にお雇い外国人として雇われた時の契約書[2]がある。

この書類は一八七二年（明治五年）フルベッキの助言によって、「教師雇入れ条約規則書」として作成され、外国人の雇い入れの際に、日本側雇用者と外国人教師との間で、取り交わされるようになったのである。契約期間、業務の内容、俸給、休日、罷免・退任の条件等が決められている。

翻訳局では箕作麟祥のもと、『フランス森林法』、『日耳曼（ゼルマン）議院之法』、『国政党派論』、『法学指（ほうがくし）

（右）『専売免許開版免許訳文』（『規則書類摘訳』）。アメリカ特許法と著作権法をフルベッキが口述翻訳した（国立公文書館所蔵）（左）『法学指鍼』。フルベッキが『法学入門』（レスコパーク著）を講義し、筆記・校訂して出版した（国立国会図書館ウェブサイトから転載）

鍼（しん）』などの法典の翻訳に関わった。後年それらが出版されることになる。また、『コード・ナポレオン附録目次（ナポレオン法典）』、『独逸連邦及各国刑法比較書』、『専売免許開版免許訳文』、その他各国憲法などを口述翻訳した（梅溪昇『お雇い外国人⑪――政治・法制』）。

　フルベッキは法律の専門家ではなかったが、語学力と日々の精進によって、大任を果たしたといえよう。

　その例として一八七七年（明治一〇年）七月、杉亨二（すぎこうじ）が刊行した『杉亨二筆記　国政党派論』が挙げられる。フルベッキは一八七二年（明治五年）頃、箕作の家塾、共学舎でスイスの法学者ブルンチュリーの原書を講読した。この書籍は、政党についての日本最初の解説書である。

一八七七年（明治一〇年）九月には、桜井能監が『法学指鍼』を出版した。これはパリ法律学校教師レスコパークが一八五六年に出版した原書『法学入門』に基づいたフルベッキの講義を、左院技官の長森敬斐が筆記し、生田精、横山由清、谷森真男、大井憲太郎、桜井能監らが校訂の上、公刊したものである。[3]

翌年の一八七八年（明治一一年）三月には、『会員必読』が刊行されている。これは、フルベッキが所蔵していた会議法等について記されたアメリカの原書を、細川潤次郎が翻訳したものだ。フルベッキは『会員必読』に序文を口述で寄せている。漢文で書かれた原文を要約して示す。

人間の営みには、秩序が欠かせない。秩序を重視しなければならないことは、時代を問わず、不変の真理である。イギリスの詩には「秩序は、神が作り給うた最初の法律である」（イギリスの詩人、アレキサンダー・ポープの詩『人間論』〈Alexander Pope［1688-1744］, *An Essay on Man, Epistle IV. Of the Nature and State of Man with respect to Happiness*, 1.49〉）との一句がある。この秩序を人間の社会にもたらそうとすれば、欠かせないものが三つある。第一は組織、第二は規則、第三は形式である。

この組織・規則・形式の三者は、本来的に秩序に内包されている必需品である。そして、多数の人々が集まる時、この三者を応用する方法が最も広範囲にわたるのが各国の議会であることは、誰の目にも明らかである。

組織を作らず、規則もなく、形式もなければ、その集まりの営みは、数多くの混乱を引き起こし、

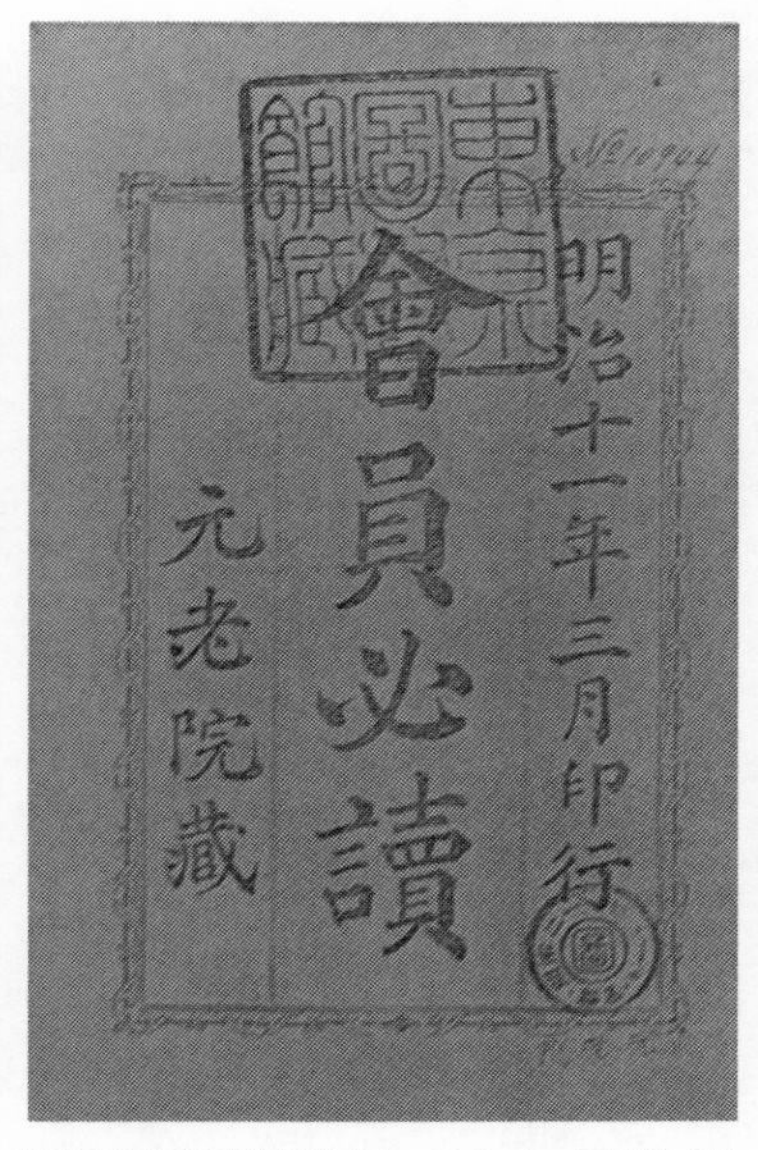

（右）『会員必読』。議院の会議の手引書（左）『仏国森林法同執行法令』。フルベッキ口述（共に国立国会図書館ウェブサイトから転載）

その営みの結果もまた見通しの利かないものとなってしまうに違いない。

もし人々が一堂に会して一緒にあることについて相談したり、または共通することを明確に理解したりしようとするのであれば、一つの組織としてまとめ上げ、その議論と営みを規則と形式によって整理することが、何よりも重要な事柄となるのである。

そうだとすれば、あらゆる議会というものが、どのように組織されるべきなのか、そして、どの規則と形式が各国で応用されているか、各国の議会にふさわしい規則・形式を捉え、どう使うべきなのか――これこそが小型本たる本書の中心を成す問題であり、細川氏が本書を訳出した意図にほかならない。

一八八二年（明治一五年）には『仏国森林法同執行法令』が出版された。これはフルベッキの口授を河内信朝、光増重健らが筆記したものだ。フルベッキがフランス語からの邦訳の嘱命を受けたのは明治七年、九年には翻訳を終了し、前記の二人に口授、さらに校訂を加えて、出版されたのが本書である。

さて、一八七三年（明治六年）一〇月、オランダのザイストから日本に戻ったフルベッキは多くの悩みを抱えていた。日本にいる外国人たちの間には、特にこれまで高い地位を占めていた彼に対して、ひどい妬みと中傷が存在した。

一八七四年（明治七年）二月一九日、フェリス宛に書簡を送っている。

「わたしの留守中に、恐らく文部省の狭量な官吏のあるものがプロシャやスイスが学校教育の世俗化をしていることを聞いて、文部省から、宣教師全部を排除するという、えらい野望を抱いたように思われます。（中略）昨年の春、出発した時に、学校の監理をかなり頭のきれる日本人に委ねました。臨時の監理に必要な規則や指示を一任したが、重大な変更はわたしが帰るまで、しないようとくに要望しました。しかし、わたしが出発してまもなく、色々と重要な問題に修正を加えたのです」（『書簡集』）

その一つが前章で触れた「休日問題」であった。

そんななか、以前より任務が軽く、月給もやや少額ではあるが、政府が五年間の契約を申し出てくれた。ジェームズ・バラは宣教師に戻り、神学校の創設を一緒にやりたいという話をもってきた。日本も信教の自由を得て、新しく設立された教会に出席することも自由になった。また、バイブルクラスも開くことができるようになった。

「現在わたしは政府の費用で種々有益な書籍を日本語に翻訳、出版する翻訳者たちの一団と関係をもっています。また一種の立法諮問委員になっています」（『書簡集』）

しかし、明治政府はフルベッキのようなゼネラリストよりもスペシャリスト（専門家）を求めるようになってきたため、高給を得るのは難しくなった。

同年八月二六日付のフェリス宛の書簡では、一年前の九月に格安の利息で本部から借りた三〇〇ドルをやっと返すことができたと書いている。一方で、嬉しい報告もしている。

「前便の書類によって、わたしがラトガース大学から神学博士の名誉学位を授与される光栄をえたことを知って驚きました。――それは全く予期しない恩恵で、事実全くの驚きであり、分不相応な恩恵であると感じていることを告白しなければなりません。（中略）神はわたしを祝福し、この称号を謙遜と敬意をもって、受領することをゆるして下さいました」（『書簡集』）

明治初期の日本の教育界ではラトガース出身者の活動が際立っている。グリフィス、開成学校で教えたエドワード・W・クラーク、先志学校経営者のマーティン・N・ワイコフ、ラトガース大学元教授で教育制度を確立したデヴィッド・マレー、そして出身者ではないが、フルベッキはラトガース大学から神学博士号を贈られた。

お雇い外国人としてのフルベッキの業績は教育界だけに留まってはいなかった。とりわけ先に述べたように法律文書翻訳の分野が顕著で、司法卿を務めた江藤新平と密接な関係を持っていた。

佐賀の乱（一八七四年〈明治七年〉）で刑死した江藤新平は副島種臣、大隈重信、大木喬任と共に佐賀の四大英傑と呼ばれる。しかし長崎時代のフルベッキと江藤との交流については、明確な記録は残っていない。

江藤とフルベッキの間には、一八六九年（明治二年）にフルベッキが新政府に招かれて開成学校の教師となり、江藤が立法に関わるようになってから、密接な関係が生じるようになる。一八七〇年から七一年にかけて、太政官制度局で民法編纂会議が開かれたが、この会議を主宰したのが江藤であった。このとき、フルベッキと箕作麟祥が共同で訳したナポレオン法典の民法典冒頭八〇箇条が議案として提出され、審議された。維新直後で家父長的な封建思想がいまだ大勢の時期に、「自由・平等・博愛」をスローガンとしたフランス革命の産物である近代市民法のナポレオン法典を採り入れようとするほど江藤は先進性を有し柔軟な思考を持っていた。

一八七五年（明治八年）七月、フルベッキは左院の廃止により新設の元老院の私的顧問に移った。「米人フルベッキ仏人ジュブスケノ両氏本院ヘ雇替条約ヲ為ス従事致セラル」（『元老院日誌』）

駿河台時代

一八七〇年代のフルベッキに関して、いくつかの逸話が残っている。

一八七一年（明治四年）一月三日、来日したばかりのグリフィスは一ツ橋の大学南校の教員宿舎にフルベッキを訪ねた。教頭の家の門まで案内されると、そこには書生として家に居候（いそうろう）していた高橋是清がいた。

「わたしはそこで、『ボーイ』に会った。彼はサムライのような端正な顔、華奢で細い指をしていたのが印象的だった。『すぐに昼食の用意ができますので、客間でお待ちください』とわたしに言った」(*Verbeck of Japan*)

まもなく、家の主人であるフルベッキが現れ、グリフィスに歓迎の挨拶をした。それが、グリフィスとフルベッキの最初の出会いであった。彼の顔には思慮深さ、洞察力、熱情が垣間見られた。

一八七一年（明治四年）に当時の南校に入学した高橋是清はフルベッキの家に居候しており、書生のような身分だった。

一八七二年（明治五年）二月、福井から戻ったグリフィスは再びフルベッキと同居することになった。

「フルベッキ夫人がカリフォルニアから戻って来ていて、子供たちが家におり、まさにそれは家庭だった。子供たちが家中を飛び回っていた。特に末のギドーは日本の日の丸の光の化身のようだった。その少年は一六歳で生涯を閉じた」(*Verbeck of Japan*)

一八七三年（明治六年）秋、賜暇休暇で海外を歴訪していたフルベッキはウィリアムやエマを含む家族全員を連れて日本に戻って来た。そして開成学校を退任し、落ち着いて住む所を探していた。

その時代のエピソードをグリフィスが書いている。

「着物を来た少女が、わたしたちが部屋にいるのを知らずに入って来てわたしたちに新年の挨拶をしてくれた。それは佐々木〔高行〕の娘〔静衛〕だった。（中略）その姿は艶やかに輝き、髪と髪飾りや着物の少女らしい愛らしさであった。ヨーロッパに行き、アメリカに住み、美しい女性の町フィラデルフィアにもいたわたしも彼女のような女性に出会ったことはなかった」(*Verbeck of Japan*)

高橋是清によれば、佐々木の娘はエマから英語を教わるためにフルベッキ邸に来ていたとのことである（『高橋是清自伝』上）。

グリフィスが娘に会ったその部屋は、一〇フィート×四フィートの広さで、辞書、教科書、数ヵ国の言語になる書物、欧米の新聞雑誌、出版社と機械製造業者のカタログ、つまり新しい大学の教頭として必要な資料などが堆く積み上げられていた（*Verbeck of Japan*）。

一八七四年（明治七年）四月にフルベッキは駿河台に転居することになる。[4]「フルベッキ先生は、『もう自分は要らなくなるだろう。ついては、どこか適当な借家を探さねばならぬが、どうもよい家がありそうにない。一層のこと屋敷を買って、小さくとも自分の家を建てたいと思うが、……（中略）日本政府では、まだ外国人の不動産土地所有権を認めないから、自分で家を建てようと思えば、誰か名義人を頼まなければならぬ。ついては一切のことを君にお願いしたい、どうか君の考えによってしかるべき屋敷を一つ探して貰いたい。もちろん代価はすべて自分が払うが、ことごとく君の所有物としてもらって差支えない』といわれる」（『高橋是清自伝』上）

その結果、駿河台鈴木町二一と二二番地の広い立派な屋敷が手に入った。一方に日本家屋があり、他方が空地だったので、ここに木造二階建ての洋館を建設することにした。洋館が出来上がると、日本家屋が空いたので、是清はフルベッキから住んでよいと言われてまたしばらく居候することになった。フルベッキはこの家で、一八七八年（明治一一年）七月に家族を連れてアメリカに一時帰国するまでの四年間を過ごした。

ところで、この時代に記しておきたい挿話がある。

一八七四年（明治七年）、箕作麟祥が『明六雑誌』の第九および一四号に「リボルチーの説」というリボルチー（liberty）、つまり自由についての論考を寄稿した。当時、話題になっていた翻訳語の「自由」は本来、どのような意味で使われていたのか、歴史的な背景や用例をもとに書かれた論文である。箕作は国民の自由の保障こそが国力を強くすると考えた。自由とは奴隷制度による単なる身分関係からの自由だけでなく、君主専横からの政治的自由を含み、議院の開設によって権利としての国民の自由が保障されると説いた。

箕作は「リボルチーの説」の冒頭で、こう述べている。

「中村先生所訳・刊行のミル氏自由の理に就きもってこれを看るべく、ゆえにいま余カ贅言を待たざるごとしといえどもリボルチーにまた古今の沿革あるにより、その概略を左に掲載す」（『明六雑誌』上）

箕作はジョン・S・ミル（一八〇六〜一八七三）の『ヲン・リベルティ』（『自由論』のこと。中村正直が最初に翻訳した）を視野に入れて、libertyを語源と歴史から見つめ直したのである。だが、この箕作の論考はどのような資料を基にしたのか示されていなかった。フランス文学者の幸崎英男は「箕作家文書」の膨大な目録の中にその手掛かりを見つけた。文書目録番号（200番）「On Liberty」と題した六ページの英文がそれで、そこにはlibertyの歴史や研究などが記載されていた。箕作論文は、この資料が基になっていたのである。

それでは誰がこのlibertyの歴史的な意味を箕作に伝えたのか。文末にG. F. V. のサインがある。

political slavery, perhaps more tolerable, to an anarchy, which of all things is most intolerable

Compiled from various sources. —

G.F.V.

On Liberty（自由について）。文末にはGuido Fridolin VerbeckのイニシャルG. F. V.が書かれている（「箕作家文書」より）

つまりGuido Fridolin Verbeckのイニシャルである。

幸崎が、「米人フルベッキ」が佐賀藩時代の大隈重信に宛てた書簡の署名と「On Liberty」の署名の筆跡を「照合」したところ、二つの署名は「一致」した。「On Liberty」は、フルベッキが箕作の求めに応じて欧米での「自由」の歴史を回答したものだったのである。

このフルベッキの資料を基にして箕作は「自由」の定義を読者に啓蒙したのである。

国憲第一次草案

一八七六年（明治九年）一月、フルベッキは四六歳になった。

同年九月七日、明治天皇は元老院議長有栖川宮熾仁（ありすがわのみやたるひと）親王に勅語を下した。

「朕爰ニ我建国ノ体ニ基キ広ク海外各国ノ成法ヲ斟酌シ以テ国憲ヲ定メントス汝等ソレ宜シク之カ草按ヲ起創シ以テ聞セヨ朕将ニ撰ハントス」

この勅語に基づいて、元老院は国憲取調局を設け、議官の柳原前光（やなぎわらさきみつ）、福羽美静（ふくばびせい）、中島信行（なかじまのぶゆき）、細川潤次郎（ほそかわじゅんじろう）の四人を「国憲取調委員」に任命し、フランス人デュ・ブスケとフルベッキを顧問として海外諸国の憲法調査を始めた。そして、勅語を受けてからわずか一ヵ月後の一〇月に国憲第一次草案を起草した。

大橋昭男・平野日出雄は以下のように述べている。

「フルベッキも大学南校に続く左院のころにヨーロッパの諸国の憲法の翻訳で太政官から質問を受けていた。かれが左院と元老院にいたころには、すでに日本の法律家やフルベッキ自身、あるいは同僚のフランス人ジュ・ブスケによってヨーロッパ諸国の憲法はほとんど翻訳が終わっていた。幕府がオランダから買ったり、海外派遣使節に買わせたりしてかなりの量のヨーロッパの法律書を所蔵して、開成所などで翻訳の準備をしていたこともあって、箕作や加藤らはそのころから外国の憲法書に目を通していた。しかし、フルベッキとジュ・ブスケの功績も大きい」（大橋昭男・平野日出雄『明治維新とあるお雇い外国人　フルベッキの生涯』）

稲田正次は『明治憲法成立史』で、「御雇い外国人であるフルベッキやジブスケは翻訳だけでなく草案の起草や取調書類の作成にも援助を与えたのではなかったか」と推測している。

当時の元老院報告書によれば、フルベッキ、デュ・ブスケ共に、第一期（明治八年七月～明治九年六月）から、第二期（明治九年七月～明治一〇年六月）を経て第三期（明治一〇年七月～明治一一年六月）まで同院のお雇い外国人として記載されている。

国憲第一次草案の第三篇では「国民及其権利義務」でヨーロッパの立憲君主国と同様の権利を国民に与えている。また、明確に「基本的人権」を明記している。こうした進歩的な憲法草案をフルベッキらと作成した国憲取調委員とはいかなる人物だったのであろうか。

柳原前光は、一八五〇年（嘉永三年）に公家・柳原大納言光愛（みつなる）の子として京都に生まれた。明治維新後に外務省に入省、一八七一年（明治四年）外務大丞として、欽差全権大使の伊達宗城（だてむねなり）に従って清国に出向き、日清修好条規を締結した。その後、駐露公使、元老院議長などを務め、枢密顧問官となって皇室典範の制定にも関与している。

「〔一八八二年（明治一五年）〕五月下旬伊藤（博文）はドイツで柳原と面談し、その際柳原の持説である国会開設に備えた帝室制度の確立と元老院改革論に熱心に耳を傾け、これに賛意を表した」（坂本一登『伊藤博文と明治国家形成』）

福羽美静は、一八三一年（天保二年）津和野藩士福羽美質の長男として生まれた。平田篤胤門下の国学者である。一八六九年（明治二年）には明治天皇の侍講、さらに神祇大副、教部大輔となるが、「外国の長所を取り入れるべき」という意見を唱えて免官となる。ほかの国学者、神祇官僚とは異なった合理的な考えの持ち主だった。

中島信行は、一八四六年（弘化三年）土佐の郷士中島猪三の長男として生まれた。坂本龍馬の海援隊で活躍、龍馬死後は陸援隊に参加した。明治維新後は新政府に出仕した。同志社の創立者新島襄に出会い、後、植村正久から洗礼を受け、熱心なクリスチャンになる。

中島夫人の初穂は不平等条約改正に力を尽くした陸奥宗光の妹だが、没すると信行は岸田俊子と再婚した。俊子は影山英子と共に女性解放運動の先覚者であった。俊子は日本に定住した最初の婦人宣教師メアリー・キダー（後のミラー夫人）が創設したフェリス女学院の学監であった。キダーはフルベッキ夫妻とアメリカ時代からの友人である。フルベッキ一家と俊子には浅からぬ縁がある。

細川潤次郎は、一八三四年（天保五年）土佐藩の儒者細川延平の次男として生まれた。長崎に遊学、砲術家・高島秋帆の元で兵学・砲術を学んだ。一八五八年（安政五年）築地の幕府海軍操練所で航海術を習得する。明治維新後は、開成学校権判事を務めた。元老院議官としてフルベッキの上司に当たる。フルベッキとの共著として『日耳曼議院之法』、『会員必読』、『法律格言』などがある。

このように「自由主義的な思想」をもった柳原前光、福羽美静、中島信行、細川潤次郎の四人が作成した草案であるだけに、それがいかに進歩的であったかもうなずけよう。

一八七六年（明治九年）一二月には、『日耳曼議院之法』が刊行された。これはドイツの議会・集会等について記述された原書をフルベッキが英訳し、さらに元老院議官の細川潤次郎が日本語に翻訳したものだ。

しかし、残念ながらフルベッキらの努力は報われなかった。

「この草案にはヨーロッパの自由主義的な立憲君主政体であるオランダやベルギーの憲法が参考にされた。しかし、すでに国家主義的なプロシャ憲法を模範にしたいと考えていた岩倉具視や伊藤博文らはこれを受け入れなかったので闇の中に葬られてしまった」（大橋昭夫・平野日出雄『明治維新とあるお雇い外国人　フルベッキの生涯』）

一八七七年（明治一〇年）六月、フルベッキが元老院を解雇されてからは、政府との関係はなくなる。フルベッキが政府と深く関わるのは一八七七年までである。この頃には、政治・外交・教育など専門の外国人が多数「お雇い外国人」として来日した。政府も、従来のように「専門」をもたないフルベッキを必要としなくなったのである（梅溪昇『お雇い外国人⑪──政治・法制』）。

勲三等旭日中綬章

一八七七年（明治一〇年）七月、政府の契約期間終了に際し、喜ばしい出来事があった。明治天皇に拝謁を許され、三度目の勅語を賜ったのである。

「朕ケ政府ノタメニ緊要事務ヲ賛ル茲ニ年アリ其ノ労鮮カラス今ヤ期満チテ既ニ其ノ約ヲ解ク朕太ク其功ヲ嘉ス」

同年七月二日、フルベッキが勲三等に叙せられ旭日中綬章(5)を賜った時のことであった。宣教師仲間でも他に類例がないことであった。

七月二四日付、フェリス宛の書簡で、フルベッキは次のように書いている。

「勲章は美しい宝石で、わたしが所有したもののうち第一のものです。勲章の中央の環は立派なルビィで、これは純白の七宝でみたされた先端の尖った黄金の光った線で囲まれています。この太陽の徽章は天皇家の紋章。すなわち、天皇家の『桐』三枚が冠むせられ、それらの桐の葉の先端には、一群の花がついており、またすべてが金で、その葉は緑で、紫色の花の七宝でみたされています。その最上部には金の止め金がついていて深紅の緑のある重い白絹のリボンの幅が通るようになっています。このリボンによって、勲章がシャツの胸に止まっているように首にかけて、下げられるようになっています。

この時の儀式は、天皇ご臨席の下に行なわれると全く同じでしたが、ちょうど天皇はいま都（京都）におられたので、大給閣下（賞勲局副長官）が陛下の名代として行なうことを命ぜられていました。その勲章は立派な漆塗りの箱の中に収められ、天皇の署名と国家の印璽のある賞状が添えられてありました」（『書簡集』）

さらにフルベッキは勲章の授与をどう受けとめたかを記している。

「わたしは宣教師の肩書を帯び、いつもミッションのために闘ってきましたし、また常に恩寵の下にピリピ書四章八節で、パウロが勧めているように、これらの善き行（わざ）の闘士であったから、わたしに与えられたこの光栄は宣教のための間接的讃辞と考えてよいでしょう。たしかに、そうであります。もし政府がプロテスタント・ミッションに対して敵意を抱いているならば、このような処置はとらなかったでありましょう」（『書簡集』）

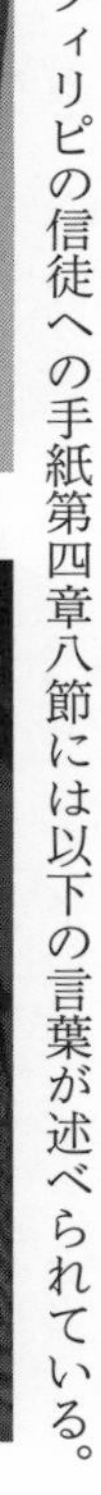

フィリピの信徒への手紙第四章八節には以下の言葉が述べられている。

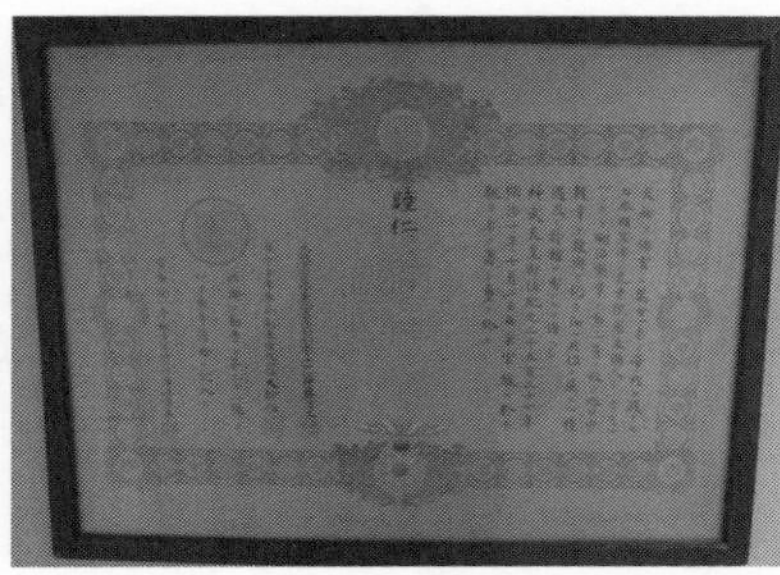

フルベッキが受章した（上）勲三等旭日中綬章に添えられた賞状（下）勲三等旭日中綬章のメダル（共にフルベッキ４世提供）

「終りに、兄弟たち、すべて真実なこと、すべて気高いこと、すべて正しいこと、すべて清いこと、すべて愛すべきこと、すべて名誉なことを、また、徳や賞賛に値することがあれば、それを心に留めなさい」（『聖書　新共同訳』）

少なくとも、これまで自分の成してきたことは間違ってはいなかった、とフルベッキには思えた。

また妹セルマには、別の書簡を送っている。

「もちろん、こんな大きな名誉を受けて一番うれしいと感じるのは、神に仕える身としては、美しい宝石や世俗的な意味での名誉に対してではなく思いやりのある、親切な寄贈者の心に対してです」（*Verbeck of Japan*）

しかし、グリフィスはフルベッキの勲章に対する真の気持ちをこう記している。

「『わたしの国は、この世に属していない』と主は言われた。主の忠実なしもべたるフルベッキはその言葉を十分に理解していたので、たとえ友人であっても、本当に些細なことも許さなかった。言葉以上に彼の行動は多くを語った」（*Verbeck of Japan*）

このことについて米国長老教会の宣教師で、一八七五年（明治八年）のメアリー・キダーとの結婚を期にオランダ改革派に転籍したエドワード・ローゼイ・ミラーは次のように語っている。

「信濃で起こった出来事にこんなものがあります。その土地の大きな町で講義を望まれ、その宣伝は広く行きわたっていました。いつもの習慣で、彼は唯一、好きな運動といえる朝の散歩に出かけました。散歩中、自分がどう話を伝えればいいか考えていたのです。考えに没頭している間に、いつの間にか町の中心地にたどり着き、講義の宣伝の書かれた大きなポスターを見つけました。ほとんど無意識のうちに、立ち止まってポスターの文字を読みだすと、非常に大きく、勲三等旭日中綬章を天皇から授与された『ベルベッキ博士』（フルベッキ博士）が受章直後の今、講義を行うと書かれていたのに、驚き、残念な気持ちになったのです。即座にホテルに戻り、準備を取り仕切っていた若い日本人のところに立ち寄ると、即刻すべてのポスターを外さない限り、講義は中止させていただきたいと伝えました。勲章の受章とキリスト教宣教師の話には何の関係もなく、勲章の受章は名誉なことで心から感謝するものであるが、宣教師であることとは無関係だ。勲章を受けたからキリスト教について話すわけでもない。その日、話をするのは、自分がキリストの教えを伝える牧師だからで、話を聞きにくる人はその点を理解しておいていただきたい。相手は、ポスターはすでに貼られていると最初、反対したが、フルベッキの意志が固かったため、人を送り、不快なチラシをすべて剝がし、代わりのものを貼ることにしました。

私がこの出来事を聞いたのは、フルベッキ氏が、盛岡の説教の際、同じことが繰り返されるのを危惧して、勲章受章の事実について触れないよう、念を押された際です。主催者は受章について目立つ宣伝を行うつもりだったのに、そのことを仄めかす事さえできないと知ると、とても落胆した様子でした」（Personal Reminiscences of Dr. Verbeck, *The Japan Evangelist*, June 1898）

日本を去る決断

仕事から離れ、アメリカで休暇をとってから、再び宣教師の仕事に戻りたかったフルベッキだったが、一八七七年（明治一〇年）までは元老院の仕事を続けた。

一八七五年（明治八年）、商法講習所の教師の父と共に来日した一四歳のクララ・ホイットニーは後に勝海舟の三男・勝梅太郎と国際結婚をする。一男五女をもうけ、一九〇〇年（明治三三年）にアメリカに帰国するまでの日記を残した。そこには、フルベッキ一家との交流が生き生きと描かれている（『勝海舟の嫁　クララの明治日記』）。

一八七六年（明治九年）、米国独立一〇〇年記念日（七月四日火曜）に上野での祝賀式に出かけた様子を記している。

「ビンガム氏の令嬢と、ワッソン氏、それから神奈川の総領事ヴァン・ビューレン将軍、陽気で活発で美人の若いワイズ夫人、初代大統領の子孫であるミス・ワシントン、スミス夫妻、パーソン夫妻、ヴィーダー氏、スコット氏、ウィルソン氏、バチェルダー氏と令息、ヴァーベック夫妻とウィリイとエマ、ジェシー・フェントン、そのほかにも大勢いたが、皆日本で最高のアメリカ人ばかりだ。（中略）

輪になって座ってしばらく話をしていると、夕食の用意ができたと告げられた。それはまさに、『豪華な軽食』であった。楽しい楽隊、海軍軍楽隊が、『コロンビア』や『海の島』のような愛国的な曲を奏した。ヴァーベック家のエマとウィリイとジョージ・バチェルダーとジェシー・フェントンと私は、外のきれいな小さい円卓を囲んでとても楽しく過ごし、アイスクリームをたくさんいただき、よく笑った。ジョージ・バチェルダーは面白い少年で、ウィリイ・ヴァーベックは物語の本に出てくるような正直で信頼できる少年である」

一八七七年九月、日本基督一致教会の発足により、東京・築地に東京一致神学校が設立されると、フルベッキはそこの神学講師に就任した。だが、七人もの大家族を支えるには伝道活動だけでは足りず、教師としての収入も必要だった。お雇い教師時代は周囲が嫉妬するほどの高給取りだったが、解任されてからは生活に窮した。

この年、フルベッキは元老院を去ったが、伝道局からは宣教だけに従事する要請や彼をサポートする体制があるのかどうかが伝えられなかった。最終的に一年間、華族の学校（学習院）の役職に就くことを引き受けた。

一八六七年（慶応三年）の王政復古の翌年に、かつて士農工商の四つに分かれていた身分制が、華族、士族、平民になった。

一八七七年（明治一〇年）、皇族・華族の子息に対して身分に見合う教育を行うために、鍋島直彬らの尽力により学習院が創立された。この学校を適切に運営し、指導するのにフルベッキ以外一体誰がいるのか、創設者たちはそう考えたのである。

翌一八七八年（明治一一年）春には、日本基督一致教会の聖書翻訳委員に選ばれたが、困窮した生活に耐えられなくなった。この年も、彼は新しくできた教会で礼拝を続けていたが、すぐにでも休息が必要なほど、体調を悪くし、精神的にも落ちこんでいた。フルベッキは、二〇年近く住んだ日本を離れる決意をした。

七月一七日付の『読売新聞』の記事に言う。

「元老院お雇ひ米国人ベルベッキ氏は兼て学習院にても教師に頼んであり此ほど満期にて帰国されるにつき同氏は昨日学習院へ参られ日本も追々開けては来るが未だ修身学と教法が共に振はないの

は嘆かはしいゆえ此道を十分教育したいといふ趣旨を演舌(えんぜつ)され同院よりは餞別として黒地蒔絵の手箱と織物を一巻贈られまた今日は同院の留別会(りゆうべつ)として上野の精養軒へベルベッキ氏と妻君をも招かれ部長はじめ東久世公学習院長立花君学監の岡本氏なども参られて饗応されるといふ」(『読売新聞』一八七八年〈明治一一年〉七月一七日付)

かくして駿河台の家は高橋是清に頼んで売却し、七月三一日家族と共に当時まだ物価の安かったカリフォルニアへ旅立つのである。東京を発つまでの約一ヵ月間、どの階級の人々からも身分や宗教に関わらず、公私両面で感謝の言葉を受けた。彼が言うところの「まだ、クリスチャンではない」人も含めてである。

クララはフルベッキ一家との突然の別れを記している。

「ヴァーベック一家が帰国されると聞いたので、授業が終わってから母と挨拶にいった。まず最初にダイヴァーズ夫人のところに寄ったがお留守だった。母は次にミス・キダーのところに寄って、私は先にエマのところへ行った。エマは大はしゃぎでおしゃべりをした。カリフォルニアのどこかに住む予定だそうで、一ヵ月以内に発つということだ。エマはとても面白い人なので行ってしまうのは淋しい」(『勝海舟の嫁　クララの明治日記』一八七八年〈明治一一年〉二月二二日付)

帰国にあたってフルベッキは蔵書の処分を決意する。一八七八年八月二〇日付の『東京日日新聞』に丸屋善七（丸善）の名で蔵書の展示即売の広告が載っている。この広告を見るとフルベッキの知的関心がいかに多岐にわたっていたかが伺える。

「久シク我国ニ在留セシ米国ノ学士フルベッキ氏今般帰国スルニ臨ミ其所蔵ノ書籍中千余巻ヲ遺留

シ弊舗ニ託シテ売却セシム、（中略）今般弊舗ニ委託セル書を類別スレバ地理、歴史、物理、生理、理財、法律、論文、詩歌、伝記、小説、字書、韻府及ビ聖典ノ類ニシテ其他種々珍奇ノ雑誌等類別ス可カラザルモノ甚ダ多シ、蓋シ皆ナ経世有益ノ事ニ非ザルハナシ」

丸善で展示即売したその結果については詳らかではない。

The Tokio Times の編集者、E・H・ハウスがフルベッキについて書いている。

「次の水曜日、サンフランシスコ行きの汽船に、ひとりの紳士が乗船する。その人物はこの国の教育の発展を外交が開始された頃から現在に至るまで支え続けてきた。仕事を長年続ける間に、公的にも私的にも広い人脈を持つことで、前例のないほど高い信頼を獲得し、その信頼は一切揺らぐことなく、彼以外にはないという高い評価を得てきた。地位や状況を問わず、外国人と日常的に深く付き合うことに全力を傾けてきた彼の力によって、すべての日本人がひとつにまとまることができた。長く日本に住み続けてきた彼は、あらゆる外国人居住者を援助し続けてきたが、彼はそのことをまったく作為なく行ってきた。そうした人々の目立たない力は、この国で目の当たりにする利己的な態度や偏見に満ちた行為を受けた外国人たちの怒りをいざというとき確実に和らげてくれるのだ。宗教を通じた彼との個人的な付き合いにとどまらず増えていった日本人の友人は、すぐに心から友人関係が育まれるようになった。彼がいなくなることは大きな損失となるだろう——彼の出発は政府の変化、国内の混乱、外交問題で揺れている間に決まったことのように、それほど深刻に受け止められていないが、彼にはいくら感謝の言葉を伝えても足りないほどで、その素晴らしさがきちんと報いられることがなかった」（Mr. G. F. Verbeck's Departure, *The Tokio Times*, July 27,

1878)

彼の第一の目的は自らの健康の回復とカリフォルニアの学校に子供たちを入学させることだった。サンフランシスコからフェリスに送られた彼の帰国後最初の手紙は一八七八年（明治一一年）九月一八日付で、「この大都市にあふれる目新しさや素晴らしさの中にあっても、従順で親切な日本人の中で暮らした日常生活が懐かしくなる」（*Verbeck of Japan*）と書いている。アメリカについてすぐに、そのような気持ちに駆られてしまったのだ。その後フルベッキは何週間か体調を崩してしまった。回復後、気分転換に、文典研究の新しい方法に没頭した。これまでどんな文体をもつ作家にもなしえなかった、より科学的な分析を試みようとした。

フルベッキはさまざまな言語の文章や聖書文学の分析に取り組んだ。たとえば、フルベッキは新約聖書のローマの信徒への手紙全体を分析し、そこに出て来る九三三七語を一覧表にして、すべてを科学的に分析しつくしたのだ。山上の説教やアディソンの論文などにもこれを当てはめてみたが、結果は満足のゆくものだった。地味な取り組みではあったが、後に旧約聖書を日本語に訳す際に、この時の努力が役に立つこととなる。

サンフランシスコに滞在中、彼は可能な限り、いい演説を聞こうとあちこちに足を延ばした。その成果が彼の備忘録に残っている。そこには注釈、コメント、分析、説教の日程、ヒント、助言、引用、あらゆる種類のスクラップ記事などが数多く記録されている。

サンフランシスコのカルバリー長老教会では「日本のキリスト教の発展」について講演をした。「明治維新以後一〇年間で一〇〇人の日本人がキリスト教に改宗した。これはインドや中国のそれと同数である。しかし、日本の現人口三四〇〇万人に対して、インド二億四〇〇〇万人、中国四億人であるからして、人口当たりインドの七倍、中国の一二倍である。（中略）日本人は社会や家族での生活において暖かい行動や魅力的な姿を多く持つ人々である。日本人の性格や精神は、彼らが到達した組織と同様に柔軟で受容性に富んでいる。そして彼らは新しい考えを修正して受け入れ、新しい教えに従う用意がある」（Christian Progress in the Land of the Rising Sun）

一方で、サンフランシスコでも生活に行き詰まる。フルベッキはフェリスに書いている。

「子供たちを当地に残していこうか、東部に連れて行こうか、彼等をみな、母と共に米国に残して、わたしだけ日本に戻るべきでありましょうか」（『書簡集』一八七八年〈明治一一年〉一一月一八日）

結局、日本を発ってから一年後の一八七九年（明治一二年）九月にサンフランシスコからフルベッキは単身で日本に舞い戻る。そして翌年、妻と就学前の子供たち（アーサー、エレノア、バーナード）も日本に戻ってくるのである。

目立ちたがらない人

一八七九年（明治一二年）六月一八日、フルベッキはカリフォルニア州オークランドからフェリスに宛てて次のような書簡を送った。

「日本の高校と大学の創設に関する話がどこまで進んでいるかには興味をひかれます。通常の伝道活動に支障がなければ、その計画に大いに賛同するし、私自身も必要とされれば、協力する心づもりはできています。とはいえ、全体的な話としては、大学に関わる全てかほとんどに、日本で初めて働く新しい人たちを大学関係者として迎えた方が、日本のような国の場合、いいという気もしています。私はそうした新しい人たちと働いていきたいのです。ある程度日本に長く住んでいる人たちは全て、日本人による独特の圧力を受けていて、彼らの教育的な仕事における有用性は彼らの評価に大きく依存しています。彼らが教育者としてどれだけ活躍できるかは、新しい人間をどれだけ受け入れるかにかかっています。私はモース教授や同じような懐疑的な人たちの影響を気にしていません。混じりけのない真実と道徳の前では、そんな考えは影響力を持つと思えないからです。

今日の日本で最も重要なことは福音が正しく伝えられることであり、新しい大学でそれが損なわれるようなことがあれば、目標の達成という面から見て、私はその設立には関わらないつもりです」（高谷道男氏タイプ原稿。明治学院大学所蔵）

一八七九年（明治一二年）九月一九日、カリフォルニアから単身日本に戻って東京一致神学校と学習院に復帰したフルベッキは東京からフェリスに書簡を送った。

「手紙の日付から、わたしが旧伝道地に無事到着したことがおわかりでしょう。ここに着いた時のわたしの気持は、暫く留守にしたのち故郷に帰って来たものの心境です。（中略）仕事について言えば、やらなければならぬことがたくさんあります。現在、神学校では説教学と弁証論が割り当てられています。これらをしても、まだ外で、説教をするだけの時間の余裕があります。もしこれらが済みまして、まだ手のあいている時間があれば、至急しなければならぬ翻訳が数多あります」

（『書簡集』）

一八八〇年（明治一三年）五月一二日、フェリスに多忙を極める元通りの生活に戻ってしまったと述べている。

「余分の仕事でも、たまっている仕事に比べて重要でないわけでもありません。例えば日記から転記してみますと、『五月一日、華族学校で二時から四時まで講義、午後七時三〇分芝教会で説教――五月二日午前九時三〇分、麴町教会（聖餐式）で説教、午後二時、下谷教会で説教――五月三日、ミス・ガンブルの学校から現在の家に引越す――五月四日、一八六九年と一八七〇年度卒業の旧開成所の学友及び官吏の前で演説（妻はこれに関する新聞の切抜きをお送りすることでしょう）――五月六日、午後二時、麴町教会新会堂の献堂式で説教――五月八日、午後二時京橋教会で日本YMCAの発会式で演説』」（『書簡集』）

フルベッキは麴町教会で多くの時間を費やし、献身的に働いた。この教会は一八七七年（明治一〇年）に日本基督公会の会員たちによって設立され、奥野昌綱が仮牧師を務めていた。

フルベッキの寛大な性格と気質について――報酬がほとんどなくても意に介さなかった――一八九八年（明治三一年）に米国長老教会のデヴィッド・タムソンがフルベッキを追悼して「目立ちたがらない人の実例」と題した以下の文章を記している。

「現在の帝国大学の創設に協力するため、彼は東京に来ていた。そのことに没頭している間に、東京で最初の教会――新栄教会が八名で組織された。そこから急速に数が増え、すぐに様々な理由で、礼拝所をどうしても建てる必要が出てきた。フルベッキはその必要性を最初に唱え、実行可能だと訴えた人間のひとりだった。彼は私たちの家に、ある日訪ねて来ると、教会の牧師として働いていた私に資金調達プランを話してくれた。その数日後、彼は計画を実行した。私に寄付金の申込書を手渡した。『G・F・フルベッキ、五〇ドル』続いて、『友人、五〇ドル』という申込書もあった。三枚目の五〇ドルの申込書もあった。書類を見た者はみんな、フルベッキが一五〇ドルでなく、五〇ドルを渡したのだと思っていたはずだ。彼の慎み深さは現れている出来事だった。話はうまく進み、彼の助言もあって、かなりの数の外国人、主に大学教授にこの書類を渡すことができた。日本の教会に貢献してくれただけでなく、借金を残さず、一〇〇〇ドル近くする建物を建てることを実現させてくれたのだ。この建物が建つ前後も、フルベッキはすべての教会で安息日も休むことなく、長い期間、バイブルクラスで教えた」（An Instance of Self-Effacemene, *The Japan Evangelist*, June 1898）

一八八〇年（明治一三年）八月三日のフェリス宛の書簡の冒頭でフルベッキは妻と下の子供たちがカリフォルニアから戻ってきたことを伝えた。しかし、実は六男バーナードが船中で亡くなっていた。

「最初赤坊は、乗船後空気の変わったことでややよかったように見えましたが、汽船が北方遥か遠く進むにつれて非常に寒くなりました。その寒さが赤坊に悪かったのです」（『書簡集』）

バーナードの亡骸は横浜で茶毘に付された。カリフォルニアに残してきた子供たちについて、フルベッキは書簡で記している。四人の子供たちは隣人の家に下宿し、長男のウィリアムと二女のエマは高校に通い、二男のチャニングと三男のグスタヴは上の二人が通う高校の予備校に行っている。

そんななか、その年一二月二二日付のフェリス宛の書簡では、こう記している。

「この郵便でミッションの年会の議事録をお届けいたします。この議事録の中には、わたしが米国聖書協会の旧約聖書翻訳の担当者として全俸給をうけることとの決議が記載されております。この協会は数年前、アメリカン・ボードのグリーン博士に対しても、わたしと同様な取り極めをしました。そして、わたしは自分の場合にも、また喜んで、そうする積りでおります。それが実現することを大いに望んでおります」（『書簡集』）

聖書翻訳の担当者として、フルベッキは新たな一歩を踏み出すことになった。

第五章　聖書翻訳

新約聖書

キリスト教の伝来以来、聖書の日本語訳を作るという試みが、さまざまになされてきた。しかし、部分的であったり、漢訳聖書からの重訳であったりするなど、不完全なものであった。その中で聖書完訳に取り組んだ二人のパイオニアがいた。フルベッキと共に来日したS・R・ブラウン、そして日本のキリスト教史に燦然と名を輝かすJ・C・ヘボンである。

ヘボンは明治学院を創設した教育者として、またヘボン式ローマ字の考案者として知られている。もともと米国長老教会の宣教師であり、医師であった。一八五九年（安政六年）に自費で来日して横浜で医療活動を行い、ヘボン塾を開いて近代医学を伝えた。キリスト教の禁教時代にあっては、ブラウンと協力して聖書翻訳に取り組んできた。

一八七二年（明治五年）九月、横浜のヘボン邸で第一回在日宣教師会議が開催される。プロテスタント各教派の互いの友好と協力を深めようとする会合であった。この会議で、新約聖書の翻訳委員会が結成されることになり、ヘボンとブラウンの和訳事業は委員会に引き継がれた。委員には、

新約聖書翻訳委員。左列上から、D・C・グリーン、松山高吉、ネーサン・ブラウン、中央列上から、フルベッキ、J・C・ヘボン、奥野昌綱、P・K・ファイソン、右列上から、S・R・ブラウン、高橋五郎、R・S・マクレー（青山学院資料センター所蔵）

ヘボン（米国長老教会）、S・R・ブラウン（アメリカ・オランダ改革教会）に加えて、D・C・グリーン（アメリカン・ボード）が選ばれた。

翻訳委員会が活動を始めたのは、一八七四年（明治七年）六月である。新たにR・S・マクレー（メソジスト監督教会）、ネーサン・ブラウン[1]（米国バプテスト教会）、J・パイパー（英国聖公会宣教協会）、W・B・ライト（英国海外福音伝道会）らが参加、後者四人は翻訳と補正に従事した。委員会は五年後の一八七九年（明治一二年）一一月三日、全ての翻訳と補正の仕事を終えた。出版は次の順序でなされた。

ルカによる福音書（路加伝）　一八七五年八月
ローマ人への手紙（羅馬書）　一八七六年三月
ヘブライ人への手紙（希伯来書）とマタイによる福音書（馬太伝）（改）　一八七七年一月
マルコによる福音書（馬可伝）（改訂）　一八七七年四月
ヨハネによる福音書（約翰伝）　一八七七年六月
使徒行伝　一八七七年九月
ガラテヤ人への手紙（加拉太書）　一八七八年一月
ヨハネによる福音書（約翰伝）（改訂）　一八七八年五月
コリント人への第一の手紙（哥林多前書）　一八七八年八月
コリント人への第二の手紙（哥林多後書）　一八七八年九月
エペソ人への手紙（以弗所書）、ピリピ人への手紙（腓立比書）、テサロニケ人への第一

の手紙及び第二の手紙（帖撒羅尼迦前後書）　一八七九年六月
ピレモンへの手紙（腓利門書）、ヤコブの手紙（雅各書）、ペトロの第一の手紙及び第二の手紙（彼得前後書）、ユダの手紙（猶太書）、コロサイ人への手紙（哥羅西書）、及び黙示録　一八八〇年四月

（G・F・フルベッキ『日本プロテスタント伝道史　明治初期諸教派の歩み』下）

全ての仕事が完了した一八八〇年（明治一三年）四月一九日、新約聖書の刊行を祝う集会が、東京築地の新栄橋（さかえばし）教会で開かれた。教会内は真剣な眼差しの人々で満員になり、英米の聖公会宣教協会の代表者一四名を始め、東京在住のプロテスタント各派の代表者が臨席した。

まず、米国バプテスト教会のネーサン・ブラウンが、見事な英語で詩篇第一九篇を朗読した。続いて同じく英語で、英国聖公会宣教協会のJ・パイパーが祈禱をささげた。さらに司会を務めるフルベッキが、日本語で講話を行った。そして、翻訳委員会委員で米国長老教会のJ・C・ヘボンが、その日、最も重要な演説を英語で行い、奥野昌綱が日本語に通訳した。詩篇第一一八篇の「これは主のなされたことで、われらの目には驚くべきことである」を引用し、長年にわたる新約聖書翻訳事業の完成を喜び讃えた。集会は奥野昌綱の演説、小川義綏（おがわよしやす）による日本語での祈禱、フルベッキが祝禱して閉会となった。

フルベッキは翻訳記念の集会に参加してはいるが、実は新約聖書の翻訳には加わっていない。なお、フルベッキは一八八一年（明治一四年）に米国聖書協会による新約聖書日本語翻訳のための特別委員に選任されている。しかし、後に旧約聖書の翻訳で大きな足跡を残すことになる。

では、旧約聖書の翻訳はどのように進められていったのか。フルベッキが語っている。

「日本にて聖書翻訳の事は一八七二年（明治五年）九月二〇日横浜にて開きたる外国宣教師の会議に於て新約全書の翻訳委員を設置したることを以て嚆矢とす然に右横浜新約全書翻訳委員の未だ其業を卒へざるに先ち同七六年（明治九年）一〇月三〇日東京なる宣教師の中に於て集会を催ふし東京聖書翻訳委員なるものを置きて専ら旧約全書の翻訳に従事せしむることとなりしが同委員は翌七七年（明治一〇年）一二月一日の集会に於て創世記一章より一一章までを出版することを議決し且つ毎週必ず一回づつ集会を開きて其翻訳に従事し翌明治一一年までは右の有様を以て進み来……」（佐波亘『植村正久と其の時代』第四巻及び『基督教新聞』一八八八年〈明治二一年〉二月号）

この記事から、新約聖書がまだ完成していない一八七六年（明治九年）に旧約聖書の翻訳委員を置くことが決まったが、本格的に事業が始まるのは、外国人宣教師が増加してきた一八七八年（明治一一年）五月の会議以降であったことが分かる。

一八七八年（明治一一年）一〇月二三日に定められた常置委員は以下である。

「博士エス、アール、ブラウン氏（リフォームド）博士ナサン、ブラウン氏（浸礼）博士ヘボン（長老）博士デー、シー、グリイン氏（コングレゲーション）クインビー氏（米監督）博士マクレー氏（メソヂスト）博士カクラン氏（カナダ、メソヂスト）パイパル氏（英国教会）ライト氏（同上）ワデル氏（北英長老）博士クレツカル氏（福音教会）ゴブル氏（浸礼）」（佐波亘『植村正久と其の時代』第四巻及び『基督教新聞』一八八八年〈明治二一年〉二月号）

彼ら以外に、その後翻訳委員として、ファイソン、デニング、デヴィッドソン、ブランケット、タムソン、ウィリアムズが加わった。フルベッキがさらに述べている。

「此れに一の新たなる方法を求め千八百八十二年（明治一五年）の一月に於て常置委員中より互選を以て三名の翻訳委員を命じたり。乃ち右当選したるは博士ヘボン氏、ファイソン氏、博士フルベッキ氏なり。（中略）然るに此三名の翻訳委員は又た選ばれて訂正委員の任をも受けたり」（佐波亘編『植村正久と其の時代』第四巻）

旧約聖書の翻訳は一八八八年（明治二一年）に完成する。それまでに委員会において翻訳を終えた各章は分冊の形で逐次刊行された。各分冊の翻訳者と刊行年を以下に掲げる。

一八八二年（明治一五年）
約書亜書（ファイソン訳）、約拿書・哈基書・馬拉基書（パイパー訳）、箴言（ヘボン訳）

一八八三年（明治一六年）
創世記（タムソン、ファイソン訳）、撒母耳前後書（ファイソン訳）、列王紀略上（ファイソン訳）、耶利米亜記（ヘボン訳）

一八八四年（明治一七年）
士師記・路得記（ファイソン訳）、列王紀略下（デヴッドソン、ヘボン訳）、以西結書・出埃及記・伝道之記・利未記・民数紀略（ヘボン訳）

一八八五年（明治一八年）
申命記・但以理書・何西亜書・亜摩士書・阿巴底亜書・米迦書・拿翁書・哈巴谷書・西番雅

書・撒加利亜（ゼカリア）書（ヘボン訳）

一八八六年（明治一九年）

約百（ヨブ）記・雅歌・以士帖（エステル）書（ヘボン訳）、哀歌（井深、ヘボン訳）

一八八七年（明治二〇年）

歴代志略上下・以士喇（イズラ）書・尼希米亜（ネヘミア）記（ファイソン訳）、以賽亜（イザヤ）書（植村、ファイソン訳）、詩篇（フルベッキ訳）

同年再版に係る分

創世記・約書亜（ヨシュア）書（ヘボン、ファイソン訳）、箴言（ヘボン、フルベッキ訳）、約拿（ヨナ）書・哈基（ハガイ）書・馬拉基（マラキ）書（ヘボン訳）

フルベッキは、これまで述べてきた委員の他に、翻訳に協力した日本人として松山高吉、高橋五郎、奥野昌綱、植村正久、稲垣信等の名前を挙げている。

フルベッキが旧約聖書の翻訳を委嘱されたのは、一八八一年（明治一四年）のことであった。同年七月二七日、フルベッキは翻訳に関し、並々ならぬ自信をのぞかせる書簡をフェリスに宛てて送っている。

「日本語の旧約聖書翻訳に関して（中略）――わたしのヘブル語の力についてあまり申し上げたくありませんが、十分やって行けると思っています。（中略）

わたしはまたドイツ語訳、オランダ語訳、フランス語訳の聖書を所持しています。これらの外国語はわたしには母国語のようなものですから、わたしは今、かなり辞書や、文法書や、コンコーダンスや注解書にたよらなければなりません」(『書簡集』)

また、同年九月九日のフェリス宛書簡で、ようやく翻訳に着手したことを報告している。さらに翌一八八二年(明治一五年)一月、フルベッキは、ヘボンとP・ファイソン(英国聖公会宣教協会)と共に、互選で翻訳委員と同時に翻訳事業を束ねる翻訳訂正委員に選ばれた。

明治学院

フルベッキの旧約聖書翻訳の仕事は、五年もの長きにわたっていく。その一方で、一致神学校で教鞭を執り、伝道活動も始めていた。

一八八三年(明治一六年)四月、フルベッキは大阪宣教師会議で「日本におけるプロテスタント宣教の歴史」と題した講演を行っている。その内容は後日翻訳が出版された(『日本プロテスタント伝道史　明治初期諸教派の歩み』上・下)。

「日本におけるプロテスタント・ミッション史の作成が求められ、宣教師間の全員一致でフルベッキ博士にこの仕事が委ねられた。彼は不本意ながら承諾した。先ず、彼は一八八二年一一月二〇日に回状を印刷し、歴史、教育、医学、文学などの論題で資料の提出を要請した。受け取った資料の大半を整理するのに数ヵ月を要した。(中略)歴史的な事柄は、一八八三年に開かれた有名な集会、大阪宣教師会議で報告された。印刷されたものは一九に及ぶ各会派の所属宣教師数、教会数、男女別会員数、学校や病院などに関する詳細な統計を含む一八三ページからなる。年度毎の統計の概要作成は横浜のヘンリー・ルーミス師が引き継ぎ、きわめて重要な年報になっている」(*Verbeck of*

Japan)

また、この『伝道史』の末尾でフルベッキは、編纂過程での妻マリアの献身的な協力に謝意を表している。

一八八六年（明治一九年）二月には、日本基督一致教会の新撰讃美歌委員に選ばれている。日本基督一致教会は一八七七年（明治一〇年）一〇月三日に改革派や長老派等の会派を合併して設立された。

一八八六年六月、ブラウンが運営していた一致神学校、ヘボン塾の後身である一致英和学校及び服部綾雄経営の神田英和予備校の三校が合併して、東京白金に明治学院となることが決定した。翌年九月一五日に開校した。

フルベッキは初代理事員に選出され、井深梶之助（明治学院二代目総理）の後を受けて理事員議長も務めた。また神学部の教授として、旧約聖書釈義、新約聖書所論、説教学などを教えた。

その頃の明治学院の様子を、学院の出身者で牧師の鷲山弟三郎（わしやまだいざぶろう）が記している。

「当時は殆んど人跡さへ絶えた頗る寂寥な所であった。（中略）その庭園の密林には狐狸が少なからず棲んで居た。夜など始終その鳴声が四辺の寂寥を破っていた。又西南の現在の岡崎邸の在る辺りから、今里の高台にかけては、旧南部藩の鴨池屋敷で天を摩する樫や欅の大木が鬱蒼と立並んでいた。奥の方に広い池などもあった。鴨の集まることは莫大なもので、宮城の壕と何かの連絡があったものか、半蔵門の下に鴨の群れる時にはこの池が寂しくなり、向こうの鴨が減じた時にはこの池に群がるという事であった」（鷲山第三郎『明治学院五十年史』）

明治学院礼拝堂前のフルベッキ記念碑。1955年（昭和30年）頃、村田四郎学院長（当時）の発案によって建立された（学校法人明治学院提供）

現在も都会の喧騒とは隔絶された静かな東京・白金の明治学院大学キャンパスだが、当時は周辺には鬱蒼とした広大な森が広がっていた。周囲に家らしいものはなく、近くには瑞聖寺の屋根が見え、樹間に梵鐘を毎夕響かせていたという。

一八八七年（明治二〇年）の夏、普通学部校舎及び講堂のサンダム館や、寄宿舎のヘボン館などの学舎が建築されつつあった頃、普通学部一年に島崎春樹という名の学生が入学した。後の藤村、その時一六歳である。藤村の自伝的小説『桜の実の熟する時』には、明治学院に在学中の体験が描かれている。

主人公捨吉は、同級生の菅と夏期学校に参加した。

「天井の高いチャペルの内部（なか）には、黄ばんだ色に塗った長い腰掛に並んで溢れるほどの人が集った。一致派、組合派の教会の信徒ばかりでなく、監督教会、美以美（メソジスト）教会に属するものまでも聴きに来た。捨吉等の歴史科の先生で、重いチャペルの扉を音のしないように閉め、靴音を忍ばせながら前へ来て着席する亜米利加人の教授もある。その後に捨吉は友達と腰掛けた。S学士の講演にかぎって、その内容の論旨を列（なら）べた印刷物が皆に配布された」

（島崎藤村『桜の実の熟する時』）

印刷物には「希臘（ギリシャ）道徳より基督教道徳に入るの変遷」と記されていた。

S学士とは、「日本のカント」と言われ後世にも影響を与えた哲学者の大西祝（おおにしはじめ）のことである。操（そう）

山の号を持っていたため、作中でS学士とされたのである。

藤村は後に母校の校歌を作詩している（作曲は前田久八）。

人の世の若き生命のあさぼらけ
学院の鐘は響きてわれひとの胸うつところ
白金の丘に根深く記念樹の立てるを見よや
緑葉は香ひあふれて青年の思ひを伝ふ
心せよ学びの友よ新しき時代は待てり
もろともに遠く望みておのがじし道を開かむ
霄あらば霄を窮めむ壌あらば壌にも活きむ
ああ行けたたかへ雄雄しかれ
眼さめよ起てよ畏るるなかれ

「かくして世上幾多の『藤村論』がむしかえされ、その多くは彼の面皮をはぎ、死屍に鞭うつ底の痛烈さであるにも拘わらず、なお且つ私はその出世作『破戒』に見るヒューマニズムの精神と、『桜の実の熟する時』に描かれた学窓時代の回顧と、『新生』に於けるなやみと告白とを貫いて、やはり島崎春樹がその母校で育まれた白金学園初期の歴史的精神に一脈のつながりのあることを指摘したいのである。

カルヴィニズムとロマンチシズムの二つの流れの間に彷徨しながら、四年の学窓生活を彼は馬場や戸川と共にすぎ去って行った」（高谷道男『ドクトル・ヘボン』）

島崎藤村（一八七三～一九四三）は、詩集『若菜集』や、小説『破戒』、『夜明け前』で知られる自然主義文学の大家である。『桜の実の熟する時』とほぼ同時期に発表された小説に『新生』がある。血縁のある姪と関係を持った実話をもとにした作品で、このため藤村は世間から厳しい非難にさらされることとなった。先の引用文中の「死屍に鞭うつ」とは、藤村の死後も非難が続いていたことを示している。

詩篇

フルベッキが旧約聖書の翻訳で担当したのは、主として詩篇とイザヤ書であった。詩篇は一五〇篇あるが、そのうちの一〇七篇を翻訳した。残りの四三篇はC・M・ウィリアムズ(2)が担当している。ウィリアムズは米国聖公会の宣教師で、立教学校（後の立教大学）を設立した人物である。フルベッキはアメリカ・オランダ改革教会の宣教師だったが、フルベッキの子供たちは、ウィリアムズの所属する聖公会に入った。長男ウィリアムと二女のエマ、二男のチャニングは、長崎時代にウィリアムズから信徒按手と呼ばれる儀式を施されている。

次の書簡は、フルベッキからウィリアムズに送られたもので、ウィリアムズの遺品の中から発見された。この書簡が二人の友情の一端を示すと共に、詩篇が二人の協力によって翻訳されたものであることを示している。また、いかに二人が翻訳において苦心したかを窺うことができる。

「我親愛する監督〈ウィリアムズ〉、
小生が希伯来〈ヘブライ〉の原文の如く飜訳したる詩第三九篇を、御受領あらんことを請ふ。小生は或る諸点を除くの外は、既に貴君の飜訳せられたるものに、一致せしめんことを力め申候。固より貴君が汝の語に代ゆるに主、をもての語に代ゆるにて、しめに代ゆるにさせを使用せられたることを了解致申候。然れども多分貴君の望ませらるゝ如き、尚ほ変更致され申候時には、何卒後に御通知被下度奉願候。

末節に関し小生が典拠とすべきものは、悉く“look away from me”と訳するを至当の如く解せしめ申候。然らば『我を不問にし給へ』（使十七〇三十）と、謂ふ語よりも近き意義ある語を発見し、若くは考ふることさへ出来不申候。我を不問し給へば、我を不問にし給へと異り、且かくしては適合せぬ様相考へ申候。此節の真の意義に関し、小生は路十三〇八を回想致申候、“Lord let it alone（貴君の用語）This year alose”かく埋葬式文にも使用有之候。[3] 不問といふ語は小生には美はしく被感申候。怒（をこりて）、若くは怒りて、若くは睨み等の語を、『むかひ給ふ勿れ』の前に挿入せば、宜しからんかと奉存候。

千八百八十一年十月三十一日

信実なる友

シ、エフ、フルベツキ」

（元田作之進『日本基督教の黎明（老監督ウィリアムス伝記）』）

「書簡の後半でのフルベッキの主張は、13節のヘブライ語原文の『ハシャア（目をそらせ給え）メミニ（私から）』を英訳の「spare me」（お助けください）のように理解するより、「Lord away from me」と理解するのが正しいとし、それは日本語では『みすぐす（不問）』というのに近いというのである。また、原文はルカによる福音書の「Lord let it alone. This year also」（13・8）と同様の意味であって、『我を不問にし給へ』ということとは異なる。したがって、『怒りて（怒りて・睨みて）むかひ給ふ勿れ』などと訳すのも可能であろうと言うのである」（吉野政治『明治元訳聖書成立攷』）

フルベッキによる詩篇翻訳は後に高く評価される。その一因となったのが、フルベッキの音楽に対する素養である。ザイストに在住していた青年フルベッキが、音楽の勉強を続けるために叔父ハインリッヒ・ウィルヘルム・モリッツ・フェルビークに借金を申し込む書簡を送ったことは、第一章ですでに述べた。ブドウ園を営む裕福な叔父さんにフルベッキは勇気をふりしぼって手紙を書いたのである。

宣教師になってからも音楽に対する情熱は衰えることはなかった。そしてその音楽の才能は、聖書翻訳や讃美歌の編集などに生かされることになる。

『明治学院五十年史』に掲載されたフルベッキの詩篇の原稿は、ローマ字で書かれており、訂正箇所がところどころ、黒々と残っている。最初は黒インクで書かれ、それを赤インクで訂正し、更に紫インクや青鉛筆で推敲訂正した。

この原稿を読んだ感激を明治学院大学の鷲山弟三郎は『明治学院五十年史』の中に次のように記している。

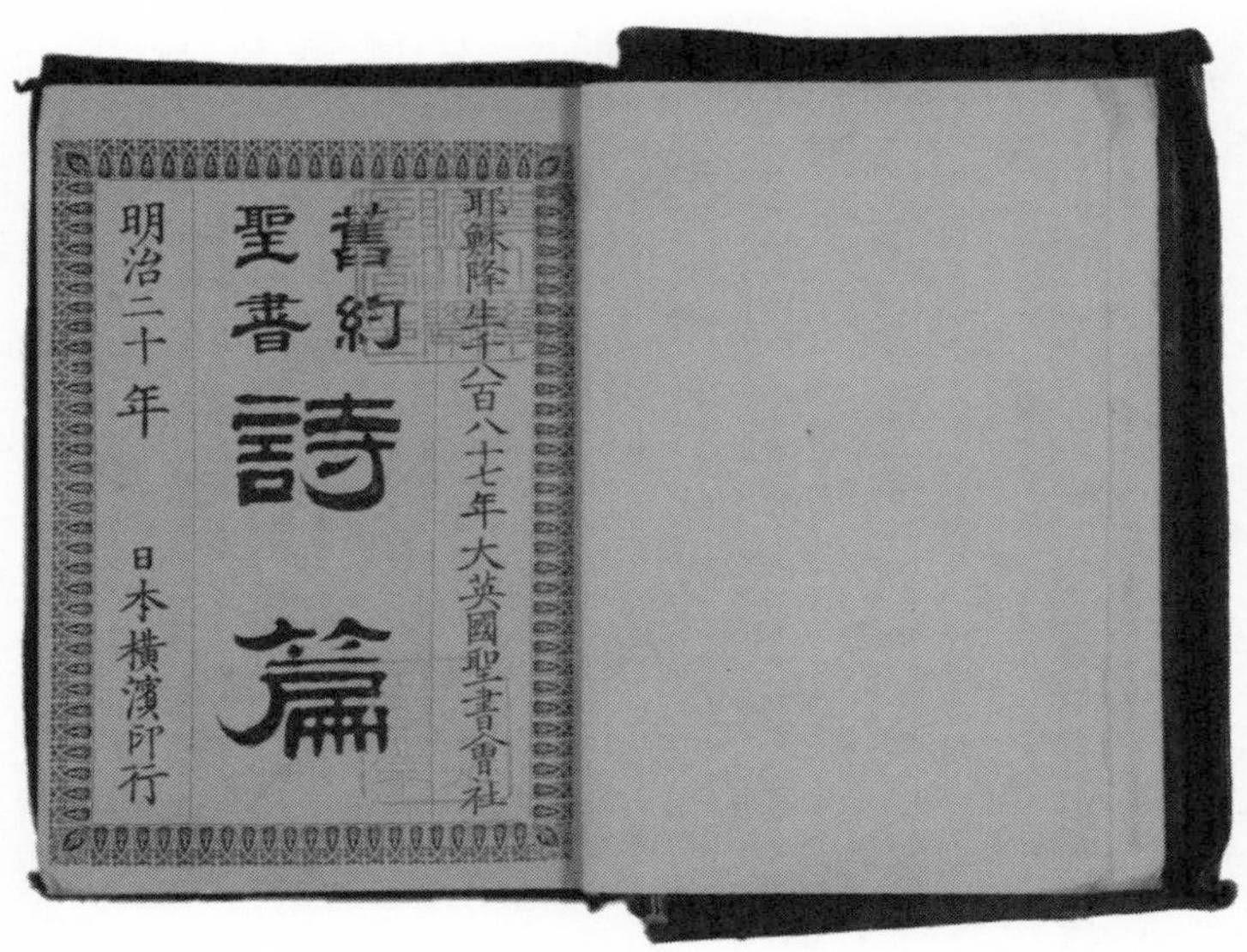

『旧約聖書　詩篇』。フルベッキがローマ字で書いた翻訳原稿（明治学院所蔵）が基になっている（青山学院資料センター所蔵）

「殊に、詩篇十九篇や二十三篇の如きは全面錯雑紛綜して、殆んど字句を追ふに苦しむ程であるが、残されたローマ字句を辿り辿つて見ると、我々の読みなれた聖書のあの名文が殆んど其の儘に現われて来る。何といふ努力何といふ忠勤入念であらう！　感激の涙なくして誰が之を凝視出来るか。信仰である、献身である、霊感である。そこに出生地は西欧であり修学の地は北米であらうとも、東洋の言葉しかも複雑極りなき日本語を以て、淑清流麗の古今の名文が氏のペン先から流れ出でた。信仰か霊感か。天与の才能か全くヴァベッキ氏が詩篇に表した文章は到底我々日本人でさへも追従し得ないものがある」

旧約聖書の詩篇は、神の栄光を讃美する頌歌と、神に救いを求める嘆きの歌からなり、もともと歌唱されるべきものである。キリスト教徒が拠り所とする聖典は主として新約聖書であるが、詩篇は新約聖書にも多く引用されており、また、神に感謝を捧げる祈禱文にも用いられてきた。

語学と音楽の才能にあふれ、日本語にも堪能なフルベッキは、この詩篇を格調高い文語体で律した詩として、また、美しく高らかに歌い上げるための歌として仕上げたのである。

井深梶之助は、フルベッキの業績をこう賛美した。

「実に日本語詩篇は氏〈フルベッキ〉が吾人日本人に遺したる所の賜の一にかぞへざるべからず（中略）先生が刻苦丹誠したる詩篇は幾百年の後に至るまで、益す多くの日本人に愛読せらるべし。先生が南船北馬、夜に日を継ぎて伝播したる福音の種は、必ならず発生して或は十倍となり、或は六十倍となり、或は百倍とならん」（『福音新報』一八九八年〈明治三一年〉三月一八日号）

グリフィスもフルベッキ訳を賞賛している。

「フルベッキの詩篇の翻訳における業績は、無比の富士のようである」（*Verbeck of Japan*）

彼の詩篇の翻訳の例を見てみよう。フルベッキの最終訳では、イザヤ書第五章の冒頭は次のようになっている。

> 第五章
>
> われわれが愛する者のために歌をつくり我があいするものの葡萄園のことをうたはん、わが愛するものは土肥えたる山に一つの葡萄園をもてり
>
> 彼その園をすきかへし石をのぞきて嘉きぶだうをうゑ、其なかに望楼をたて酒搾をほりて嘉き葡萄のむすぶを望みまてり、然るに結びたるものは野葡萄なりき
>
> さればエルサレムに住めるものとユダの人よ請ふなんぢら我とわが葡萄園との間をさばけ
>
> わが葡萄園にわれの作したるほか何のなすべき事ありや、我はよきぶだうの結ぶを望みまちしに何なれば野葡萄をむすびしや
>
> 然れば我わが葡萄園になさんとすることを汝等につげん、我は葡萄園の籬笆をとりさりてその食ひあらさるるにまかせ、その垣をこぼちてその践みあらさるるにまかせん
>
> （『文語訳　旧約聖書　Ⅳ　預言』）

次に詩篇第五三篇の訳文（フルベッキによりローマ字で書かれた原稿の写し）と一八八七年（明治二〇年）に『旧約聖書詩篇』として横浜から出版されたものを比べてみたい。

第五三篇（原稿の写し）

○おろかなるものは、その心のうちに神なしといへり。かれらは邪にして憎むべきとがをなせり。善きを行ふ人なし。

○神は、さとき者と神をとがむるものと、あらやあらぬやを見んとて天より人の世を見下したまへり。

○かれらは皆背き、かれらは悉くけがれ、善きことをなすものなし。

○あしきことを行ふものは知覚なきか。物をくらふるが如くわが民をくらひ、又神を呼ぶ事をせざるなり。

○かれらは、おそるべきことのなかりし時にもおそれたり。そは神は汝をかこみしものゝ骨をちらしたまへばなり。神はかれらをすてたまひければ、汝、かれらをはづかしむべし。

次は文語訳『旧約聖書　詩篇』第五三篇である。

愚かなるものは心のうちに神なしといへり、かれらは腐れたりかれらは憎むべき不義をおこなへり善をおこなふ者なし

神は天より人の子をのぞみて、悟るものと神をたづぬる者とありやなしやを見たまひしに

みな退ぞきてことごとく汚れたり、善をなすものなし一人だになし

不義をおこなふものは知覚なきか、かれらは物くふごとくわが民をくらひ、また神をよばふことをせざるなり
かれらは懼るべきことのなきときに大におそれたり、神はなんぢにむかひて営をつらぬるものの骨をちらしたまへばなり、神かれらを棄て給ひしによりて汝かれらを恥かしめたり

多少の異同はあるものの、フルベッキの翻訳はほぼそのまま生かされている。フルベッキは、訂正委員たちにほとんど改訂の必要がないと評価されるような高い精度の訳文を仕上げていったのである。

ヘボンはフルベッキの能力を高く評価していた。それは『ヘボン書簡集』からも知ることができる。ヘボンはラウリー博士（米国長老教会）に宛て次の書簡を一八八四年（明治一七年）一二月二六日に送った。

「旧約聖書の翻訳に関して、わたしは過去三カ年にわたり、ほとんど全力をつくしましたが、その仕事は予想どおりにはいきませんが、少しずつはかどっていますので、非常に嬉しく存じます。全く二十五年以上もたった今日、なお日本語の新旧約全書がこの国民に与えられていないということは、この国における宣教師全体が非難されてもしかたがありません。（中略）また日本人の助手はキリスト信徒で、英学と漢学との素養もあり、仕事に熱心な人でありましたし、そういう人を得ることができたという大きい利益もあったのです。英語の聖書をよみ、充分にこれを理解する能力があるということは聖書翻訳にあたってすばらしい助けであります。（中略）

御承知のように、フルベッキ博士とファイソン師とわたしだけが、この翻訳事業に従事しています。ファイソン師は、去る三月以来、イギリスに帰ってしまい、フルベッキ博士は、ウィリアムス監督と一緒に、詩篇の翻訳に専念し、イザヤ書もやっております。本年の初めからわたしはエゼキエル書を第二十七章からやっており、その他、出エジプト記、レビ記、民数紀略、列王記略上下、伝道の書をも訳しました。以上の諸書は、歴代志略上下と列王記略上下を除き、フルベッキ博士が、改訂いたしました。わたしは、またファイソン氏の翻訳した士師記を改訂しました」(『ヘボン書簡集』)

その二年半後、ヘボンはジョン・ギレスピー博士（米国長老教会）に書簡を送った（一八八七年〈明治二〇年〉五月八日付)。

「聖書に関するわたしの仕事は、まだ終っておりません。今のところ主として翻訳委員の他のメンバーの翻訳したものを訂正しております。こうしてわたしは元日以来、民数紀略、エズラ書、ネヘミヤ記、イザヤ書、ヨシュア記、出エジプト記をやり遂げてきました。そして数日のうちにフルベッキ博士の詩篇の翻訳に進む予定です。もう二、三カ月のうちには聖書の翻訳、出版の事業を完了する予定です。この仕事が終ってしまったら、もうやることがなくなるので、わたしの顔を故郷の方に向けなければならなくなります。けれどもわたしどもの一致英和学校はわたしをその総理に選びました」(『ヘボン書簡集』)

さらにその半年後、ヘボンは再びギレスピー博士に書簡を送った（同年一二月二八日付)。

「わたしの仕事、主として旧約諸書の翻訳と出版は、委員会と共同でやったものです。この委員会は神学博士G・F・フルベッキと、P・K・ファイソン師とわたしとで成り立っており、旧約聖書の残り全部の諸書の翻訳と訂正を終り、聖書協会の援助によって、出版いたしました。（中略）こうして新旧約諸書の翻訳出版事業は完成し、聖書は今や日本語で日本人の手にわたるようになりました。他国語のものと比べて見おとりのない立派な忠実な翻訳であるとわたしは信じています」（『ヘボン書簡集』）

旧約聖書は、分冊にされて一八八二年（明治一五年）から順次刊行された。完成は一八八七年（明治二〇年）である。聖書翻訳委員会の発足が決まってから、一五年もの年月が経過していた。

美しい文語文

フルベッキは、常置委員ではなかったが、尊敬するウィリアムズと密接な関係を持ちながら、詩篇の訳業を進めた。松山高吉や植村正久などの助けを得ながら、一八八七年（明治二〇年）、ついに旧約聖書は刊行された。

「古典語にも通じたフルベッキは、ヘブライ語から詩篇を訳して名訳といわれたが、それは朗読してみると分かる」（太田愛人談）

なお、詩篇のうち七八篇から一二〇篇まではウィリアムズが訳したものであるとフルベッキは語っている。『日本基督新栄教会六十年史』中に明治初年の頃、デヴィッド・タムソン[4]が和訳を試みた詩篇とその原稿が載っている。フルベッキ訳と共に紹介しよう。

第三二篇（タムソン訳）

ダビデの訓教の歌

一　過(あやまち)のゆるされし罪の蔽(おおい)し者は福(さいわい)なり

二　エホバは之に罪と思ふまじ其霊に 詐(あざむき) 有ぬ人は 福(さいわい) なり

三　我は緘黙(かんもく)し時我が骨はふるくなり毎日我が呼にて

四　蓋(けだし)ひるよる爾の手は我が上に重し我が潤沢は夏の旱(ひでり)に変たり

五　我が罪をば我爾に知らさん、我が愆(あやまち)をば我は蔽(おおわ)ざりし。我は云我は我が過をエホバに知らさん、爾は我罪の愆(あやまち)を宥(ゆる)せり　スイラ（セラ）

（『日本基督新栄教会六十年史』所載）

第三二篇（フルベッキ訳）

ダビデの訓諭(をしへ)のうた

一　その愆(とが)をゆるされ、その罪(つみ)をおほはれしものは福(さいは)ひなり

二　不義(ふぎ)をエホバに負(おは)せられざるもの心(こころ)にいつはりなき者(もの)はさいはひなり

三　我(われ)いひあらはさざりしときは終日(ひねもす)かなしみさけびたるが故(ゆゑ)にわが骨(ほね)ふるびおとろへたり

四　なんぢの手(みて)はよるも昼(ひる)もわがうへにありて重(おも)し、わが身(み)の潤沢(うるほひ)はかはりて夏(なつ)の旱(ひでり)のごとくなれり、セラ

五　斯(かく)てわれなんぢの前(みまへ)にわが罪(つみ)をあらはしわが不義(ふぎ)をおほはざりき、我(われ)いへらくわが愆(とが)をエ

ホバにいひあらはさんと、斯るときしも汝わがつみの邪曲をゆるしたまへり

（『文語訳　新約聖書　詩篇付』）

詩篇第三二篇はローマ・カトリック教会から分離し、プロテスタントが誕生した際の中心人物であるマルティン・ルター（一四八三〜一五四八）がパウロ的詩篇と名付けた（第三二、五一、一三〇、一四三篇）の一つで、「人が救われるのは信仰による」という信仰義認を唱っていることで有名である。フルベッキも力を入れて翻訳した。また同時に第六、三八、一〇二篇を加えて七つの悔い改めの詩篇とも称されている。タムソンはレバノン教会（角筈、後の高井戸）で宣教師を務めた人物だが、聖書の翻訳ではそれほど業績はない。フルベッキ訳が遥かに優れているのは、原典ヘブライ語を参照し、極力本文に忠実に従っているところである。

まず、一節のタムソン訳では「蔽し」をフルベッキは「おほはれし」と受動形で訳している。次に、罪、咎（漢字を別にして）、の使い分けについてはフルベッキ訳が現在まで変更されることなく使われている。罪とそれがもたらす結果とを見極めて訳している。三節は原典でも分かりにくい箇所であるが、フルベッキは独自に解釈している。そして、この意訳は現在も引き継がれている。四節では罪の告白によって癒される方向が示唆されているが、タムソン訳は不明瞭だ。総じてフルベッキ訳はほとんど現在まで受け継がれ、受け入れられている。

このようにフルベッキが訳した美しい文語文は、多くの文学者に影響を与えた。島崎藤村（『落梅集』）、石川啄木（「牧舎の附」）、夏目漱石（『三四郎』）、太宰治（『正義と微笑』）などにその影響

が見られる。

「植村正久らが協力した旧約聖書の『詩編』や『雅歌』は、ただの聖書の翻訳にとどまらず、文学作品とまでみなされるほど、明治期の新体詩をはじめとする日本の近代文学に少なからぬ影響を与えた」（『文語訳　新約聖書』解説・鈴木範久）

堀辰雄の『風立ちぬ』の終章は「死のかげの谷」と名付けられているが、フルベッキ訳の詩篇（第二三篇四節）によっている。

「たとひわれ死のかげの谷をあゆむとも禍害(わざはひ)をおそれじ、なんぢら我とともに在(いま)せばなり」

この詩句について、堀辰雄は妻多恵子へ軽井沢から手紙（一九三七年〈昭和一二年〉一二月三〇日付）を送った。風邪を引いたという妻の容態を気遣いながら、新作のタイトルについて言及している。

「死のかげの谷といふ題――詩篇第二三篇四節にあるValley of the shadow of deathをそのまま付けたんです」（堀多恵子編『堀辰雄　妻への手紙』）

Valleyの綴りを確認するために川端康成からもらった英語の辞書を引いていたら、詩篇の文句が出てきたのだという。偶然だというが、堀辰雄は聖書に日頃から親しんでいたことが分かる。

「堀辰雄は聖書を実によく読んでいた。そのなかでも詩篇には特別に親しんでいた痕跡がある。たとえば、蔵書中の『旧約聖書　詩篇全』には、傍線やカッコに加えて書き込みもみられる。文字のはっきり読める言葉とその場所を示すと、一六篇一〇節『そは汝(なんじ)わがたましひを陰府(よみ)にすておきたまはず、なんぢの聖者を墓のなかに朽(くち)しめたまはざる可(べけ)ればなり』には、傍線のうえ『徒(いたず)らに墓の中に朽ちざる希望をうたへり』と記している。第二三篇では、全体の半分ほどに傍線があり、加えて傍線で囲った言葉が見出しの『第二三篇』と、文中の『エハボはわが牧者なり』と『死のかげの谷』である。『死のかげの谷』は、すでに聖書をとおして知悉していた言葉と思われる」（鈴木範久『聖書を読んだ30人　夏目漱石から山本五十六まで』）

聖書翻訳に深く関わりながら、フルベッキは一方で彼が愛した讃美歌の翻訳にも貢献した。『日本プロテスタント讃美歌・聖歌史事典　明治篇』『讃美歌・聖歌と日本の近代』の著者、手代木俊一は言う。

「フルベッキはオルガンが弾けたし、讃美歌の選曲や校訂などに大きな役割を果したといえる」

フルベッキの名前が、以下の讃美歌集に見える。

一八八一年（明治一四年）八月に刊行された『讃美歌　全』（翌年六月にその改訂版が刊行された）、そして『七一雑報』（一八八二年五月五日、一二日）には、「『賛美歌　全』定価十二銭」のとなりに、「『同附録　楽譜　全』ボルベッキ（フルベッキ）教師校閲」の広告が掲載されている。

また、『新撰讃美歌［譜附改訂版］』（一八九〇年〈明治二三年〉一二月）は一致教会と組合教会による教派連合讃美歌集で、讃美歌委員にフルベッキが名を連ねている。

一八八二年（明治一五年）に来日した教会音楽家のG・オルチンは、楽譜の印刷のために活字の原型をボストンから輸入し、フルベッキと共に讃美歌を編集し、楽譜を編纂した。オルチンは書簡（アメリカン・ボード本部海外伝道主事クラーク宛一八八七年〈明治二〇年〉一一月七日付）にこう記している。

「讃美歌集の編集の仕事は、選曲、編曲、翻訳、適当な曲の選定と同時にわたしの上に降りかかっています。まったく些細な仕事というものはありません。わたしは自由に、あらゆる助言を与えてくれる宣教師の意見を聞きました。クリスチャンは讃美歌集の出版に関して忍耐強くなりました。（中略）委員会の他のメンバーであるヴァーベック（フルベッキ）博士は、彼の学識故に、他のメンバーの仕事の再検討と訂正という非常に貴重な仕事をしています」（手代木俊一『日本プロテスタント讃美歌・聖歌史事典　明治篇』）

当時、詩といえば「漢詩」だったが、讃美歌は平易な表現で、七五調、押韻の法による新体詩風に翻訳され、キリスト教徒のみならず多くの人に愛唱された。

フルベッキは「基督教は西洋の宗教ではなく万民の宗教である」と聖書を通じて語っている。

「基督教の教祖すなはち耶蘇基督はパレステナといふ東洋国に生れ。その内に一生をおくりまして。そこで死なれたのでござります。耶蘇基督が生涯一度も亜細亜と欧羅巴との国境をこえて西洋の土地を踏み給ふた事はまばたきのまもござりませぬ。（中略）基督教の本文。すなはち旧約聖書や新約聖書に見えたる地名人名又は其文体や譬話などのところを吟味して置きますれば。猶基督教の西洋たるものでなく。東洋たるものであることはあきらかになります。（中略）さて基督教が元来万民のためのものなりといふことは。基督教の一切の本文により。殊に基督御自分の御言葉によつて見れば。たしかな事でござります。基督の申されるには。『それ神はその生み給へる独子を賜ふほどに。世の人を愛し給へり。此は凡て彼を信ずる者に亡ぶることなくして。永生を受しめんが為なり』（約翰伝第三章第一六節）と申された。神は或は東洋人。或は西洋人を愛し給へるではなく。世の人すなわち天下の万民を愛し給へるでござります。故に右のすべても東西に拘はらずして万民のすべてにあたります。又或時主耶蘇が説法の事を農夫の種蒔く事に喩へられて。『美種を蒔くものは人の子（基督をいふ）なり。畑は此世界なり』と仰せられた。（馬太伝第一三章第三七節および第三八節）此教の道。すなはち基督教の種（路加伝第八章第一一節）を受くべき畑は或は東洋の土地。或は西洋の土地でなく。世界中の万国なりと仰せられた。又は主耶蘇が世を去らるゝ少し前に。其御弟子達に様々の命令を出だされて。『爾曽ゆきて万国の民を弟子とし。且わが凡て爾曽に命ぜし言を守れと彼等に教へよ』と仰せられた事がござります。（馬太伝第二八章第一九節および第二〇節）是等の明文を見れば。基督教がもとより万国万民のために出来たものなりといふことは明白でござります」（G・F・フルベッキ『基督教に関する誤解を弁ず』）

まさに宣教師の面目躍如たる主張である。しかし、キリスト教が万民の宗教であるとしても、万民に宗教を説くには、その教えが万民の理解できる言葉でなされなくてはならない。すなわち、それぞれの国、それぞれの民族の言葉で教えを説く必要があるのである。このため日本で宣教するためには、日本語訳聖書を作ることが不可欠だった。このフルベッキの文章中には、福音書など聖書からの引用が散りばめられている。

ヘボンやフルベッキらによる長年の努力は実を結び、日本語訳聖書の言葉を自由に用いながら伝道を行う準備が、ようやくにして整ったのであった。

第六章

伝道者

信州伝道

一八八〇年（明治一三年）一〇月二四日、フェリス宛の書簡で、フルベッキはこの頃の心境を語っている。

「少なくとも年に一回わたしは、天皇陛下に拝謁することを許され、年に数回国家の行事に招待されます。大学（以前の開成学校から発展した）当局は毎年の行事（同封の来週土曜日の招待状の如き）には必ずわたしに名誉ある場所を与えてくれます。（中略）わたしは事実上、地震学会[1]の会員でした。（特別な招待でしたが入会金を一〇ドル払いました。）しかし、わたしは最初ではなかったが、初期の実験者（種々設置された振子を使って地震の方向や強度を測定する）の一人と認められていますが、まだどうしても会に一度でも出席しようという勇気がでません。（中略）わたしはむしろ現状を、これらの上流階級の人々にキリストの富を立派に適切に宣布するために自分自身を用意し、その資格をうるよう苦労すべき時であると考えます」（『書簡集』）

フルベッキは類稀な才能の持ち主であった。本人の言葉によれば、

「余は三事を能くす。曰く教授、曰く翻訳、曰く演説、此中演説は余の尤も好む所なり」（『植村正久と其の時代』）

フルベッキは演説（講話）が最も好きなのだと述べている。

明治学院第二代総理（学院長）の井深梶之助はフルベッキの演説を何度も聞いている。井深は「君の演説の妙を得たるは何人も許す所なりき」（『護教』三四七号、一八九八年〈明治三一年〉三月一九日）と語った。

明治期の言論界の名士の番付表『東京演説社会人名一覧』（一八八一年〈明治一四年〉三月二八日出版、早稲田大学図書館所蔵）には大隈重信の創設した早稲田大学の前身、東京専門学校の開校式で「学問の独立」を提唱した小野梓や、『学問のすゝめ』で「独立自尊」を唱えた慶應義塾創設者の福沢諭吉らと共にフルベッキの名があげられている。フルベッキの名は「特別」枠で記載されており、その演説の評判は世に聞こえていた。

フルベッキは宣教師の中でもタムソンやミラーなどと同じように日本語に熟達しており、その語学の才が最も発揮されたのが、伝道活動であった。他の宣教師たちから妬みを買うほど、高給であった政府のお雇いの仕事に区切りをつけたフルベッキは、本来の使命とする地方伝道に情熱を燃やした。

一八八〇年代（明治一〇年代）、日本各地では自由民権運動が起きていた。

「自由民権運動の社会的地盤と、キリスト教のそれとは著しく近似している。否、多くの点において正しく同一である。それゆえ、民権運動がキリスト教に好意を持ち、キリスト教徒が自由民権を支持したのは極めて当然であった」（隅谷三喜男『近代日本の形成とキリスト教』）

群馬の安中教会は一八七八年（明治一一年）に創立された。土地の名士味噌醤油醸造業者有田屋の第三代目当主、湯浅治郎は、キリスト教の教育者、新島襄と親しく、彼から洗礼を受けた。

「近代日本の先駆者とも言うべき湯浅治郎がもたらしたものは、今日でも影響力をもっています」（太田愛人『上州安中有田屋　湯浅治郎とその時代』）と言われるように、湯浅は新島襄、内村鑑三、日本組合基督会牧師の柏木義円、徳富蘇峰らの活躍を支え、廃娼運動、同志社経営、日韓交流、民友社設立、出版事業を通じて帝国主義批判などキリスト者として大きな役割を果たした。ちなみに湯浅の子、八郎は同志社総長を務め、その後、国際基督教大学（ＩＣＵ）初代学長になった。後出の海老名弾正は同志社で新島の薫陶を受けた、安中教会の牧師であった。

一八七九年（明治一二年）一二月二六日、東京に大火があった。日本橋箔屋町から出火し、京橋までの一万九七五戸が焼失、死者は一〇〇人以上に上った。クララ・ホイットニーは、その時の様子を記している。

「だがヴァーベック氏（一八七八年に一時帰国したが後に再来日した）が命びろいしたのは本当によかった。この金曜日にたくさんの人が圧死したのだが、彼も橋の上で群衆に巻きこまれて圧しつぶされて死にそうになった。ちょうどその時胸のポケットに入れておいた勲章（勲三等旭日中綬章）のことを思い出し、日の出のマークがついた勲章を取り出し頭上高くさしあげた。まわりの人たちより頭一つ背が高かったので、出動していた警官たちは光っているマークを見て、すぐに天皇陛下の印とわかった。そこでヴァーベック氏を力まかせにひっこ抜いた。押してくる人々の頭の上から屈強な男が五、六人で力いっぱい引っぱったので、彼の靴と靴下は脱げてしまった。このように、勲章のおかげで大切な生命が助かった」（『勝海舟の嫁　クララの明治日記』）

一八八〇年（明治一三年）、フルベッキは五〇歳になった。この頃から益々地方伝道に多くの時間を割くようになる。それは彼が最も望んだことだった。日本に来て二〇年を経て、ようやく使命を果たす時間を得ることができたのだ。

一八八二年（明治一五年）五月、フルベッキはアメリカ改革派協会の在日ミッションの指示で信州を中心に伝道の旅に出た。

この時、田村直臣（たむらなおおみ）（植村正久、内村鑑三、松村介石と共に明治キリスト教の四村と呼ばれた）を同伴した。

田村は一八七五年（明治八年）に米国長老教会宣教師クリストファー・カロザースが設立した築地六番神学校で教育を受けて受洗した。その後一八七七年（明治一〇年）にブラウン塾やタムソン塾と合併し、開校した東京一致神学校で、講師を務めていたフルベッキからも教えを受けた。

文明開化期の築地外国人居留地で神学全般を学んだ田村は、フルベッキをはじめ教師の宣教師からいかに伝道するかを学んだ。そのことについて牧師の太田愛人は、こう表現した。「田村は信州の山間地の遍歴で使徒行伝を体験したのです」

一八八二年（明治一五年）八月二一日、田村についてフルベッキは「田村牧師は堕落する日本人にキリストの福音を述べる時、さながらライオンのように勇敢でした」（『書簡集』）とフェリスに書いている。田村は自伝『信仰五十年史』で伝道旅行で目にしたフルベッキの素顔を記録している。

「氏（フルベッキ）は立派な音楽者であつたから歌も唄ひオルガンを奏でられた。初代教会には大変調法な教師であつた。其れに氏の風貌は何処迄も君子然として居つた。他の外国人に有り勝ちな吝嗇臭い処はなく、金離れの良いお方で車夫に心付けをやるにも、又宿屋にお茶代を置くにも旅行中嫌な感じを与へた事は一度もなかつた」（『信仰五十年史』）

田村は、フルベッキと二二日間、寝食を共にした。

「今日信州の地に入るには四時間か、五時間かかれば容易く汽車で這入る事が出来るが、其の頃は、汽車が無かつたから、ガタ馬車か、人力車の外に乗物の便はなかつた。碓井峠を越す時は、人力車に乗らず、二人徒歩した。実に愉快であつて、今に忘れない。左に妙義の秀嶺を仰ぎ、思はず、絶景々々と共に叫んだものであつた」（同上書）

田村は信州の景色だけでなくフルベッキと過ごした時間が楽しかったと記している。

「フルベッキ牧師は、何時も二つの書物を手に携へて居られた。一つはブラウニングの詩集。他は、ウォーター・スコットの小説であつた。氏は徒歩して居る時も、又路傍に座して休養する時も、私にブラウニングの詩を講義し、又ウォーター・スコットの小説を面白く論じてくれた」（同上書）

フルベッキは「すべてこの世は事もなし」（「春の朝」『海潮音——上田敏訳詩集』）で知られる有名なイギリスの詩人ブラウニングの詩集を愛読した。人生や愛を力強く肯定する詩、明るく前向きに生きる楽天的なタイプの詩人が好みだった。武勇の誉れ高い騎士、アイヴァンホーとロウナー姫とのロマンス物語『アイヴァンホー』も愛読した。

伝道旅行のある時、市街の大通りの立派な寺の本堂で説教をしようとすると、住職が異議を申し立てたあげく、フルベッキに説教の中止を迫った。「学術演説会というから本堂を貸した。学術的の話でなく、基督教の説教ではないか。それでは約束が違う」と譲らない。その間、和尚と同行の田村が議論をしている間に、フルベッキの説教は続けられた。

「信州に於ては、フルベッキ牧師と私とか伝道に出掛けたのを見て、小亜細亜に於けるポーロ〈パウロ〉とテモテとの伝道を連想した事は如何にも尤もであつた」（『信仰五十年史』）

田村は信州伝道のあと、牧師を務める京橋教会員との「姦通罪」を疑われた。結果は、その女性の偽証であることが分かったが、田村は教会を騒がせた責任を取り牧師を辞し、アメリカに留学を決意する。その際、フルベッキは田村の留学先のオーバン神学校のウィリス・ビーチャー教授宛に「田村のことをよろしく」と紹介状（一八八二年〈明治一五年〉八月一九日付）[2]を送っている。

明治女学校と小諸義塾の創設者・木村熊二が記した膨大な『木村熊二日記』（東京女子大学比較文化研究所編）には、フルベッキがしばしば登場する。木村牧師はニューブランズウィックのオランダ改革教会で按手礼を受け、フルベッキのことはすでに承知していた。以下、『木村熊二日記』から引用する。

一八八四年（明治一七年）一月四日

朝植村ニ星野ヲ訪同行ブルベッキ氏ヲ訪フ長坂ニテ書数巻ヲ買フ此価八十八銭ナリ銀坐街ヲ歩しテ経済社ヲ訪フ此日消防隊ノことありて京橋辺より神田辺まで見物の男女雑沓いはん方なし車を停し一月の二月の花と見まごふ紅葉敷如し杜牧ならて余ハ此日二月の梅柳三月の梅花の如き紅袖青娥

　の街頭ニ集合してするを看一看したりき午後岩本諸子来会ス　星氏宿を投す

この日、消防隊が出て、京橋から神田辺りまで見物の人で混雑していて、身動きができなかったことなどが記されている。

　一八八四年（明治一七年）二月廿日

　快晴春霜いまだ解けやらで疎梅残雪苦精神谷鳥は喬木に移らんとしてその音いまた蒼黄睍睆を学ひ得ず亀井戸の臥龍梅墨堤の疎影横斜も時尚早かりしと報する人なんありける

隅田川の堤防に咲く桜の木の姿が横になったり斜めになったりして水面に映る情景、桜が咲き誇る美景が浮かんでくるようだ。

　朝築地にいたりて愛兄フルベッキ氏を訪ひたりしか氏ハこの春寒の料峭として膚に逼る節にしあれバ此程ハ採薪之患ありとて籠居られたり余も風邪ニてさして快哉と申今日にあらねハ高崎□の出張も両三日見合候ひきそハ両双方ともに都合よろしくとなし星野君にこの事を伝へたり。

フルベッキ、木村共に、体調が優れないので、高崎行きを他日にする。そのことを星野に伝えている。

群馬伝道

一八八四年（明治一七年）三月一一日付のフェリス宛書簡で、フルベッキは高崎伝道を行った時の報告をしている。

「昨年七月以来、横浜（海岸）教会の信者の星野（光多）氏とあなたもご存知の木村（熊二）牧師が高崎で伝道して、大いなる成功を収めております。高崎は東京から北西の方向に（旧道で）六八マイルの所にあって、広大で肥沃な平野の中央部に位し、約一二、〇〇〇人の人口をもつ繁華な都市です。日本の生糸の上質なものは、大部分この地方で精製されています。（中略）わたしたちの二人の兄弟が高崎に行ってから非常に活気のある報道が続々と首都にとどけられ、遂に（一八八三年の）一一月には特別の伝言（ことづけ）が届けられ、新たに回心した信者たちに説教をし、多くの人々に洗礼を授けるために、その場所を訪問するようにとの招きを受けました」（『書簡集』）

以前は信州に通じるこの道路を雨や霙（みぞれ）の中、堅い馬の背に一晩以上も乗り続けた。この日（三月一日）朝七時に、新設された鉄道の快い客車に入った。鉄道は新町の近くまで完成しており、そこは目的地の手前約一〇キロの所であった。そこで馬車に乗り換え、高崎には正午に到着した。到着した時にはすでに予定が組まれており、「キリスト教講演会」が劇場（芝居小屋）で午後二時から開催されることになっていた。時間が経つにつれて、劇場はだんだん満員になった。

午後遅く、フルベッキは長い一連の演説に続いて「唯一の真の存在について」という演説をした。翌二日日曜日の朝、フルベッキは洗礼志願者たちや、その他数人の人々と集会を持った。その集会は祈禱会のようで、短い演説や讃美歌の合唱が行われた。

午後二時から岡田撃剣場でかわるがわる説教があり、フルベッキはヨハネによる福音書第三章三～五節をテキストに「再生」と題して語った。「道場は満員となり、聴衆は非常に興にのって聞きいっていました」（『書簡集』）

明くる三日の朝には、フルベッキは木村、星野を同道して安中に行った。牧師の海老名弾正の招きでその日の午後行われる演説会に出るためだが、あいにくの土砂降りで、安中近くの山間部ではひどい吹雪になった。それにもかかわらず広い教会には聴衆が満ちあふれた。

四日に前橋に行き、蔵原惟郭（くらはらこれひろ）の集会、また小学校の集会にも参加した。

フルベッキはフェリス宛の書簡で記している。

「これらの四日間の熱烈な伝道集会で、非常によい経験をしました。ミッションを異にした兄弟たちが、国籍や教派という差別を忘れて、主なる神のために、心から協同して働いたことは、心温まるものがありました。このように祝福された経験が、もっと度々得られるよう祈っています」（『書簡集』）

これこそがフルベッキが地方伝道で願っていたことだった。地方伝道から戻ると、フルベッキは東京での集会にも参加した。

一八八四年（明治一七年）四月四日クララは『勝海舟の嫁　クララの明治日記』で記している。

「昨年一一月に妹のアディ（アデレイデ）が始めたセイショノトモという聖書読書連合の大会が昨夜開かれた。場所は築地に近い明治会堂（京橋二丁目）で、千名以上収容する建物だが満員どころか、いろいろな人でごったがえしていた。しかし、その大部分は会員で、出席するために何マイルも遠方から集まった人たちであった。（中略）

京都と大阪に、盛んなキリスト教の信仰復興運動が起きているようである。東京の牧師たちは、毎日会合を開き、東京にも同じ祝福が与えられるようにと祈っている。長田氏が祈ったように、このような祈りによって多くの祝福が与えられるに違いない。ルーミス氏はすばらしい本、聖書について英語で講話をし、ヴァーベック博士〔フルベッキ〕は日本語で話された。博士を迎える拍手と、まわりの人たちの博士をほめるひそひそ話を聞けば、どんなにヴァーベック博士が人気があるかがわかる」

一八八四年（明治一七年）五月二八日付のヘンリー・N・コッブ宛書簡で（一八八二年〈明治一五年〉に改革教会海外伝道局の主事はフェリスからコッブに変わった）、フルベッキは西群馬教会設立に至るまでの経緯を報告している。

「わたしは本月一六日正午少し前に高崎に到着いたしました。そして組合教会の松山（高吉）および美以教会の津田（仙）氏も同様到着しました。組合教会の海老名と蔵原両師はわたしたちより前に、その場所に来ていました。木村氏は午後になって加わりました。その他招待された人々で名前を知らない他の人々が、奥野（昌綱）、稲垣（信）、井深（梶之助）の各師とともに出席できませんでした。これらのことは、すべて一教派のみが単独で教会の組織を行なうのでなく、むしろ公開されていたということを示すものです」（『書簡集』）

そこでは、信条及び教会運営のあり方について討議した。聖書を、信仰と行為の唯一の正しい規範としたこと、三位一体の教理、世界の唯一の救い主、教会の主としてのキリスト、およびバプテスマと聖餐式を強調した。

教会の名称は「西群馬教会」とした。任職式が終わって、フルベッキはローマの信徒への手紙第一四章一六〜一七節の「神の国は飲食にあらず」について説教した。

「ですから、あなたがたにとって善いことがそしりの種にならないようにしなさい。神の国は、飲み食いではなく、聖霊によって与えられる義と平和と喜びなのです」（『聖書　新共同訳』）

この日の儀式のために作曲された讃美歌を歌い、かつ若い牧師による祝禱で集会は午後五時に閉会した。

午後七時三〇分に多数の出席者を集めた祈禱会が安中から帰って来たばかりの松山（高吉）の司会で開かれた。彼はテサロニケの信徒への手紙一第五章一七節「絶えず祈りなさい」について奨励（短めの説教）をした。

「今やこの独立教会はその独立の牧師をもって存在しているのです。その創立はこの国の福音的事業において一つの興味深い実験です。日本のあらゆるキリスト信徒の眼はその上に注がれるでしょう。（中略）願わくは、神が彼と彼の牧する人々に神のゆたかな祝福を更に増し加えられんことを。またこの目的の実現のためにわたしはあなたご自身とこの働きに関心をもたれる人々のお祈りを願ってやみません」（『書簡集』一八八四年〈明治一七年〉五月二八日付）

翌週の六月二〇日に、フルベッキは帰路についた。伊香保へ回り道をして、二日間その地の温泉で休息して東京に戻ってきたのだった。

翌一八八五年（明治一八年）六月に、フルベッキは板垣退助の帰郷に伴い、高知で演説を行っている。板垣はキリスト教徒ではなかったが、独特な宗教観を持っていた。当地で、坂本龍馬の甥、坂本直寛もフルベッキの演説を聞いたとされる。坂本直寛はこの時、片岡健吉らと共に高知教会で洗礼を受けクリスチャンとなり、後に一八九七年（明治三〇年）北海道の開拓を行うようになった。これは龍馬の夢でもあった。

「耶蘇信者益多し。教師フルベッキ氏は或いは聖書の講義に或は同教功徳の演説に殊の外尽力せられたる上此程帰京せし由なるが同教の信者は日一日に増加すると云ふ」（『東京日日新聞』一八八五年〈明治一八年〉六月三〇日付）

日本語を流暢に話すフルベッキの人気は高く、キリスト教信者が増えたと報じている。

板垣家の宗旨は曹洞宗で、板垣は入信していないが、その息子鉾太郎（ほこたろう）がキリスト教信者となった。

一八八五年（明治一八年）一〇月一一日付、コッブ宛の書簡で高知への伝道について綴っている。

「緊急な講演の依頼が四国の新しい有望な伝道地域、土佐から当地にとどけられたので、妻と相談した上で一カ月、家族の出発を延期して、その求めに応じ、土佐の伝道に一カ月を過ごすことにしました」（『書簡集』）

この高知地域には僅かな宣教師しかおらず、誰もほかに行くものがいなかった。伝道の依頼があった時、フルベッキは旧約聖書翻訳委員会の暑中休暇中だったので、しばらく東京を離れることができた。高知への伝道は、フルベッキが日本へ来てから行ったどの旅行よりも快適で、興味深いものだった。

宣教への情熱

一八八六年（明治一九年）二月、フルベッキは日本基督一致教会より新撰讃美歌委員に選ばれた。同年六月二二日、東京一致神学校と東京一致英和学校の合同卒業式に列席し、講演を行った。また明治学院創立のための最初の理事員に選ばれた。

一八八七年（明治二〇年）に明治学院神学部教授に選任された。

一八八八年（明治二一年）二月三日、東京築地新栄橋教会での旧約聖書翻訳完成祝賀会において日本語で翻訳の沿革を講演した。

同年一〇～一一月には第二回九州伝道を行った。

両国教会牧師の三浦徹は手記『続々恥か記』第十巻（『明治学院史資料集』第12集）でフルベッキについて興味深い逸話を残している。三浦は長老教会宣教師のクリストファー・カロザースと築地居留地で出会い、英語やキリスト教を学んだ。その後、スコットランド一致長老教会の宣教師R・Y・デヴィッドソンに日本語を教え、英語と聖書を学び彼から洗礼を受けた。ちなみに三浦は著名な政治家永井柳太郎の岳父であり、文部大臣を務めた永井道雄の祖父である。

三浦はフルベッキの豊かな学識について記している。

「余は明治十一、二年の頃先生より説教学を学びしことありしが本文、序論、弁論、結論を先生の前に述べて其の評論を待てり、先生の鋭利なる批評眼は時として余が説教の全部を解剖し、粉名微塵に破壊して全く旧形を存せざることもあり」

併せてフルベッキの謙虚な人物像について記している。

「先生は手堤の中に必ず一個の茶碗を備へ、旅宿に投ずるも牛乳などを飲む時は必ず其の茶碗を用ゐるを常とし、荷物の多き時は旅舎に投ずる毎に五郎八茶碗を買ひ、明朝出立の時は車夫に与へ、又は旅舎に残すを常とせり、是れ我が国の風牛乳、肉脂の香を嫌ふを知りてなり」

また、フルベッキが高崎に行った時の逸話も紹介している。外国人には宿料の外に金一円を請求するのが規則だと言われた。フルベッキは何も言わずに規則に従った。

「自ら靴をとりて棚にのせ、多くもあらぬ荷物を両手にさげて案内に従ひ、以て座敷に通れり、茶を持来るまで催促せず、床を敷かんといふまで一言も命せず、一度も手を打たず、敢て他の食物を命せず、翌朝もかくして勘定をすませ、日本人相当の茶代を与へ、例の一円も与へ、又荷物も下婢を労せず、然様ならばと一言して去りたり、然う思ふて見たる故か主人も番頭も手代も下婢も余程驚きたるが如く、たゞ『御粗末様』を異口同音に繰返し居たる」

さらに、三浦を驚かせたのはフルベッキが、日本語に堪能で、九州弁も交じえて話すことができたということだ。三浦の妹、あさの夫の松崎連（まつざきむらじ）が三浦に語った逸話がある。

一八八五、六年（明治一八、九年）頃、フルベッキはバラと宇都宮の劇場で演説会を行った。バラの日本語に対しては意味の通じる所でも通じない所でも拍手喝采が起きて、聴衆は頗る満足しているように見えた。次にフルベッキが登壇して、巧みな日本語で演説をした。

「然るに奇なるは今まで拍手、喝采堂を動かす有様なりしものは全く止み、論旨の肯綮（こうけい）に中る時拍手する者あるのみ」（『続々耻か記』）

論旨が高尚なので一般大衆が理解できなかったのかと思われたが、そうではなかった。フルベッキを外国人だと思わず「九州弁を話す日本人だ」と聴衆が信じたからだ、と松崎は合点がいったのだった。

フルベッキの演説も、多くの人々の心を捉えた。なかでも、神学校卒業生を前にして語ったフルベッキの「聖書の教えに従って行動することの大切さ」は、まさに若者たちの心を揺さぶった例と言えるだろう。

「只今説きまする仕方に就て聖書の明文が御座ります。例へばPetero（ペテロ）が仰せられまするに『爾等、世に在りて善き行ひを為すべし、これ爾等を誹（そし）りて悪を行ふものと言へる世の人をして爾等の善き行ひを見て神を崇めしめむ為めなり』また耶蘇基督（イエスキリスト）御自分にも明かに申されましたことが御坐ります『人の善悪は其の実によって之を知るべし』と仰せられました。または『悪き木は善き実を結ぶこと能はず』などと仰せられましたことも御坐ります」（『速記叢書　講談演説集』第四冊、一八八七年〈明治二〇年〉四月）

これはマタイによる福音書第七章一六～一七節の「あなたがたは、その実（み）で彼らを見分ける。茨（いばら）からぶどうが、あざみからいちじくが採（と）れるだろうか。すべて良い木は良い実を結び、悪い木は悪い実を結ぶ」（『聖書　新共同訳』）である。

日本語の会話に長けていたフルベッキの語学力を証明する著作*A Synopsis of All the Conjugations of the Japanese Verbs, with Explanatory Text and Practical Application*（『動詞活用法』）がある。一八八七年（明治二〇年）に横浜で出版された。宣教師のために書かれた日本語の会話における動詞

A Synopsis of All the Conjugations of the Japanese Verbs, with Explanatory Text and Practical Application（『動詞活用法』）。フルベッキが宣教師のために書いた日本語会話の手引き（「幕末屋」アレックス・バーン氏提供）

の活用法である。例文として詩篇、貝原益軒の『養生訓』、本居宣長の息子春庭の『詞のやちまた』、浦島伝説、『南総里見八犬伝』、公私の手紙などが使われている。日本の古書をフルベッキは多数読んでいたのである。グリフィスはフルベッキは貝原の書を繰り返し読んでいたと書いている。それは日本語の研究のためだったのである。

日本語を自在にあやつるフルベッキは、多くの聴衆を引きつけた。甘楽教会[3]（群馬県富岡市）の『甘楽教会百年史』「週報」に、フルベッキが講演に訪れた時のことが記されている。事前に知らされていなかったにもかかわらず当日は多くの聴衆が集まり、会場となった病院の二階は満席になった。

「一八八七年（明治二〇年）五月一日

北甘楽私立教会ニテ弁士米国宣教師『フルベッキ』氏外三名ヲ聘シ　富岡定舞台ニ於テ演説会ヲ催ス　其夜甘楽教会基督信徒『フルベッキ』氏ニ説教ヲ依頼ス　依テ高瀬医院出診所ノ二階ニ開ク

God is Love! フルベッキが揮毫した書（甘楽教会所蔵）

当日届モまにあハズ　故広告モ別ニナサズ然レドモ　聴衆者意外ニ多ク凡ソ百二十名位アリ　当夜ノ演題ハ左ノ如シ

主たる汝の神を拝すべし　　フルベッキ氏」

甘楽教会にはフルベッキがかつて富岡にほど近い佐久を訪れた時に、世話になった岡部家の求めによって揮毫した書「God is Love!」（神は愛也）(4) が掲げられている。その家の長男岡部太郎は同志社神学校を卒業後、甘楽教会の牧師になった。その縁で実家から教会に寄贈されたものである。

一八八八年（明治二一年）三月一三日のコッブ宛書簡では、一人の娘を除いて、妻や子供たちと二年以上もの長きにわたって別居しているので、今年の暮れまでに、帰国したい。そして可能なら、一八九〇年までアメリカに留まりたかったのだが、諸事情のため、実現できなかった。身体は健康だが、精神的に元気を取り戻し調子を高める必要があると伝えている。

同年六月一七日に、島崎藤村が東京・高輪の台町教会で木村熊二より受洗している。

フルベッキは同年一二月七日、二ヵ月にわたる再度の九州伝道旅行から東京に戻りその報告をしている。「小さい地区は省いて、中津や名護屋などで伝道した以外、ほとんど夏と同様の地域を巡回しました。最も長い滞在は（二週間）薩摩の旧都市鹿児島で、ここは春にも一週間を過ごしたことがありました」（『書簡集』一八八八年〈明治二一年〉一二月一八日付）

かくしてフルベッキは家族と再会するために、一八八九年（明治二二年）一月一七日横浜からサンフランシスコへ向けてオーシャニック号に乗船した。一八九一年（明治二四年）二月九日オセアニア号で横浜に帰着するまで、フルベッキは二女のエマを伴いカリフォルニアに一時帰国して、家族と過ごしている。

一八八九年（明治二二年）中にフルベッキはアメリカの東部と西部の改革派の教会を訪問した。そして、翌年七月から一一月までエマとエレノアを連れてザイストを訪れた。オランダ各地の多くの教会で演説し、祖国の旅を楽しんだが、デレフトで軽い心臓発作を起こした。

この間に米政府国務省に米国籍取得と日本行旅券を申請したが拒否された。無国籍状態は相変わらず解消されなかった。「自分は今宣教師をやっているが、一層のこと日本に帰化したいと思う。日本政府から月百円の給与を保障してくれるならば、それで食って行けるから、日本人として一生を日本に仕えたい」（『高橋是清自伝』上）とフルベッキは横浜で出会った高橋是清に訴えている。

一八九〇年（明治二三年）、明治学院で開かれた第二回夏期学校に参加した島崎藤村は、自伝的小説『桜の実の熟する時』で「旧約聖書の翻訳にたずさわったといわれる亜米利加人で日本語に精通した白髪の神学博士が通った」と記している。しかし、この時期、フルベッキは日本にいないので、この神学博士はデヴィッド・タムソン宣教師である。(5)

一八九一年（明治二四年）七月、教え子たちが働きかけて、日本国内を自由に移動できる異例の「特許状」(6)が外務大臣榎本武揚よりフルベッキとその家族に交付されることになった。これは事実上の「日本永住権」である。

「この許可証を出した榎本は、文久二年、御軍艦操練所御軍艦組として、蕃書調所教授方、津田真一郎、西周助（後に周と改む）らと共に、日本最初の留学生としてフルベッキの故国オランダに旅し、滞在した一人であることを思うと、偶然の面白さが、ここにもあることを感じさせられる。ちなみに当時のオランダの海軍大臣カッテンデーキは、かつて長崎の海軍伝習所第二期生の教授筆頭で、榎本の師でもあった人である。西周、津田真一郎は、ライデン大学でオランダ語を習得しつつ三年九ヵ月学んでいる。その頃、フルベッキは長崎に滞在し、青年教育のかたわら日本語を学んで伝道の準備をしていたのである」（太田愛人『三つの森の物語』）

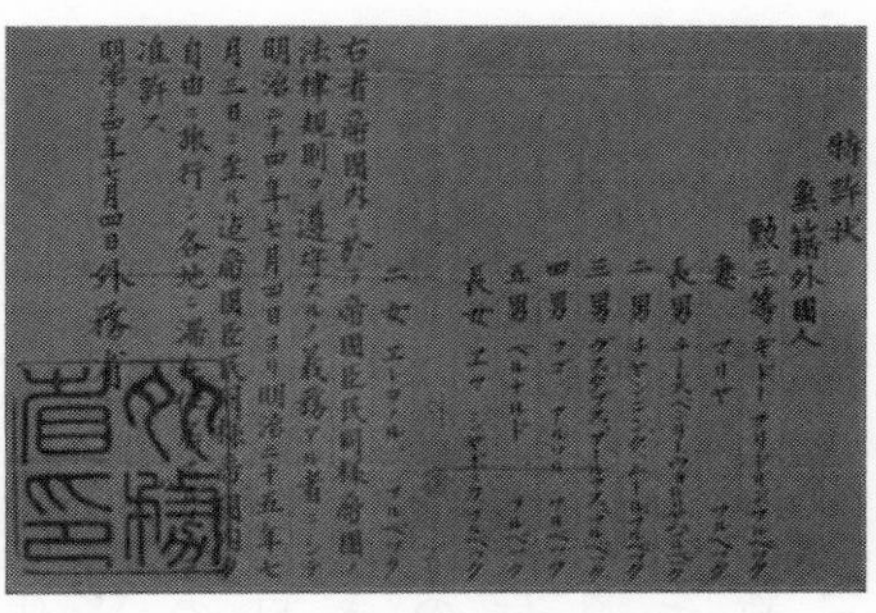

特許状。フルベッキとその家族の名前が記されている（*Verbeck of Japan* 所載）

七月一四日のコップ宛書簡でフルベッキは喜びを伝えている。

「この旅行券は帝国内を旅行する完全な自由、さらにその上に、日本国内いかなる所でも滞在居住し得る完全な自由を与えていることを認めておるのです。一年間有効のこの旅行券は年々更新することができ、わたしがこの国に留まる限り永住権があります。大臣の書簡と旅行券にはわたしを日本臣民とは決めておりませんが、土地と旅行と住居に関する限りは、日本臣民と同様に見なす取り扱いをしています。（中略）確かにわたしはこれらすべての問題に神の摂理が働いていることを非常に感謝しています。疑念の雲は一掃され、神への信仰が確かめられました」（『書簡集』）

日本政府から日本人同様自由に国内を旅行できる「特許状」を取得したフルベッキは、地方伝道だけでなく、家族旅行もできるようになったのである。

この年六月には明治学院の教授に任命された。自身の明治学院での担当科目について、一八九五年（明治二八年）六月四日付コップ宛の書簡で述べている。

「学校でのわたしの研究科目を述べておきます。それは旧約聖書入門、新約聖書入門、旧約聖書釈義、牧会神学、及び説教学です。（中略）わたしはこれらすべてを日本語で教えました。しかしこれらの学課のすべては、説教学を除いて英語で、英語の教科書を用いて、教えることができました。それはクラスで優秀な英語のできる一人の学生が教授の通訳をつとめてくれたからです」（『書簡集』）

忍び寄る病魔

それまで、神経衰弱に陥ったことはあったが、日本に来て三五年の間、病気で一週間と寝込んだことはなかったフルベッキの身に病魔が忍び寄っていた。前立腺肥大が彼の肉体を苦しめていたのである。

一八九一年（明治二四年）二月一二日、サンフランシスコから東京に戻ったフルベッキはコップに自身の体調について報告すると共に新たな決意も述べている。

「船上や当地での寒さは、わたしの病気をぶりかえらせ、あなたもご承知の（前立腺肥大によって起こる精神のいらだち）は悪化してしまいました。今マクドナルド博士の診察を受けておりますから、間もなく神の祝福の下に快癒の報告ができるでしょう」（『書簡集』）

八月七日、築地からコッブ宛に家族を呼び寄せる予定であることを述べている。

「当地におけるわたしの立場がこのように好転したことから、アラメイダ〈アラメダ〉にいる妻宛にネリーとバーニーを連れて再び帰日するように書きました。（中略）

築地は全く静かで、居住者はほとんどいなくなっています。涼しい高原地方が彼等の多くをひきつけたからです。わたしは箱根で開かれている夏期学校で講演をするため数日間出席しました」（『書簡集』）

夏期学校は大成功だった。家庭の仕事や文筆（聖書やトラクト〈宗教上のパンフレット〉）の仕事に従事した。学期中は時間がないので、健康が許すならば、九月に関西地方へ巡回伝道をして、学校が始まる時までに東京に帰りたいとコッブに伝えている。

一八九二年（明治二五年）一月二〇日には、築地からコッブに宛て家庭の問題について綴っている。

「昨年二月にわたしが当地に来た時は、妻はネリーとバーニーをつれて、年末か本年初めに当地に来てわたしと一緒になるというのが、わたしと妻との計画でした。事実、一八九一年の八月、九月には、わたしは急いで妻にこの同じ目的に沿って手紙を書きました。しかし、このことが進行している間に、わたしはそのことを考えれば考えるほど、時が経ってその時期が近づけば近づくほど、子供たちの教育や将来のことについてますます不安になって来ました。（中略）それは公にしたくないのですが、わたしは同様なことで娘の一人を犠牲にしてしまったかのように度々感じており、他の子供の場合にそれを繰り返すことを躊躇いたします。（中略）わたしは彼女をよい学校と最も幸福な環境から引き離し、彼女の青春の成熟期にまだ異教的なこの国へ連れて来ることの責任を負うことはできません」（『書簡集』）

一八九二年（明治二五年）九月に、和戸会堂、清地会堂、粕壁（春日部）といった埼玉県下の教会で説教をした。

フルベッキの和戸、杉戸での伝道状況を『福音新報』（一八九二年〈明治二五年〉一〇月八日号）は報じた。

「博士フルベッキ氏は去月廿四日に埼玉県下和戸教会に於て昼夜両度の演説を試みられたり。何れも満場立錐の地を余さず、前後二百名位有しならん。翌日曜日（廿五日）の朝は和戸村を距る二十丁ばかりなる杉戸にて演説せられしが来会の便利よきて会堂の稍広きがためにや傍聴者の数凡そ三百余名、余程心を傾けて聴きたる様子なりき。廿六日は粕壁駅にて寄席を借り受けて演説会を催ふされしに是にも意外に多くの来会者ありしと云ふ。

博士はその間に三人にバプテスマを施されたるが前年に比ぶれば強勢の活潑なるを覚ゆ且つ老体の疲労するにも拘らす近郊の伝道甚だ愉快なりと云ひ居らる。

和戸教会の長老より来信の端にフルベッキ博士の伝道せられしを喜びて曰く、未熟なる伝道者を常住せしむるよりは博士の如き有力者の折々巡回せらるこそ善けれと見えたり」

日本人の伝道者では三浦徹、稲垣信、小川義綏らの牧師が、粕壁（春日部）、杉戸で説教をしている。

そのような伝道中に、事件が起きた。『読売新聞』（一八九二年〈明治二五年〉一二月二二日付）には「無籍人の勲三等」の見出しの下に「去る十八日の夜京都に着し同市二条下る常盤木ホテルに投宿したるギドー・フリドリン・ヘルベッキといへる外人は何所の人と判然せざるのみか、自ら無籍人と名乗りしかも勲三等の勲位を所持し居るといふが果たして何者にや不審のあまり其筋にては身元探偵中なりとぞ」とある。

警察の取り調べに対して、フルベッキは勲三等を貰ったと述べているのが、とても興味深い。

一八九三年（明治二六年）七月、フルベッキは長野市の犀北館で日本速記術の発明者、田鎖綱紀（たくさりこうき）[7]と同宿することになった。フルベッキは田鎖の速記について熱く語った。

「ミスター・タクサリ。これは素晴らしい文字です。これまで日本人が、いくら東洋文明の率先者は我なりと自負しても、元来日本には純然たる日本の文字というものはなかったではありませんか。平かなは弘法大師が漢字の草書体を変じて作ったものだし、片かなは吉備真備（きびのまきび）が漢字の一部分を取って作ったものでしょう。これ以外に純然たる日本の国字というべきものがなかったところへ、今、日本の新国字ともいうべき至便至極の速記文字が生まれ出た以上は、これを日本で新国字とすべきです。ゆえに日本人にして日本の国字を知らざる者は日本人にあらざるなり、知ってこれを学ばざる者また日本人にあらざるなり、学んで成らざる者もまた日本人にして日本人にあらざるなりと言わねばなりません」（福岡隆『日本速記事始――田鎖綱紀の生涯――』）

そして県庁の公会堂での説教の際にもこのことを強調した。田鎖はフルベッキのこの言葉に意を強くして、速記の普及に生涯をささげた。フルベッキの知られざる功績の一つと言っていいだろう。

同年七月一四日、エンプレス・オブ・インデア号で横浜を出港、バンクーバー経由でアラメダに到着した。妻子との再会は言葉に言いつくせぬ喜びだった。

到着直後の八月一八日、カリフォルニア州アラメダから、サンフランシスコの寒さが身に沁みたフルベッキはコップ宛に手紙を送っている。

「懐しく思い出されるものが数々あります。先ず第一に、日本の雨季とそれに続く新緑の美しさです。当地で今頃の季節は何もかも乾ききって塵にまみれています。その上わたしには寒さが身にしみます。夜は寒暖計が華氏五〇度まで下がり、日中でも七〇度以上になることはまれです」（『書簡集』）

ちょうど市場では梨、桃、プラム、葡萄などが豊富で安く手に入ると記している。

妻子との再会からほどなくして一〇月二九日にフルベッキはサンフランシスコから日本に戻った。同年一一月一三日、フルベッキはコップに、日本の教会の現状を報告している。遺憾とすべきことも少なからずあるが、他方で非常に多くの宣教活動が行われていることも事実だ。あらゆる種類の会合を開くのに絶好の時期で、秋には東京市内の各教派がいずれも、従来通り、一般伝道説教会やキリスト教徒の講演会を開くであろうと期待感を述べている。

一八九四年（明治二七年）七月一六、一七日の両日、箱根で開催された基督教青年会第六回夏期学校で内村鑑三が「後世への最大遺物」と題し講演をした。私たちが後世に遺せるものは何か、それは「勇ましい高尚なる生涯」だと内村は言った。

同年七月二三日付のコッブ宛書簡によると、夏休み中にも地方伝道の依頼が方々から来ているが、あまりに暑さが厳しく旱天続きな上に、これらの依頼は遠い地方からのものなので、ミッションの伝道費では賄い切れませんと述べている。それでも、伝道への情熱が衰えることはない。

「それは盛岡の町や松島などであって、あなたやその一団の人々を案内して訪れた時よりも、当地では今の処、ずっと大変なのです。しかし、来月の下旬から九月にかけて、信州その他の地方を訪ねようと考えています」（『書簡集』）

フルベッキはアメリカ・オランダ改革教会在日ミッションの指示で長野を中心に伝道した。

一八九五年（明治二八年）六月四日、フルベッキはコッブ宛に書簡を送った。

「この地方伝道の主要な部分は信州地方の働きで、そこには六つの伝道所があり、そこには日本人の伝道師が責任をもっています。これらの伝道所には、また支部をもっています。六つの内、三ヵ所は小諸、上田、長野で、鉄道の沿線にあり、安い費用で東京から行くことができます。（中略）稲垣信師がこの巡回伝道の旅行に終始わたしに同伴してくれました。稲垣師は信州人であるし、この伝道地域に精通しているので、彼の同行はわたしにとって大きな慰めであり、助けでもありました。（中略）わたしは家をあけて出て以来ちょうど二週間で九回か一〇回説教をしました。この働きはたとえ荷は軽く、容易であっても、主にありて無駄にならないように祈っております」（『書簡集』）

この地方伝道で、フルベッキはオランダ改革派の信仰の基本であるカルヴァン以来の「タダ神ノタメ」を実現したのである。

石川半山（いしかわはんざん）の『烏飛兎走録（うひとそうろく）』（『明治文学全集』九二）に回想録がある（石川は、『信濃日報』社長兼主筆を務めた人物）。

一八九四年（明治二七年）から一八九五年（明治二八年）にかけて、信州松本の丸茂旅館に下宿していた石川は一八九五年（明治二八年）四月二五日付の日記でフルベッキの来訪について記している。

「アノ異人さんは馬鹿に背の高いお方で、頭が鴨居へ支へましたから、腰を屈めてコンなにしてお這入りになりました、オホ…

来客を二階へ案内して帰ツて来た下婢は、フルベッキ先生が腰を屈して室へ這入られた風の可笑しさを身振りをしながら語て、腹を抱へて笑ふた、其の頃は山と山との間に開かれたる此の松本平に於いては西洋人が未だ頗る珍しくして、其の一挙一動が人の注意を惹いた者で有る」

そしてフルベッキは長い両足を畳の上に投げ出し、床柱に持たれながら、日本語でいろいろな話をした。その一つが「フルベッキ先生のピストル」の逸話である。

フルベッキは欧州に行った時にフランス人の宣教師から言われた。

「日本人野蛮有ります、頭の上御覧なさい、ピストル有ります、此のピストル神様を撃つピストル、基督を撃つピストル、外国人毛唐人みなみな撃つ有ります、之れ攘夷家の旗章（しるし）有ります、此のピストル、日本人の頭の上に或る間は、伝道駄目有ります、成功しない、止める宜しい、其の上に一身危険有ります、日本往く殺される、何にもならない、モット外に良い働き有る」

フルベッキはこれに答えて、

「私、日本往く、其のピストル、頭から取り下ろす、伝道屹度成功有ります、アナタ私の成功祈る宜しい、日本人の為祈る宜しい………」とフランス人に言った。

「今の大隈さん、伊藤さん、皆昔はチョン髷有りました。頭の上ピストル有りました。攘夷党有りました。私、長崎で逢いました。未だ若かい時です、それからだん〳〵外国の事分ツた、チョン髷切りました、ピストルなくなりました、今日此の田舎へ来ても、ピストル見ない、日本人神様の道信ずる人多くなりました、アハアハアハ」

さらに石川はこの「フルベッキ先生のピストル」の逸話と対比させて記している。

「我輩がハイカラと云ふ言葉を書き始めた為めに、今日では大変に世間に行はれて居るが、此のハイカラと云ふ言葉を書いたのは、全く此のフルベツキ先生の話のピストルに対照させる為めで有ツた、即ち東京毎日新聞に掲げたる当世人物評中に、『山県、鳥尾、谷などは保守主義の武断派、攘夷党の日本党、頑冥不霊なるチヨム髷党、ピストル党で有るが、大隈、伊藤、西園寺等は進歩主義の文治派で、開国党の欧化党、胸襟濶達なるハイカラ党、ネクタイ党、コスメチツク党で有る』と書いたのが起因で、外のチヨム髷党、ピストル党、コスメチツク党、ネクタイ党などは少しも流行しなかツたが、唯此のハイカラと云ふ一語だけが、馬鹿に大流行を来した、今日では最早や我輩が発明したと云ふ事を知らずに用ひて居る者も多く、一の重要なる日本語となツて仕舞ふたが、然るに実は我輩が此のハイカラと云ふことを書いた起因を申すと、全く此の時のフルベツキ先生の話を胸中に蓄えて居て、それを五六年の後に至て新聞の上に現はした結果で有る」

ワイシャツに付ける丈の高い襟にちなんで石川はハイカラ（高襟）党と書いた。高襟を着けた政治家や官吏を揶揄する意味合いもあった。

フルベッキの日本人観

ニューヨークの長老教会外国伝道局主事ロバート・スピアは一八九七年（明治三〇年）に来日してフルベッキと会い、一四項目にわたる質問をして、回答を得た。当時フルベッキからはそれらを口外しないように要請された。スピアはフルベッキの死後に自身の著書*Missions and Modern History*に掲載した。以下にその一部を紹介する。

「日本人は極めて気まぐれであり、本質的な真剣さに欠け、やたらと軽挙妄動に走りがちである。荘厳さや厳粛さにはほぼ無頓着で、宗教的忘我や霊性といった感覚もほとんど持たない。非常に移り気なので真実の魂の平安を知ることはなく、無神経なので冷淡な無関心から脱することがない。深い悲しみをほとんど知らず、彼らの言語には、詩篇五一〔『旧約聖書』にあり、罪を悔い、神に憐れみと許しを乞う章句から成る〕は存在せず、彼らの歴史にはピューリタンも存在しない。

日本人は移り気であると非難されることが多い。封建制の時代には、日本人は十分に堅実で保守的であった。中国人がその種の停滞から抜け出せない一方で、日本人は人類進歩の道へと足を踏み入れた。日本人は精神面でも物質面でも、以前の彼らよりも、そして古くから世襲したり継承したりしてきたものよりも、さらに良いものへと、さらに高みにあるものへと突き進んでいる。日本人は早呑み込みである。一方、その間にも新たな『良いこと』に心を惹かれていく。日本人は十分な堅実さと素晴らしい忍耐強さを見せる。今では外国人の助けを借りることなく、日本人の手で成功と利益を生みだしている。

おそらく平均的な日本人は、科学の確実性になじみがないため、物事の永続性、確実性、現実性や、物事の本質、とりわけ非物質的な事柄に関する明確な概念を持っていない。人間の意見や好き嫌いとは完全に独立して、物事はあるがままにそうなっていると認識していないのだ。多くの日本人にとって物事とは、彼ら自身か、この人とかあの人が、自分たちの意に沿うよう、そうさせているもののことである。

非キリスト教的な精神性を持つ日本だが、キリスト教に対する現在の態度を見る限り、多かれ少なかれ私たちの宗教にありがたみと敬意をいだいているといえるように思う。しかし、上流階級の人々は、生来のキリスト教徒、特に牧師たちを大いなる疑念と不審の目で見ている。彼らは時に疑問に思うことがあるという。しかし、たいていの場合、相手を知れば知るほどそういった感情が湧いてくるものだ。

この疑問に対する私なりの答えは、必然的にごく原則的なものである。より細かな部分にまで踏みこめば、もちろん多くの例外や留保事項が生じるし、社会を構成するさまざまな階層まで考慮に入れるなら、それらはさらに膨大で煩雑なものとなる。しかし、全体として『教会外における現代

AN EXTRAORDINARY EPISODE
in the History of the Church of Christ in Japan.
(After rough notes of the time — 1888.)

The thing happened at the time of the calamitous courtship between the Union Church of Christ in Japan (Itchi-Kyokwai) as it was then called, and the native Congregational Church, with the view to bring about a union of these two Churches. In fact, it was at about the time that the lengthy negotiations seemed to draw towards a culmination, but when it was yet uncertain whether it would be "on" or "off"; — probably during a spring or autumn meeting of the Tokyo Chu-Kwai, in 1888.

But the exact date of the Episode in question does not in the least affect it, by way of either aggravation or mitigation. I enclose a list of the main Dates of that period on a separate sheet.

At that critical time, the leaders in this movement (as in every movement in the Itchi-Kyokwai) became aware that many of the pastors, evangelists, elders, deacons, and of the laity of the Itchi-Kyokwai were still strongly opposed to the proposed union with the Congregational Church. One chief reason of this aversion was known to lie in the fact that the proposed union would necessitate the relinquishment, in large part at least, of their church standards. These people had been sedulously taught that the Westminster Confession and (shorter) Catechism and the Heidelberg Catechism contained a statement of sound Christian doctrine; they had adopted these as their church standards many years before (1879) and as a Church had prospered by them; they had learned to regard these documents as indispensable instruments for the upbuilding and maintenance of their Church, and many of their best men had become warmly attached to them. On these accounts it might easily happen that a majority could not be gotten when the Union Scheme should be submitted to these good people for a final vote in the Chu-Kwai and Dai-Kwai.

3.

that they are ?); — THAT all that is in them is already supplied in the Bible — (true, but generally how difficult for unlearned neophytes out of heathenism to find, rightly collate and comprehend!); — THAT after all the final appeal in matters of doctrine and ecclesiastical practice is to the Bible — (nobody maintains that it is not.); — THAT they are the outcome of the ancient and post-reformation history of the Church, of which the Japanese know nothing and with which they have nothing to do — (much of their value lies in the fact that they are of historical origin and not merely theoretically concocted affairs.); THAT a large part of them is intended to guard against various errors and heresies of those distant ages, quite unknown in Japan, this large part of them being therefore quite inapplicable and valueless here, in fact, perhaps rather suggestive and dangerous — (not so unknown as Dr. Imbrie imagines, and sure to spring up here too, from the perversity of the same human nature!); — THAT too detailed Catechisms and Creeds are rather calculated to keep people out of the Church — (it is not desirable, nay rather dangerous, to have people in the Church who are not pretty well grounded in the faith; besides, denominations with the most pronounced tenets ......the Episcopalians with their Prayer-book, the Baptists with their immersion, the Methodists with their organic connection with a foreign Church (that bugbear of Dr. Imbrie, Ibuka, Uyemura & Co.), — these denominations have in recent years prospered better in Japan than the Church of Christ with its little skeleton of a Confession.); THAT there is much in them not essential to Salvation — (the same may be said of the Old Testament, and besides, what is not essential to Salvation may be essential to the education, harmonization and the keeping together of a well ordered Church.); — THAT full church standards are very good things for those like them, but that it would not be right to force them upon everybody — (are they forced upon anybody in the U. States ?); THAT a man might be well up in Creeds and yet not be a Christian, and on the

「異例のエピソード」のタイプ原稿。人物名を仮名に変更する書き込みが見られる（筆者所蔵）

日本の精神性の最大の特徴』とは、ここで簡単に述べてきたようなものである。結局、日本人を他の人種と比較すると、その一般的な精神性と性質は、アングロサクソン系というより、ヨーロッパのラテン系やスラブ系の人種に近いものだといえる。

これまでの答えをつらつら読み返すと、私はこの善良な人々にあまりに厳しすぎたように感じる。なにかしらバランスをとるために、ここに付け加えておこう。日本人は、知り合ってともに暮らすのに最も親切で明朗な人々である。多くの旅行者が魅了されるのを見ても私は驚かない。私自身、長年にわたって近しく接してきたが、キリスト教徒でない日本人とも、まったく問題は生じなかった。彼らからは親切と尊敬の念しか受けたことはなく、多くの友人がいる」

Verbeck of Japan ではこの頃フルベッキが残した「異例のエピソード」を取り上げている。日本

基督一致教会と日本組合基督教会の統合問題に関連して、フルベッキが一八八八年（明治二一年）に参加した会合について後に記したものである。登壇者の長老教会のインブリーの言動についてかなり批判的な見方をしていて注目される(8)。

「壇上すなわち説教壇で語られる不適切な発言を聞く機会は、一度ならずあったが、一〇年ほど前、あの日本橋教会における忘れがたい会合でのニホヘ氏（インブリー博士）の話ほど、思慮に欠けるものはなかった。氏は、ごく弱い信仰しか持ち合わせていない聴衆を前にして演説をぶち上げた。これらの人々は、闇と不純と欺瞞に満ちた異教からやっと離れたばかりであった。キリスト教と教会に関する知識がほとんどなく、まさに教会の規範として受け入れていたものを取り上げようとしていたのである。なんと気の毒なことであろうか！」（フルベッキ筆 An Extraordinary Episode in the History of the Church of Christ in Japan、筆者所蔵）

結局合併が不成立となったのは、新島襄が強く反対したことにより、大勢が反対に回ったためだ。フルベッキも同じ意向だった。反対の理由は、教会規範の摺り合わせをせずに、会員の意見を無視して強引に合併を進めようとしたことにあった。

最後のつとめ

前年にスピアからの数々の質問に答えたフルベッキには時間が残されていなかった。

一八九七年（明治三〇年）暮れのクリスマスの翌日、突然心臓発作に襲われた。その後に二女のエマにドイツの詩人クリスチャン・F・ゲレルトがフランス語劇中の詩からドイツ語訳した「聖歌と頌歌」の最後の二節を読んでくれるように頼んだ。その英語訳はアメリカ・ドイツ改革教会から一八九五年（明治二八年）に来日し、東北地方各地で伝道を行ったクリストファー・ノッス（一八六九〜一九三四）のフルベッキへの追悼文 The Last Scenes（*The Japan Evangelist*, June 1898）に紹介されている。

「死を予感しながら彼（フルベッキ）に慰めとなった詩の言葉は、我々が彼の人生の奥義を理解する手掛かりになるはずである。我々には翻訳する必要はないことを弁じているが、ドイツ語の読めない人々にも、以下の大まかな試みからそれが読み取れよう。

病が酷く、
耐えられないほどの必要が更に増し、
忌まわしい嫌悪に襲われる。
その時、静かに私は待っている。
おお、神よ、私の願う事ではなく、
あなたの御意が成りますように、おお、神よ！

憂うべきものがつき纏う中で、
汝は汝の造られたもの全てに向かい、
なお恵み深くあられる。

その時、何が我が身に降りかかろうか、
神のみが守ろうとして下さるのならば？
正に、汝、我が神が今、私を守っておられるのだ。」（陶山義雄訳）

この信仰のようにフルベッキは生きたのである。この信仰のうちにあって、フルベッキは死ぬことを恐れていなかった。フルベッキは最後まで、自己に課せられた使命を果たそうとした。

フルベッキの最後の仕事の一つは、先年完成した日本語訳新旧約聖書の明治天皇への献上の準備であった。

一八九七年（明治三〇年）東京基督教青年会館における第九回福音同盟会総会での記録に聖書献納委員山本秀煌の報告がある。曰く、

「聖書購入の為め各教会の献金已に二百円に垂んとす。されど委員の不行届なる未だ製本を成就する運びに至らずとて其表紙の見本を示されたり。表紙は絹地に金糸もて菊の御紋章を縫ひたるものなり」（「明治天皇　献上の聖書」『植村正久と其の時代』）[9]

明治天皇に聖書の日本語訳を献上するのは大幅に遅れた。

フルベッキは聖書協会委員会の要請で天皇陛下に述べる式辞を執筆した。それは上質な皮紙にドイツ語の原文から英語に清書された。こうしてフルベッキは献上する際に明治天皇の御前で読む式辞を準備していたが、自身の死去で果たせなかったのである。

「日本基督教福音同盟会は天皇皇后両陛下並に皇太子殿下乙夜の覧に供へん為め聖書を献納する由

にて已に献上書を委員の手元にて起草中なりと」（『読売新聞』一八九八年〈明治三一年〉九月二八日付）

そして、一八九九年（明治三二年）三月二五日開催の福音同盟で以下のような報告がなされた。「前年両陛下に新旧両約書を献納せる顚末を述べられ、時移れるを以て一先づ散会せり」（『福音新報』一八九九年〈明治三二年〉五月二日号）

これは、期日は不明であるが、献上が実際に行われたことを示している。

一八九八年（明治三一年）二月青山学院青年部の集会においてフルベッキは「三十年前の日本」と題して自身の思い出を語っている。それは雑誌『護教』に二回にわたって掲載された。後半の感慨の言葉を記す。

「長崎に到着し見れば、風景絶佳、加ふるに思ひしほどの不自由もなし。気候もよく、家具にも困却せず、食料にも差支なし。長崎人は喜びて余を迎へくれぬ。もとより英、米、仏の差別つかざりし頃なりければ、余が市に出づる毎に、和蘭さん、和蘭陀さんと児童はあとをおひ、田舎に散策すれば、和蘭さん、芋があります、お茶一杯お喫りなされと、尤より知らざる人々もいひくれぬ。あゝ斯民にして神の子とならんには、日本ほどの美国世界にはあらざるべし、主よ早く其日を来らせ玉へとは、余が当時の情懐なりけり。（中略）

直接伝道は適はねど、国語を学び、来客に接するなど、閑暇にはあらず。或は商業の事をきかんとて訪ふ人もあり、商業の事ども語り、さて御身は何御用にてはるぐ〵来りしやと問はる。答へて宣教師なりといへど、さるものありと知らねば信ぜん素振も見えず。多くは探偵ならんと思ふやうすなるに、然らずとその疑を晴らさんとすれば、又伴天連ならんといふ。これにもあらずと弁解するこそ余が当時の職務なりけれ。あにたゞ口舌の問のみならんや、かゝる状態にては一層清き品性を示さゞるべからずと注意しぬ。（中略）其より余は新政府に招かれて、東京なる開成学校に教師となりき。当時の生徒は千二百人ほどありしと覚ゆ、中に変則生六百人ほどなり、津田、箕作の諸氏之を教へ、余らは正則生を教ふ。教師は二十人ばかりなりき」（「三十年前の日本」『護教』三四三号、一八九八年〈明治三一年〉二月一九日号、フルベッキ談）

「更に高き或るものに達せよ」

一八九七年（明治三〇年）、フルベッキは春には名古屋、信州小諸、秋には青森に伝道に出かけたが、体調を崩し、医師から地方伝道の禁止を言い渡される。

同年一〇月二八日、「二十五年回顧の教訓」と題して『福音新報』一八九七年一一月三日号に回想録を寄稿している。

「二十五年の歳月は顧みるに短しとせず。人事の万端に於て一世紀の四分の一といふ歳月は、多くの起伏盛衰を含めり。過去四分の一世紀に於る日本基督教会の歴史亦た此の外に出でず。或は僅々三年の短日月に会員の数を倍加せしとも再三に及べるあれば、之に反して其の増加の殆んど見る可からざる時亦之ありしなり。

之に由て我等の直ちに接する疑問は、曰く過去二十五年の経験は抑も何を教ゆるや、曰く是等は次

の廿五年間を指導すべき如何なる鑑戒をか与ふると言ふにあり。ロングフエローの詩に曰く(10)

還らぬ過去を想を止めよ
そは全く徒なること無益なることなればなり
若し之を想ふとならば少くとも其の頽癈せる
遺物の上に登りて
更に高き或るものに達せよ

と」

フルベッキは続けて、これまでは輝かしい将来への序文にすぎない、更なる高みに向かって歩まなければならないと結んでいる。

「我等は又教主は、其の約束に従つて、世の終末まで倶に在し玉ふを確信するが故に、大いなる勇気と熱心を以て次の四分の一世紀に入り、我等日本基督教会の将来の発達と弥まさる繁栄に由てすら顕はさる可き神の御栄えのために尽す可きなり。神は其の饒かなる恩慈に由て、過る一世紀の四分の一は、高く祝福せられたる将来の序文なりしを証することを得しめ玉ふ可し」

一八九八年（明治三一年）二月二四日、フルベッキはコッブ宛の書簡で自らの健康がすぐれないことを記している。

「今ひどく〝不快で〟幾分憶病すぎているかもしれません。病気の根本には前立腺の異常肥大があるので、その結果、膀胱その他の炎症を起こしているのです。（中略）ここ二、三週間いく分温暖になったので、具合がよくなっています。事実、わたしは今どこか近い地方での伝道計画をたてることができそうに感じています。地方伝道での新鮮な空気と運動は、いつもわたしの健康に役立っています。もう少し経てば高知、九州など、遠い地方からの二つの依頼に応じうるだけの体力が得られるかと思います。それからも一つわたしの心を離れたことのないのは、信州の伝道地です」（『書簡集』）

この手紙を認めた二日後の二月二六日の夜に東京で最後の説教を行ったとノッスはフルベッキへの追悼文で記している（The Last Scenes, *The Japan Evangelist*, June 1898）。

この頃には、フルベッキの身体は衰弱していた。

それでも、三月三日には、伊豆への伝道旅行の打ち合わせをジェームズ・バラと行うため横浜に出かけ、三月六日には、赤坂葵町の自宅近くを娘のエマとこれが最後となる散歩をしている。

そして三月一〇日。暖かった前日と比べて最高気温が三度と急に冷え込んだ。正午、自宅でいつものように軽い昼食をとり、ティフィン（紅茶のリキュール）を口にしようとした時、フルベッキを心臓発作が襲った。享年六八であった。

四月一四日、エマがコップ宛に書き送った手紙に同封されていた二通の手紙のうちの一通――*The Japan Evangelist* の編集者に送った手紙には、こう記されている。

「クリスマスの翌日、父は再び持病以外に少し病苦（消化不良など）でなやまされました。その後、もう恢復しませんでした。肝臓も一〇月に冒されました。しかし、二月、わたしの思いちがいは、重い慢性の病気が小康をえたように見えたことです。それで新しい胸の苦痛は消化不良のためと思われたのです。しかし他の病状は心臓の故障だったことがわかりました。――心臓の神経痛でした。実は日本人の外科医、丸茂（マルモ）氏は一二月に父の治療にあたっていたのですが、苦痛と心臓のために薬を与えていたのです。しかし最後は突然で、一同は驚愕しました」（『書簡集』）

葬儀は三日後の三月一三日、芝の日本基督教会で行われ、多くの著名な人びとが参列した。棺の上に勲三等の勲章が飾られた。

崇高な空気が張り詰めた中でタムソン司式、バラの追悼説教、本多庸一、井深梶之助、和田秀豊、マキム監督らの祈禱弔辞が英語と日本語であった。フルベッキの柩は叙勲者の葬儀のため近衛儀仗兵に護られ、青山霊園内の外人墓地に埋葬された。天皇陛下からは金五〇〇円が下賜された。

芝教会での葬儀と告別式をとりしきったのはバラだった。横浜の海岸教会における日本基督一致教会創立二六周年の会合の最終日に悲報を伝える電報を受けとると、ただちに東京に駆けつけたのだ。バラがフェリスに送った葬儀の模様を伝える手紙が *Verbeck of Japan* に採録されている。

「私が見たところ、フルベッキ嬢はとても落ち着いていた。日本人とすべての訪問客に応対し、役人や博士の友人たちへの招待状に関する厖大な要望にも対処していた。送付した数たるや一〇〇や二〇〇はあった。参列を断れない外国人客が多かったので、結果的に学校関係や〝諸団体の人びと〟には、来ないよう頼まざるを得なかった。

外国人居留者たちには〝供花謝絶〟を知らせておいたが、それでもこの上なくすばらしい花輪とナツメヤシの枝がたくさん送られてきた。これらは芝教会と青山墓地に向かう棺と霊柩馬車に美しさを添えた。友人たちが厚意で用意してくれた馬車も数台あった。マキム監督はフルベッキ嬢とウルフ師夫妻を伴っていたが、博士のいとこ（フルベッキの叔母の息子）の存在は、フルベッキ嬢にとって大きな慰めとなり、さまざまな助けにもなった。重要なことの一つは、ベルベットのクッションに皇室から賜った勲三等旭日中綬章を置くことだった。教会では勲章は棺の上に置かれ、故人が叙勲者であることから、遺体を運ぶ墓地までの全二マイルの道程に兵士の一団が付き従い、その後、墓に向かって捧げ銃の敬礼をするなどが行われた。

教会は人であふれていた。一階は役人、外国人、招待された日本人で、桟敷は聖職者と助手たちで、婦人席は聖書を持つ女性たちでいっぱいだった。牧師の和田〔秀豊〕師が詩篇九〇を日本語で読み、デヴィッド・トンプソンによる英語での祈りが続いた。それには敬愛、畏敬、信念、希望が満ち満ちていた。最も救いとなる祈りであった。日本語による讃美歌、ウォードの旋律、詩篇四六に続いて、井深〔梶之助、明治学院〕総理が演説を行った。こちらは力強く簡潔で申し分なく、博士の主要な経歴を全て伝えるものだった。その後を私が引き継いで英語で話したが、最後は日本語で、博士がキリストに従ったように日本人も彼に従ってほしいと短く訴えて締めくくった。そして、奥野〔昌綱〕長老が感動的で共感に満ち、燃えるような祈りを捧げた。詩篇九〇の讃美歌〝わが主よ、代々わが救いよ……〟が英語で歌われ、日本語の賛辞が加えられた。それは日本福音同盟会会長で、青山学院校長のわが教会の創設時からのメンバーでもあるT・ホンダ師〔本多庸一〕によるもので、厳かな調子で読み上げられた。そしてマキム監督が祝禱を捧げ、教会での式典は終了した。

皇室の式部長官は、かの盛名なる装飾物を輸送するための代表者として山田氏を参列させたが、その勲章は式典の間ずっとクッション上に置かれ、棺の上で鎮座していた」

国内外から多くの追悼文が寄せられた。

「四〇年其間伝道に教育に尽瘁（じんすい）する所甚だ多く、（中略）基督教会に重（おもき）をなせるのみならず明治の文明に寄与する所多かりしが今や其訃をきく可惜也」（『萬朝報』一八九八年〈明治三一年〉三月一二日）

ジャーナリストで思想家の徳富蘇峰が創刊した日本初の総合雑誌『国民之友』も一八九八年（明治三一年）四月一〇日発売の三六八号に追悼記事を載せた。

「日本に住すること四〇年にして、最初に播きたる文明の種子が萌芽し、発育し、花を開き、果を結びたるを目撃したるは、彼の満足する所なるべし。彼が日本の恩人として教師として知己として最後に至るまで、日本の幸運を祈願したるは、日本国民の永く記憶すべき所也」

そして、この恩人を我々日本人は決して忘れてはいけないと結んだ。

アメリカの新聞にも多くの追悼記事が掲載されたが、なかでもニューヨークの *The Independent* は、一八九八年三月一七日付の紙面でフルベッキの経歴を辿ったあと、こう記している。

「強固な資質と精緻な教養を兼ね備えた人間が、勇気を振るって全精力を集中したとき、いったい何をなし得るのか、その実例がここにある。フルベッキ博士は、新生日本の未来に永久に残る銘を刻んだのだ。東アジア全体にとって衝撃ともなり、指針ともなるべきこの国は、今後何世紀にもわたって博士の影響を感じつつ、その名に敬意を払い続けるだろう。この素朴で、謙虚で、堅忍で、学識深く、献身的な宣教者は、イングランドでの聖オーガスティン、アイルランドでの聖パトリック、そしてゴート族に布教したウルフィラと同様に、記憶から失われることはない。これらの系統にある偉大なキリスト者たちは、失敗に終わることもなければ、世界に奉仕する機会を逃すこともない」

我々の物語を、ジェームズ・A・B・シェアラーの言葉で締めくくろう。

「すなわち博士の人生を最も端的に表すのは、聖書の次の章句である。『私は、あなたがたの間で、イエス・キリスト、それも十字架につけられたキリスト以外は、何も知るまいと決めていたのです』（コリントの信徒への手紙一第二章二節）。すべての行動を決定づけていたのは、主の御業へのひたむきな献身だった。なかでも第一の喜びとしていたのは、説教をすることだった。その才能に恵まれていたので、どの土地でも注目の的となった。フルベッキの主たる能力は、生き生きとした描写力にあったといえよう。身ぶり手ぶりを交えながら、天性の美声で情景を活写することができた。そして、論理的に反論の余地のない真理へと帰結させていった。日本の聴衆は、たとえ話が多い説教を喜んだ。どこに行っても、会って話を聴こうと群衆が押し寄せた。

フルベッキが日本にいなかったなら、今の日本にはなっていなかっただろう。日本という国が、本来の姿からより神の国へと近づいたのは、彼のおかげである」（*The Independent*, April 21, 1898〈*The Japan Evangelist*, June 1898〉）

フルベッキの死から一年半ほどが経った一八九九年（明治三二年）一二月、フルベッキの教え子たちによる募金で、紀念碑が建立された[11]。当時の『読売新聞』がその模様を伝えている。

「フルベッキ博士の紀念碑　故勲三等神学博士フルベッキ氏の為め同志相計り紀念碑を青山に建立

青山霊園のフルベッキの墓（筆者撮影）

し過日其建立式を行ひたるに副島伯、中島永元、辻新次、清水彦五郎、関屋祐之介、永井尚行氏等同博士の恩顧に浴したる人々来集し一同撮影しバラ博士ペ〔テ〕リー夫人（フルベッキ氏令嬢）より懇篤なる挨拶ありたる由」（『読売新聞』一八九九年〈明治三二年〉一二月二五日付）

フルベッキ終焉の地は、赤坂区溜池葵町三番地（現港区虎ノ門二丁目一〇番）の霊南坂に面するアメリカ大使館の向かい側にあった。今は静かなオークラ庭園の樹木が茂っている。

フルベッキは東京の青山霊園、外人墓地の南一種イ六側、四六、四七号に眠っている。オランダ式の細長く白い墓石である。その墓碑にはこう記されている。

In Memoriam Guido Fridorin Verbeek Born in the Netherland Jan. 23, 1830
Arrived in Japan Nov. 7, 1859. Died in Japan March 10, 1898
ギドー・フリドリン・フルベッキを追悼して　一八三〇年一月二三日オランダに生まれ、一八五九年一一月七日に来日、一八九八年三月一〇日日本で死去。

フルベッキ没後、妻マリアは長い闘病の末、一九一一年（明治四四年）四月二日カリフォルニア・アラメダで亡くなった。七男のバーナードが看取った。アラメダでは多くの慈善活動で知られていた。一九〇二年（明治三五年）六月一九日付、マリアのアメリカ合衆国への帰化宣言書が残っている。マリアの遺志に従って遺骨は日本に移送され、夫妻は同じ場所に眠っている（*Alameda Daily Argus*, May 26, 1911）。

マリアの小さな墓碑には、姓名と生没年と日本に来た年だけが記されている。

Maria Verbeek 1840–1911

マリア・フルベッキ　一八四〇——一九一一

二〇一八年（平成三〇年）九月、残暑厳しい日、筆者はフルベッキ夫妻の墓を訪れた。小石が敷き詰められた墓石の前には洋蘭（赤紫のデンファレ）が供（そな）えられていた。それは、胡蝶蘭のように瞬時に視線を惹きつける派手さはないが、人の心を深くとらえる魅惑的な花である。

第七章　フルベッキ家の人々

家族の思い出

近代日本の先導者フルベッキは、日本とアメリカを往復しながら、生涯にわたって多方面で多忙な活動を続けてきた。その間に七人の男子と四人の女子、計一一人の家族を持った。その彼の子孫たちは、フルベッキ自身のことをどのように受け止め、何を受け継いだのだろうか。

父フルベッキを看取った二女のエマは、アメリカ改革教会外国伝道局のコッブ宛書簡（一八九八年〈明治三一年〉四月一四日付）に亡父の思い出を記している。

エマによれば、父はいつも自分に金銭感覚がないことを嘆いていた。エマはお金がないと口にすることははしたないと育てられてきた。フルベッキは「武士は食わねど高楊枝」の考えの持ち主だった。卑しい精神、金儲けや、金銭欲を極端に嫌っていたのである。

「父は最も無欲な人間でありましたから各方面から父の慈悲心に訴えられた要求に対して『ノー』ということができなかったのです。（中略）わたしは父の金銭的に放漫であったことをせめたいのです」（『書簡集』）

エマはそのあとに、自分も父のような考え方を持っていたと付け加えているから、父のこうした考えが嫌いではなかったようである。

フルベッキの書簡には、お金に困っていたことが何度も記されている。伝道局からの給与を度々、前借りした。大学南校の高給取り時代を経て、とりわけ晩年はお金に困っていた。フルベッキをつねに「師」と仰いでいた高橋是清は、こうしたフルベッキの金銭的な「窮状」をよく知る人物だろう。

一八七八年（明治一一年）、家族でアメリカに帰国する決意をした時、フルベッキは唯一の財産である駿河台の屋敷を、是清によれば「先生も大満足」の価格で売却した。

「『何しろ値段の標準がつかないで困るが、とにかく六千五百円で買いましょう』ということになって、茅野の方へ買取られた」（『高橋是清自伝』上）

アメリカに帰国したフルベッキは一年を経ずして、「サンフランシスコは物価が安いと思っていたが、家族が九人もいるとやっていけそうもない」ことがわかった。かくして、一八七九年（明治一二年）九月に単身で、翌年七月には、妻と子たちが日本に戻った。

しばらく、是清とフルベッキとは連絡が途絶えていたが、一八八九年（明治二二年）、是清は官僚としてのキャリアを中断してペルーで銀鉱事業を行った。その折、フルベッキ一家をカリフォルニアに訪ねた。その時のことを是清は自伝に記している。フルベッキと会えると思っていたが、残念ながら是清は夫妻ともに会えなかった。

「夫人は病気で会えなかったが、お嬢さん（エマ）が出て来て、『今、自分は小学校の教師をしてやっと生活だけは続けているが、何とかしても一度日本へ行きたいと思う。妹（エレノア）は桑港（サンフランシスコ）の幼稚園で保母をしている。弟のギドウも桑港で働いている』という。いかにも気の毒な家庭の有様であった」（『高橋是清自伝』上）

師フルベッキの家族の経済的な窮乏には高橋是清も心を痛めていたのである。

フルベッキの長男、ウィリアムが父が亡くなって数週間後にM・N・ワイコフに宛てた書簡で父について記している。

「私の父は多読家で、読んだものは全て覚えているというすばらしい才能の持ち主でした。何年も前に読んだ本を引用する時も、どのページを探しているのかを正確に開くことができ、ページの何処に書いてあったかさえ覚えているのでした。彼は記憶術によって様々なアイディアを関連付けておけると強く信じていて、注意深く本の余白に書き留められた内容を用いることで、一般情報の巨大な蓄積を思い出したり体系付けたりしました」（ワイコフ著、辻直人訳「ギドー・F・フルベッキ伝」『明治学院歴史資料館資料集』第6集）

フルベッキの書簡は、「伝道局への報告」が大部分を占めているのは当然としても、これまで見てきたことから分かるように、家族について何度も綴られている。

一八六二年（文久二年）一一月二九日、フルベッキは長男ウィリアムの健やかな成長と、新たな子（二女エマ）の懐妊を長崎から伝道局への書簡で記している。

「わたしの子供（男子）は身長ものび、頑健です。息子の健康状態から判断して、ここの気候は外国人の子供たちに不適当とは思われません。摂理によって、来年の春頃、わたしの家庭にも一人、日本で生まれる子を迎えることになりそうです」（『書簡集』）

一八六三年二月七日に二女が誕生した。この子は、一八六〇年（万延元年）に生まれてすぐに亡くなった長女と同名のエマ・ジャポニカと名付けられた。

エマは一八八三年（明治一六年）春に、米国聖公会の宣教師として雇用され、三月からウッドマン師の担当である築地の日曜学校でクラスを受け持った。

一八八四年（明治一七年）にエマは記している。

「立教女学校の生徒は、明治一六年の秋の学期の間、歌は楽譜によってある程度学べるようになった。この学期には、歌の授業時間のほとんどは、新しい讃美歌と、詠誦（チャント）の練習を行った。完全にわかるにはなんべんも練習を必要とした。

また、五人の生徒にオルガンを教えている。日本語の先生との勉強は、毎日二時間行っている。この時間のほかに、語学のためにそれと同じ位の時間を費やすので、もっぱら文法と会話に集中している。毎日、出席している日本語の礼拝は、我々の語学勉強にとって、大いに助けとなっている」（『立教女学院九十年史資料集』）

一八八五年（明治一八年）四月には東京女子師範学校附属高等女学校の音楽及び英語教師として雇われた。

同年九月からは地理学、購読・英書、英会話を立教女学校で担当した。

一八九〇年（明治二三年）一〇月三日付、エマは米国聖公会のウォルター・ロバーツ宛にオランダから書簡を送っている。

「この手紙が間に合えば、一〇月の手当をNo. 66 East 100th St. New Yorkに送ってください。なぜかというと、もうすぐ、恐らく今月の二二日頃、リバプールから出る船に乗るために、英国へ向かってオランダを出発するからです」（マイクロNo. JR. 6-8-61. 日本聖公会管区事務所所蔵）

一八九一年（明治二四年）一〇月五日付ジョナサン・キンバー宛書簡では「現在、父と一緒に築地四番地に住み、先週からバイブル・ウイメンの学校で聖書を教えています」（マイクロNo. JR. 6-8-61. 日本聖公会管区事務所所蔵）と記している。

モラヴィア教会のアーカイブには、フルベッキの妻マリアが親族に「娘が結婚した」ことを知らせる書簡が残っている。

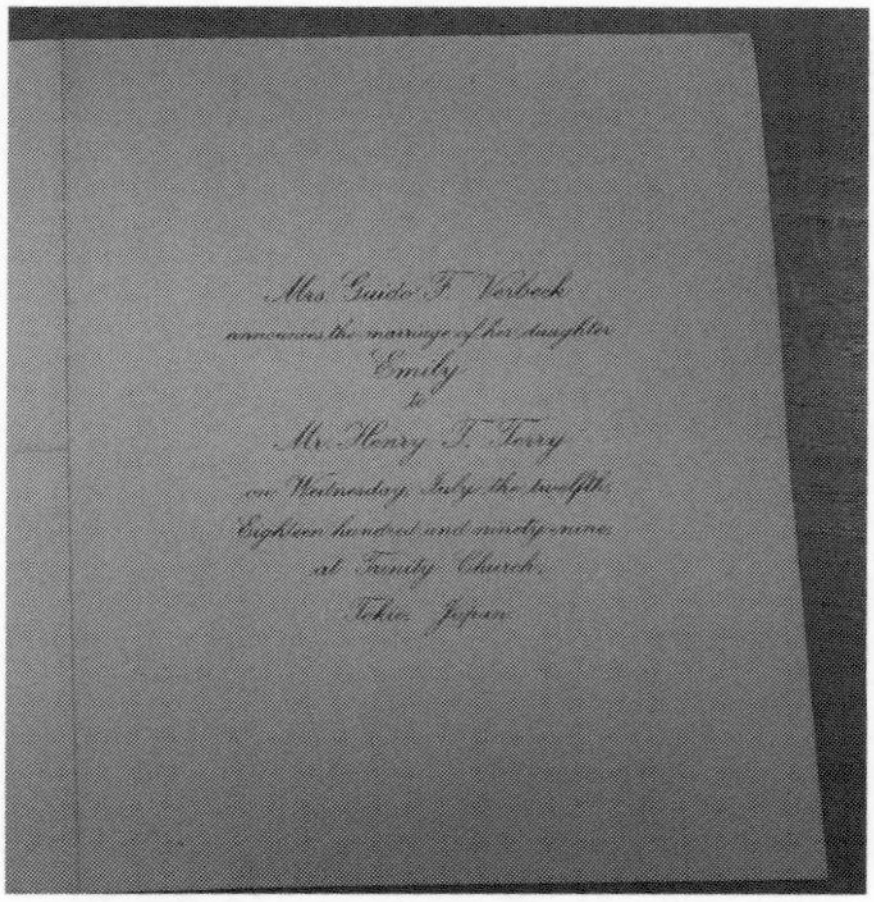
Mrs Guido F. Verbeck
announces the marriage of her daughter
Emily
to
Mr Henry T. Terry
on Wednesday, July the twelfth,
Eighteen hundred and ninety-nine
at Trinity Church,
Tokio, Japan

エマの結婚を伝える母マリアの手紙（ザイスト・モラヴィア教会所蔵）

エマは一八九九年（明治三二年）にお雇い教師で東京帝国大学教授のヘンリー・T・テリーと結婚式を挙げた。エマはエミリーと改名した。エマは常に早世した姉エマ・ジャポニカのことを思って生きてきた。エミリーとは、フルベッキの長姉エマ・マリア・エミリー・ファン・ラール（フェルビーク）に因んでいる。ちなみにテリー夫妻に子供はいない。

一方、子供時代の父との思い出を長男のウィリアムが綴っている。次に挙げるワイコフ宛の手紙にこうある。

「家族で過ごした時間は、私にとって幸せな日々でした。私の親愛なる父は子ども時代と少年時代を、他の誰よりも幸せな時期にしてくれました。彼は私たちにとって父であり大きな兄であり仲間でした。この国の子どもの遊びや子ども同士と交流する機会がありませんでしたが、父は私たちにとって想像以上の存在でした。父は理想的な遊び相手でした。まるで運動選手のように私たちを走らせたり跳躍させたりすることができました。彼は美しい語り部で、オランダのおとぎ話とドイツのシュルツヴァルトの盗賊の話が得意でした。皆さんもよく覚えているかと思いますが、彼は美しいバリトンの声をしていました。とても共感できる声でしたので、私たちは父の歌を簡単には忘れることができません。私は、長崎にいた時に父が歌ってくれた子守唄を今でも覚えています。父は私たちとチェスやチェッカーをして遊び、私たちを楽しませることなら何でもしてくれました。そして私たちは父の遊んでいる様子からいつも何かを学んでいました。父は科学的な玩具に大きな情熱を持っていて、いつも私たちにそれらの玩具をどっさりと与えてくれました。私たちの遊び仲間として父と一緒にいると、遊んでいる時間は学校のようなもので、父の指導はまるで一般教養的な教育でした。これらの様子をお知りになって、私たちが父を失ってどれだけ喪失感があるかお分かりになるでしょう」（ワイコフ著、辻直人訳「ギドー・F・フルベッキ伝」『明治学院歴史資料館資料集』第6集）

そのウィリアムが生まれた時の喜びをフルベッキは長崎からアイザック・フェリスに書き送っている。

「今月の報告はきわめて簡単ですが、わたしたち家族に関して、重要なニュースを報告せねばなりません。

一月一八日、男児が生まれました。丈夫で健康です。わたしたちの心は神に対し感謝の念にみちています。神のめぐみと慈愛とに対し、聖名をほめたたえます。（中略）

赤ん坊のための一室は気もちよく、暖かく用意されています。よいストーブもあるし、気候もやや温暖ですし、米国監督教会のよい医師、H・E・シュミットのお世話になっています」（『書簡集』一八六一年二月六日付）

ウィリアムの誕生から二ヵ月が経った三月一六日には「妻と息子とはきわめて健康です。主の聖名はほむべきかな！」（『書簡集』）とその喜びを同じくフェリスに書き送っている。

長女エマの死の悲しみの後の、長男ウィリアムの誕生、このことがフルベッキ夫妻にとってどれほどの福音をもたらしただろうか。一八六一年には、三度も繰り返して、子供の様子を伝道局に報告している。

長崎で生まれ育ったウィリアムは日本人と同等に日本語の読み書きができただけでなく、武士の子息たち同様に「武士道」に影響を受けた。「正しい心を持つことが生きる全ての基本である」という父の精神を学んだ。

しかし、子供たちの教育をアメリカで授けたいと考えていたフルベッキ夫妻の意向に沿う形で、ウィリアムは一七歳を過ぎると家族と別れてカリフォルニアに渡った。地元のオークランド高校で学んだあと、カリフォルニア大学で法律を専攻した。その後、カリフォルニア州民軍の大隊副官となった。発明家、歌手、芸術家、法律家を目指すなど、父フルベッキに劣らぬ多彩な才能の持ち主で、一八八八年（明治二一年）、二七歳でニューヨークのセントジョーンズ・アカデミー（後のマンリアス・ミリタリー・スクール）に迎えられた。名物校長として知られ、六九歳で生涯を閉じた。

一八七八年（明治一一年）頃、フルベッキがアメリカの市民権を得る努力をしたことは第四章で述べた。それは認められなかったが、ウィリアムはその時家族の市民権を得たと信じていた。後に間違いに気付いて申請手続きをしている（*New York Times*, June 9, 1929）。

ウィリアムはサンフランシスコでキャサリン・ケイト・ノベルと結婚し、三人の息子に恵まれた。その三男がウィリアム・ジョーダン・フルベッキ（一九〇四〜一九六五）で、フルベッキの直系の子孫にあたる（軍人として第二次世界大戦で日本と戦うことになる〈後述〉）。

子孫たちと日本

一九〇九年（明治四二年）秋、実業界のリーダー、渋沢栄一を団長とする五〇名余の実業家一行が初めてアメリカ各地を訪問した。民間から日米貿易を促進しようとする画期的な渡米実業団として知られる。九月一日、西海岸のシアトルに到着した一行は鉄道で米大陸横断を開始した。バンクーバー、マディソンを訪問し、九月一九日にミネソタ州ミネアポリス・ラファイエット倶楽部を訪れた。その際、就任したばかりのW・H・タフト大統領は遊説日程を変更して、一行を歓迎した。タフトは当時すでに何度も訪日していて明治天皇に夫妻で芝離宮に招待されたこともあった。一行の訪問は地元の有力紙『ワシントン・ポスト』や『ニューヨーク・タイムズ』などに大きく報じら

続柄		氏名	愛称	生年（出身地）	没年（死没地）
親	夫	ギドー・ヘルマン・フリドリン・フルベッキ（1）		1830（オランダ・ザイスト）	1898（東京）
	妻	マリア・マニヨン（1）		1840（アイルランド）	1911（カリフォルニア・アラメダ）
長女		エマ・ジャポニカ・フルベッキ（2）		1860（長崎）	1860（長崎）
長男		チャールズ・ヘンリー・ウィリアム・フルベッキ	ウィリー	1861（長崎）	1930（ニューヨーク・マンリアス）
二女		エマ・ジャポニカ・フルベッキ（後、エミリーと改名）	エミー	1863（長崎）	1943（ニューヨーク）
二男		チャニング・ムーア・フルベッキ	チャニング	1865（長崎）	1928（カリフォルニア・サクラメント）
三男		グスタヴ・アドルファス・フルベッキ	グスタフ	1867（長崎）	1937（ニューヨーク）
四男		ギドー・フリドリン・フルベッキ（3）	ギドー	1868（東京）	1884（カリフォルニア・オークランド）
五男		フーゴー・アーサー・フルベッキ	アーサー	1871（東京）	1918（サンフランシスコ）
三女		エレノア・ジャポニカ・フルベッキ（4）	ネリー	1874（東京）	1929（カリフォルニア・サクラメント）
四女		メアリー・アン・フルベッキ（5）		1875（東京）	1876（東京）
六男		バーナード・フルベッキ（6）	バーニー	1880（オークランド）	1880（太平洋船中）
七男		ジェイムズ・バーナード・フルベッキ	バーニー	1881（東京）	1932（カリフォルニア・アラメダ）

（1）1859年4月18日、ペンシルベニア州フィラデルフィアで結婚。夫妻共東京・青山霊園外人墓地に眠る

（2）生後14日で死亡。長崎市稲佐町の悟真寺にある国際墓地に埋葬

（3）病死と地元の新聞に報道

（4）幼稚園の先生をしていて、独身のまま亡くなった

（5）横浜外国人墓地に埋葬

（6）日本に向かう船中で没。四女メアリーと一緒に横浜外国人墓地に埋葬

フルベッキの家族構成（石田三雄・八木谷涼子氏作成協力）

れた。

それから、セントポール、シカゴ、デトロイト、クリーブランド、バッファロー、イサカと巡って一〇月九日早朝、一行はニューヨーク州シラキュース市の駅に到着した。出迎えたのは、長身の青い目の男だった。男は、「渋沢男爵、長途の旅、ご苦労様です」と流暢な日本語で歓迎の挨拶をした。その人物こそフルベッキの長男ウィリアム・フルベッキであった（『渋沢栄一伝記資料』第二三巻）。

翌一〇月一〇日、フルベッキ校長は一行をマンリアス・ミリタリー・スクールに案内した。校庭の一画に日本式庭園があり、茶室が設えてある。さらにウィリアム夫妻は一行を寿司と羊羹（ようかん）でもてなした。さらに渋沢たち一行を驚かせたのは、フルベッキの友人グリフィスが「歓迎」の挨拶をしたことだった（NPO法人高峰譲吉博士研究会の石田三雄氏の論文「外国人教師・宣教師フルベッキ一族と日本（その1）」）。

グリフィスは一八七五年（明治八年）、アメリカに帰国後、牧師となり、*The Mikado's Empire*（山下英一訳『明治日本体験記』）を刊行し、日本を紹介する文筆活動をしていた。その時は、シラキュースの南にあるイサカ大学で講師をしており、渋沢一行を歓迎するために駆け付けたのだった。

グリフィスは、その時の様子を書いている。

「私はここでヴァーベック博士のことを一言せねばならぬ。博士は四十余年間日本に居り、明治天皇に対しては非常な敬虔の念を抱いていた人であり、日本の最良の友人であつた。（中略）数年前、渋沢子爵（男爵）を団長とする実業使節団が米国に来られた時、一行は謝意を表するため、ヴァー

世代	氏名	生年-没年	生誕地
1	ギドー・ヘルマン・フリドリン・フルベッキ	1830−1898	オランダ・ザイスト
2a（兄）	チャールズ・ヘンリー・ウィリアム・フルベッキ、1の長男	1861−1930	日本・長崎
2b（弟）	グスタヴ・フルベッキ、1の三男	1867−1937	日本・長崎
3a（長兄）	ギドー・フリドリン・フルベッキ、2aの長男	1887−1940	米・ニューヨーク州
3c（末弟）	ウィリアム・ジョーダン・フルベッキ、2aの三男	1904−1965	米・ニューヨーク州
4	ギドー・フリドリン・フルベッキ・ジュニア、3aの長男	1912−1993	米・ニューヨーク州
5	ギドー・フリドリン・フルベッキ3世、4の長男	1940−	米・ニューヨーク州
6	ギドー・フリドリン・フルベッキ4世、5の長男	1970−	米・オクラホマ州
7	ギドー・フリドリン・フルベッキ4世の息女2名		米・テキサス州

フルベッキ家の世代関係（石田三雄・八木谷涼子氏作成協力）

ベック将軍（ヴァーベック博士の令息で少将）の学校があるマンリアスへ行かれたが、其の時私も何か演説するやうに頼まれたので、私は　明治天皇の御人格と御事業に就いて一場の談話を試みたことであつた。明治天皇の御創業時代に於て、この人が貢献したことは、蓋し少なからざるものであつた」（ウィリアム・エリオット・グリフィス「明治大帝の印象」大日本雄弁会講談社編『明治大帝』）

また、当時マンリアス・ミリタリー・スクールには、江副廉蔵（えぞえれんぞう）（元佐賀藩士）の息子隆一が留学していた。廉蔵は長崎・致遠館でフルベッキに英語を学んだ。一八七六年（明治九年）、フィラデルフィア万国博覧会に通訳として参加した。一八七八年（明治一一年）、三井物産ニューヨーク支店に勤務し、帰国後、アメリカ煙草の輸入で莫大な富を築いた。ちなみに廉蔵の姉・美登は、大隈重信の最初の妻である。隆一は、ウィリアムのもと、九年間マンリアスで学んだ。

ウィリアムはマンリアス・ミリタリー・スクールを全米有数の学校にし、多くの人材を育てた。また、全米ボーイスカウト団長やニューヨーク州国防軍副長官を歴任した。

一八六三年（文久三年）一〇月四日、薩英戦争の危険を恐れて、長崎から上海へ避難した帰りの船上から伝道局のフィリップ・ペルツに送った書簡で、フルベッキはウィリアムとエマについて記している。

「上海の不健康な季節全体を通じて、わたしたちはみな健康でした。知人の幾家族かは病気のため、ひどく苦しみ、中には家族のうちに死人が出たりしました。中には夏季しばらく転地を余儀なくしたものもありました。わたしは妻と二人の子供がいるので、不健康な土地でこの夏をすごすのを恐れる理由もあるし、コレラや赤痢のような目にみえた危険に打ちかたなければならなかったのです」（『書簡集』）

一八六五年（慶応元年）に生まれた二男チャニング・ムーアは長崎で聖公会のC・M・ウィリアムズから洗礼を受けた。そのウィリアムズの一八七九年（明治一二年）七月三一日付の遺言書に、チャニングに五〇〇ドルと金製時計を贈ると書かれている（『宣教師ウィリアムズの伝道と生涯——幕末・明治米国聖公会の軌跡——』）。

チャニングが生まれてから二年後の一八六七年（慶応三年）に、三男グスタヴは兄と同じ長崎に生まれた。

一八六八年一月一七日、フルベッキが長崎からジョン・フェリスに送った書簡は妻への気遣いに溢れている。

「わたしの妻は先月、上海に航行していました。長い間、わたしたちの第四番目の幼児〔グスタヴ〕の育児で、最近かなり弱っていたので、転地の必要から先月八日、上海に向かい二〇日ばかりして二八日に帰って来ました。

妻はこの旅行で大変元気を恢復し、幼児もよく育っています」（『書簡集』）

グスタヴは日本で育った。芸術の才能に恵まれ、パリで学び、のちにニューヨークで挿絵画家になった。グスタヴの描く世界は、"The Upside-Downs of Gustave Verbeck" と呼ばれ上下を反転させると、まったく異なる意匠の絵が現れる独特なものであった。雑誌や新聞に連載漫画を発表して人気を博した。

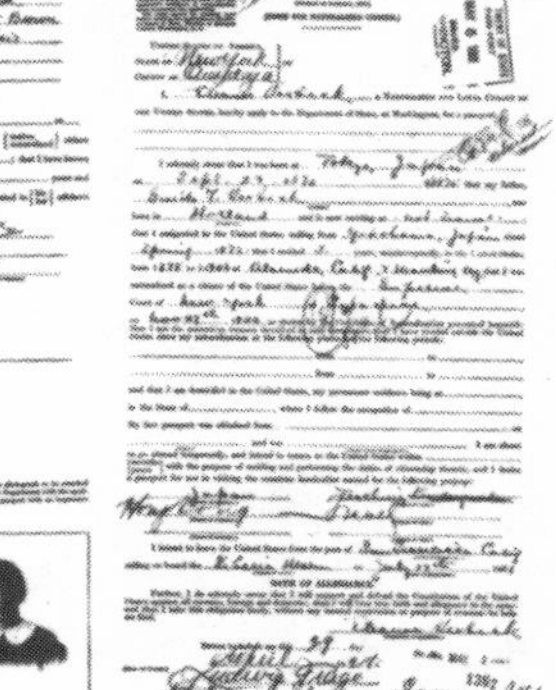

三女エレノア30歳、米国パスポート申請書の写し

そして四男が生まれた年、一八六八年（慶応四年）八月一七日、フェリス宛に「先月一六日男子〔ギドー〕が生まれましたので、妻の健康のため、空気や気候の変化を必要とするのです」（『書簡集』）と書き記した。

一八六九年（明治二年）六月二九日、フェリスに送った書簡で、家族が四月三〇日にサンフランシスコに向かったと報告している。三人の年長の子供たちを親戚か友人に託すことができれば、妻が二人の子供を連れて日本に帰って来られると希望を述べている。

「わたしとしては、妻がなるべく早く帰って来ることを願っています。わたしはこの寂漠とした土地に男独りわびしい生活をすることに耐え難いのです。子供たちの可愛い小さな声や、バタバタと歩く足音がきけないからです」（『書簡集』）

一八七二年（明治五年）一月二二日、フェリスに送った書簡で、先月二八日にアーサーが誕生したことを伝えている。

「母子とも経過が極めて順調です。わたしたち一同は健康にめぐまれています」（『書簡集』）

一八九一年（明治二四年）八月七日、コッブ宛書簡でフルベッキがアーサーの誕生日を一八七二年一二月二八日と書いたのは彼の書き間違いで、実際は一八七一年（明治四年）一二月二八日である。

それから二年後の一八七四年（明治七年）一一月二一日、フェリスに送った書簡でも、まず触れたのは生まれた子のことである。「まず家庭のことから始めます。九月二三日女児〔エレノア〕が生まれました。第七人目です。いま気候がよいのが何よりです。子供たちにとっての問題は、一番大切な、よい学校のことです」（『書簡集』）

一八八〇年（明治一三年）七月一三日、マリアがギドー、アーサー、エレノアらを連れて日本に戻る船中で、この年二月七日に誕生した六男バーナードが亡くなった。「わたしたちが一緒になれた喜びは、この苦難によってひどく打ちひしがれてしまいました。しかし、わたしは『妻と三人の子供たちを再び迎えることができて幸福です』とはっきり申し上げられます。わたしたちは本当に

天父に対して、その深い恩恵に心から感謝を捧げる次第です」（『書簡集』一八八〇年〈明治一三年〉八月三日付）

一八八一年（明治一四年）八月二五日付書簡では、こう記している。

「今月七日、男子（七男バーナード）が生まれ、母子とも健在だということです。今では太平洋の両岸に三人の息子と一人の娘をもつことになりました」（『書簡集』）

その時、最も大切な問題は、子供たちをよい学校に通わせることだとフルベッキは考えていた。

一八八二年（明治一五年）八月二一日、フェリスに子供たちの経済的窮乏を救ってくれたことに対する感謝の気持ちを述べている。「わたしたちは子供たちのことをいつも心配しております」（『書簡集』）と記したように、フルベッキにとって家族はまさに一大関心事なのである。

フルベッキと妻はカリフォルニアにいる子供たちのことがいつも気がかりだった。

長男のウィリアムはオークランドＹＭＣＡの熱心な会員で、日曜学校の教師もしていた。

静かで真面目な少女・二女のエマはヴァージルという好きな子が出来て、その上勉強熱心だ。

フルベッキ夫妻が心配していたのは思春期の子供たちが人格形成期という非常に重大な年齢に達していたことだ。

フルベッキにとって三度目の家族との別れがあった。一八八五年（明治一八年）一月二六日、伝道局のコッブ宛の書簡に短く記している。

「昨年一二月初旬に一六歳の息子ギドウの死亡した悲しい知らせをカリフォルニアから、昨夜受け取ったことをお知らせするだけの時間しかありません。前の汽船（サン・パウロ）が行方不明かあ

左からギドー・フリドリン・フルベッキ（フルベッキの孫）、夫妻の長男ギドー・フリドリン・フルベッキ・ジュニア、妻のミュリェル・フルベッキ（フルベッキ４世提供）

1959年のフルベッキ一族の集まり。右端の２人がフルベッキの孫のウィリアム夫妻（フルベッキ４世提供）

るいは到着しなかったために、死亡の原因、模様など、その日付についてさえ、まだ何も判明しておりません。深い悲しみに沈んでいます」（『書簡集』）

一八九三年（明治二六年）一一月一三日、伝道局のコップ宛の書簡では将来の不安を訴えている。「娘のネリー〔三女エレノア〕は今一八歳です。わたしが本国にいたとき、彼女をミルズ・セミナリーに入学させる手続をいたしました。彼女がその大学で教育を受けるために、多少の援助を必要とするので、娘が二〇歳に達するまで年々の学資の補助を続けてくださるようお願いいたします」（『書簡集』）

さて、長じた長男ウィリアムの三番目の息子ウィリアム・ジョーダン・フルベッキは、父の愛した国・日本を相手に戦う軍人となった。彼の名前は作家・大岡昇平の『レイテ戦記』にも登場する。投入された日本軍八万四〇〇六名のうち実に九四パーセントが戦死したフィリピン・レイテ島での戦い。米軍も苦しい戦いを強いられた。『レイテ戦記』は記している。

「米第一〇軍団長サイバート中将はかねて二一連隊長ウィーバー中佐の指揮に不満であった。一二〇〇、自ら連隊戦闘指揮所に赴き、師団情報将校ヴァーベック大佐と交替させた。（中略）〔一八九八年（明治三一年）〕祖父の葬儀が日本の国葬の規模で行われ、近衛兵が棺に随ったことを忘れなかった。日本で生れたので日本語を解した。

戦後二四師団は朝鮮戦争に参加したから、一九五〇年大佐は東京へ来た。ＧＨＱの意向に反して靖国神社に参拝し、第一師団長片岡中将に会って、第一師団の善戦を賞讃した。（これが過褒でなかったことは、後で引用する連隊報告と所感が証明している。）その頃商人になっていた片岡中将に、上官に対する礼を取って中将を感激させた。

彼はまた二一連隊戦闘報告『或る連隊の戦い』、ルポルタージュ『昨日の子供達』などリモン峠の戦闘に関する文献を中将に贈った。今日『第一師団レイテ戦記』がレイテ戦記の中で最も整い、私がいまこれを書けるのも大佐のお蔭である。

しかし戦場にあっては、ヴァーベック大佐は容赦のないウエストポイント出の将校であった」(『レイテ戦記』)

二〇一九年、ノース・テキサス大学教授であるフルベッキの長男ウィリアムの玄孫にあたるギドー・フリドリン・フルベッキ四世は最先端化学の質量分光測定法の研究で忙しい日々を送っていた。その彼が、フルベッキ家と日本との関わりについて筆者に一文を寄せてくれた。

「ギドー・フリドリン・フルベッキ、すなわちフルベッキ先生の生涯と業績は、私たち六世代を経ても、きちんと理解され誇りをもって伝えられている。私はギドー・フリドリン・フルベッキの第六世代で、日本とアメリカの歴史を理解できるようになった頃から、自分の名前に誇りをもってきた。私たちの家系における日本との繋がりは、私たちの世代に至るまで年代順にきちんと整理され、伝承されてきている。

その歴史は、現在、日本に葬られているギドー・ヘルマン・フリドリン・フルベッキに始まっている。幕末に宣教師として日本に渡り、明治時代には外国人として西洋文明の教育にあたった彼の業績は他のだれにも引けをとるものではない。設立当初の文部省の顧問、大学南校の教師などを務め、こうした日本政府への貢献によって勲三等旭日中綬章を受章した。それは我が家に大切に保存

（右）フルベッキ４世（ノース・テキサス大学教授）（左）フルベッキ４世の娘、アンナ・ファンダーン・フルベッキ。ニューヨークのマンリアス・ペブル・ヒル校（マンリアス・ミリタリー・スクールの後身）内にあるフルベッキ家の墓地にて（共にフルベッキ４世提供）

され、一族の誇りの原点にもなっている。

彼の息子は『日本の白人男児第一号』として知られ、『タイム』誌の記事にもなった。そのウィリアム・フルベッキ将軍は、ニューヨーク州国防軍副長官になり、終生日本の友人であった。日本生まれの彼は母国語が日本語であった。アメリカ生まれの日本人に日本語で語ることをとても楽しみにした。彼の息子は彼の遺志を引き継いでいる。

もう一人のギドーの息子、グスタヴは有名な漫画家として一世を風靡した。私もその作品を所有しており、一族には数点が保存されている。

ウィリアム・フルベッキの息子で、私の大叔父ウィリアム・ジョーダン・フルベッキ将軍（愛称はビル）は第二次世界大戦前の一九二〇年代後半から一九三〇年代前半まで、駐日アメリカ大使館に勤務したことがある。

ウィリアム・フルベッキは少年男子のためにマンリアス・ミリタリー・スクールを創立したが、現在はマンリアス・ペブル・ヒル校と名前を変えて男女共学の私立校として存続している。学校には彼が造った日本庭園がある。そこにフルベッキの四世代が埋葬されている。

二〇一二年六月九日、ニューヨーク州のマンリアスにフルベッキ一族が集まった。一族の安息の地、そして我々一族が受け継いできた日本への親愛を永遠に維持し、一族の歴史を記念する日本庭園を訪問するためである。私たち一族の誇りの原点になっている、日本とアメリカの歴史の両方にとっての偉大な地である。何世代にわたって、私たちの子供たちによって引き継がれていくだろう。私たちの家族にとって日本の影響は、私たちを素晴らしいものとなし、そして記憶されてゆくであろう」（NPO法人高峰譲吉博士研究会の石田三雄氏の論文「外国人教師・宣教師フルベッキ一族と日本（その2）」（http://www.npo-takamine.org/contribution/08.html フルベッキ四世から同文のメッセージを寄せられた石田三雄氏の訳を参考にした）

フルベッキが遺したもの

一人ひとりが進歩しなければ、社会は進歩しない。フルベッキは生徒たちに事あるごとにそう言った。

一八八六年（明治一九年）九月一一日、本郷青年奨励会（東京本郷・本郷一致教会会堂）で、フルベッキは「基督教は社会進歩の為に必要なり」と題して演説を行った。

「第一　凡そ社会の進歩は一個人の進歩に由るもので御座ります。なぜならば社会といふものは一個人から成り立つもので御座ります故に人間社会の中に含まれたる一個人たるものが皆んな銘々に能く進歩するならば其の全体の社会が必ず善く進歩してゆく筈で御座ります。一個人たるものが皆んな油断をして滞るならば即ち箇様な人間を含む所の社会は必ず進歩せいで止まッて居る訳で御座りませう」

一八九八年（明治三一年）二月、青山学院青年部の集会で信教の自由の喜びと感謝の気持を述べている。

「かかるほどに邪宗門禁制の高札も見えずなり、信徒の数も増さりゆきぬ。余は明治十一年に一度帰国し、十二年再来し今日まで宗教に従事し楽しく聖旨を味ふ事誠に喜ばし、殊にむかしの面影を止めざるまでに、此僅々の時代に日本の進歩したるを感謝に堪へざるなり」（「三十年前の日本」『護教』三四三号、一八九八年〈明治三一年〉二月一九日号、フルベッキ談）

グリフィスは記している。

「彼が接した個々人の自尊心を尊重していた。彼の性格の特徴の一つは、他人の意志に影響を与える時に、彼の意志を押し付けることを非常に嫌っていたことである。彼は彼らに不当な影響力を行使し過ぎないように、彼らが自主的に行動するよう個々人の権利を尊重した。彼自身の子供たちにさえ、彼らが一定の年齢に達した後でも、彼は直接的な命令を与えることは避けた」（*Verbeck of Japan*）

フルベッキは人生の時々で、いろいろな役割を演じてきた。それがグリフィスをして「技術者、教師、語学者、説教者、教育者、政治家、宣教師、翻訳家、学者」（*Verbeck of Japan*）と言わしめた。誰かから求められたことや、周囲の状況変化に素直に従い、それぞれの役割に対して、誰にも真似の出来ない傑出した能力を発揮した。更なる高みを目指してひたすら努力した人物、それがフルベッキであった。

フルベッキは生涯にわたって、私たちに大きな足跡を遺した。

註

序章　フルベッキ写真

（1）『太陽』の「フルベッキ博士とヘボン先生」で、戸川残花は記している。

「氏の交際せし人、或は其門下の学生には岩倉侯、大隈、大木、伊藤、井上の諸伯、加藤弘之、辻新次、杉亨二、何礼之、中野健明、細川潤次郎の諸君あり、故大久保侯あり、江藤新平氏あり、横井小楠あり、英和字典を著はしゝ柴田氏等のあれば美談逸事多しと雖も氏の恭謙なる敢て当年の事を語らず、この伝記さへも氏自らは語るを好まず強ひて写影は借り得たりと雖も、其小伝を知るに由なく幸に教友ワイコフ氏が氏の小伝を編せしゆゑ、其稿を借読し加ふるに余が記憶にある所を以て書記せしなり、詳細なる伝記は他年の後に世にあらはるゝ事もあるべし」

戸川の記述には、長崎時代の教え子やその後の親交が続いた人物と、東京時代の大学や政府の仕事を通じて交流があった人物が混在している。しかるに、過去の研究論文には、全てが長崎時代の弟子であるとの誤解に基づく記述が見られ、未だに訂正が行われていない。

ワイコフが著した「ギドー・F・フルベッキ伝」は *The Japan Evangelist* 一八九五年四月号に掲載されている「Rev. Guido F. Verbeck, D.D.」である。ここからグリフィスは、一九〇〇年に出版したフルベッキの伝記 *Verbeck of Japan* の執筆に際して相当の情報を得ているが、全く引用元を明らかにしていない。*Verbeck of Japan* にはワイコフは登場しない。

また、グリフィスが *Verbeck of Japan* で「フルベッキ写真」に「大隈重信」や「柳谷謙太郎」が写っているとしたのは、彼の勘違いである。

第一章　ザイストから希望の国へ

（1）オランダにおけるプロテスタント（カルヴァン主義）の最古の教派。一六世紀末、オランダはスペインから実質的に独立し、一六〇二年には東インド会社を設立している。「スペインのオランダ領地だったオランダは、スペイン王フィリップ二世治下の圧政を逃れるために、当時のヨーロッパに広がった宗教革命の余波、特にカルヴァンの精神を支えに、オラニエ公ウィレム一世を戴いてオランダ独立戦争（八〇年戦争）を起こし、一六四八年、国家の独立と信仰の自由を獲得した」（伊藤典子『フルベッキ、志の生涯――教師そして宣教師として』）

（2）一四世紀の終わり頃、ヤン・フスによってチェコのボヘミア東部モラヴィアの地に設立された。フルベッキの両親はルター派に属していたがザイストにはルター教会がなく、ギドーはモラヴィア派の学校に通っていたので、その影響を強く受けて育った。

（3）村瀬寿代氏の調査によると、グリフィスはフルベッキの母の名前をアンナ・マリア・ヤコミナ・ケラーマンとしているが、ザイスト在住のピエール・ルーン氏作成の家系図によると、正しくはマリア・ヤコビナ・アンナ・ケルダーマンである。彼女はドイツ西部ノイヴィート近くのヘデスドルフで生まれた。一説にはヤコビナはヤコミナともいわれ、ケルダーマンはケラーマンであったという。ザイストでカール・フェルビークと結婚し、ザイストで没した（村瀬寿代訳編『新訳考証　日本のフルベッキ――無国籍の宣教師フルベッキの生涯――』）。

（4）ここでは族長（アブラハム、イサク、ヤコブ、ヨセフ）の一人をさす。ヤコブはイサクの子でアブラハムの孫。イスラエルの一二氏族の父にあたる。『創世記』二八章一八節～二二節、および、三五章九節～一五節に記された、ヤコブが石の柱をたてて礼拝をした情景になぞらえている。神がヤコブに語りかけ、祝福した地を聖なる礼拝所とし、そこをベテル（神の家）と呼んでいる。

（5）アメリカ合衆国ペンシルベニア州ピッツバーグからブラッドフォードに向かう二八号路の中間点に位置する、モラヴィア兄弟団（ドイツではモラヴィア教会と呼ばれる）が開拓したコロニーの名前である。ベスレヘムは、キリスト生誕の地の名前に由来する。

（6）カール・ギュツラフ（一八〇三～一八五一）はドイツに生まれ、神学と医学を修めた後、外国伝道を志し、中国に渡った。伝道の傍ら、イギリス政府の中国語通訳官を務めながら日本語を学んだ。一八三七年、初の日本語訳聖書『約翰（ヨハネ）福音之伝』及び『約翰上中下書』を刊行した。伝道資金調達のために、一八四九年から一八五〇年にかけてヨーロッパ各地で講演を行った。その際、オランダ・ザイストにも行っている（鈴木範久『日本キリスト教史　年表で読む』）。

（7）ユトレヒト工業学校。フルベッキはモラヴィア派の学校を卒業後、ユトレヒトの工業学校に入学し工学を学んだ。「特にグロット教授のもとで学んだ」（*Verbeck of Japan*）とグリフィスも書いている。この工業学校ではドイツの物理学者で、X線の発見で第一回ノーベル物理学賞を受賞したヴィルヘルム・コンラート・レントゲン（一八四五～一九二三）（W・ラバート・ニッスキイ著、山崎岐男訳『X線の発見者　レントゲンの生涯』）や明治初期のお雇い外国人長工師ファン・ドーレン（高崎哲郎「明治初期・お雇オランダ人長工師ファン・ドーレン研究――その実績と評価――」〈『土木研究所報告』第二〇四号〉）も学んだ。フルベッキはその後、短期間、ザイストで鉄鋼関係の仕事をした。これらのことが新天地を求めてアメリカに渡ってから、橋梁の設計や地図の作成といった土木技師としての仕事や鋳物関連の仕事をするのに役立った。彼の科学技術の素養は後年、日本で初めての地震計を試作させている。

（8）父方の叔父ハインリッヒ・ウィルヘルム・モリッツ・フェルビーク（一八〇五～一八八一）宛の書簡である。この書簡はゲーテの『若きウェルテルの悩み』に登場するウェルテル（ウェルター）が恋の悩みを手紙で打ち明ける親友ウィルヘルムになぞらえたのであろう。

（9）フルベッキは貨幣の単位を記していないが、当時のオランダで使われていた単位であるギルダー。一八五〇年当時の一三〇ギルダーは一ユーロ＝一二八円換算で一八万六〇〇〇円ほど。農園労働者は一年間で七五ギルダーの賃金、郵便配達員は一年間で一〇〇ギルダーの給料だったという。

（10）その後の持ち主のものとして残っている記録にハワード鋳物工場の名があるので、タンクが死んだ後にビジネスと土地を買ったのかもしれない。フルベッキがいた時代の住所については記録が残っていないが鉄道と川（現在ハイウェーになっているところが川だった）のある立地条件の良い場所で、当時、その一帯がタンクの土地（タンクタウン）だったようである。

（11）神学博士のS・R・ブラウンは宣教師、翻訳家、教育者としても名高く、後に彼が日本で教えた生徒たちは日本の歴史に名を残す錚々たる面々であった。長崎時代のフルベッキはブラウンの指示を仰ぎながら宣教に努めた。ブラウンは聖書の和訳に貢献しただけでなく、横浜で吉原重俊（日本銀行初代総裁）に英語を教え、修文館で小野梓（早稲田大学創立者）など多くの俊英たちを育て、さらにブラウン塾を開いて、神学教育にあたった。そこでは、植村正久、本多庸一（青山学院院長）、押川方義、井深梶之助（明治学院二代目総理）などが学んだ。

晩年は一層、聖書翻訳に力を注いだ。一八七四年から一八七九年にかけて新約聖書翻訳委員会委員長を務め、奥野昌綱、高橋五郎、松山高吉、ヘボン、D・C・グリーンと協力して作業を進めた。しかし、高齢の上、激務がたたり、完成直前の一八七九年に帰国した。帰国に際してブラウンは「若し自分が百の生命を持て居つたとするも其の全部を日本の為に捨てることを吝まない」（『福音新報』第一一一号、一九〇三年五月一四日）と述べたという。帰国の翌年の一八八〇年六月二〇日、マサチューセッツ州マンソンで死去する。七〇歳だった（中島耕二・辻直人・大西晴樹共著『長老・改革教会　来日宣教師事典』）。

（12）S・R・ブラウンが主宰するサンドビーチ・オランダ改革教会は、フルベッキの妻となるマリアも所属していた。二人は、そこで知り合った。「そこに三人の女性がいたんです。三女性というのが、私は好きなんです。三姉妹じゃないけれども、いわゆるクリスチャン・シスターズです。ミス・キダー、フルベッキ夫人になったミス・マリア・マンヨン、それからミス・アドリアンス。これら三人が、同じように日本にきた立派な女性です。サンデー・スクールの先生でもあった。それで、なかなかエレガントな女性じゃないでしょうか。ブラウン直系の信徒で外国伝道の精神を鼓吹されて、これら三人とも日本にくるんです」（高谷道男・太田愛人『横浜バンド史話』）

（13）この文章をグリフィスは後のページで「one of Japan's Christian samurai」が語ったこととしているが、実際は *The Japan Evangelist* 誌の一八九三年一〇月号に掲載された「日本初のプロテスタント信者」の文章を利用している（J. Maeda, The first

Protestant believer in Japan, *The Japan Evangelist,* October 1893)。

第二章　長崎のフルベッキ

（1）フルベッキは、住みやすい環境を求めて転居を繰り返した。現在把握出来ている長崎におけるフルベッキの住居は以下のとおりである。①一八五九年一一月八日～崇福寺広徳院。②一八五九年一二月五日～高野平郷界隈借家（小島牢近く）。③一八六一年一一月一五日～崇福寺広福庵。④一八六三年四月二七日～五月一三日まで出島。⑤五月一六日～一〇月四日まで上海。⑥一〇月一三日～出島。⑦一八六四年二月二七日～崇福寺広福庵。⑧一八六四年七月二八日～一八六九年三月二三日長崎出立まで大徳寺。

（2）エマの墓は、フルベッキの住居（高野平郷借家、広福庵、大徳寺、出島）より遠望できたと考えられる（七三ページ図版参照）。四女メアリー、六男バーナードは横浜外国人墓地に埋葬されている。

（3）幕末当時、長崎にあった牢獄としては小島牢が考えられる。篠田鉱造『明治百話』上（「外人の見た明治話」）によると、フルベッキがそこに程近い高野平郷に住んでいた時代の事件だと推定されるが、*Verbeck of Japan* によると崇福寺広福庵在住の頃とも考えられ、更に調査が必要であると思う。いずれにしても大徳寺はフルベッキの記憶違いであろう（長崎フルベッキ研究会、石田孝氏談）。

（4）古写真研究家の高橋信一はフルベッキの二女エマ・ジャポニカの誕生日だとされてきた二月四日について、文献を示してその誤りを正している。

「以下の文章は、一八六三年二月二一日（著者注記：一一日でなく二一日であることは、明治学院大学が所蔵する手紙の原文のコピーで確認した）付で長崎からニューヨークのオランダ改革教会本部のフィリップ・ペルツ神父に宛て送られたフルベッキの手紙の一部で、次女のエマの誕生を伝えるものです。（中略）私の翻訳を併記しました。

The reason for not sending my report & writing you sooner, was this: (besides my daily engagements) my having to make preparations for afterwards the occurrence of my wife's confinement, which took place on the 4th inst., a little daughter being the result.

『もっと早く貴殿に報告書と手紙を送らなかったのは、こういう訳なのです：（私の日々の用事の他に）妻が出産の床につくことになり、それは今月４日に起こったのですが、その後、その（出産の）準備をしなければならなかったからで、生まれたのは小さな娘でした。』

この手紙は高谷道男先生の『フルベッキ書簡集』には載っていません」（高橋信一『フェイスブック版古写真研究こぼれ話　真実を求めて』）

この手紙の文面から二月四日を誕生日と断言することは出来ない。高橋はこう結論する。

「このことを裏付ける文献があります。明治になってから、家族で日本にやって来て勝海舟の息子梅太郎と結婚したアメリカ人クララ・ホイットニーの日記『勝海舟の嫁　クララの明治日記』です。これからエマの誕生日は一八六三年二月七日であることが分かります。年の近いクララは近くに住んでいるエマと仲良くなってお互いの家を行き来しながら遊んでいました。『クララの明治日記』の一八七七年一月三一日（水曜）の日記の文面に『エマから来週の水曜日が誕生日なので、私の家に集まってと頼まれた』とあります。残念ながら、七日に誕生日会が行われたかどうかは確認出来ません。（中略）エマの誕生日が二月四日だとすると、日曜日になります。一七歳の子供が日曜日と水曜日を書き間違えることは考えられません。以上からフルベッキの手紙を正確に解釈すると、マリアの陣痛が始まり出産の床に就いたのが二月四日で、実際に生まれたのが二月七日です」（同上書）

（５）フルベッキに聖書を学んでいた本野周造は受洗していない。一八六七年（慶応三年）六月一三日のジョン・フェリス宛の書簡でフルベッキが報告している。

「ひと月ほど前、六六年五月に受洗した年長の改宗者〔村田政矩〕の家来、本野が受洗したいと言ってきました。訳あって内密にしたいとのことです。（昨年の場合は私も了解したのですが）彼には洗礼の準備が充分できていないと、受洗を断りました」（G・F・フルベッキ書簡　高谷道男氏タイプ原稿。明治学院大学所蔵）

本野は佐賀藩が長崎の藩校にフルベッキを雇い入れる際に契約書を作成した人物である。

（6）the arm of flesh. 旧約聖書「歴代誌下」第三二章八節。旧約聖書では「肉の腕」とか「人の力」と訳されている。

（7）アメリカ・オランダ改革教会は、一八六七年（慶応三年）の後半にアメリカ改革教会と名称変更した。

（8）「　」内を直訳すると「鼻の穴に入りこむ悪臭」だが、出エジプト記の to stink in the eyes of Pharaoh を踏まえた表現と思われる。

（9）四月五日のことで、日本人二人とは、粟津高明と鈴木貫一である。

（10）実際の出発は翌年の一八六九年（明治二年）四月でマリアが子供たちをアメリカに連れて行った。ウィリアムとエマの就学のため。九月に残りの子供たちを連れて来日した。

（11）一七七六年のアメリカ独立から一〇〇年。今やフルベッキにとって「故郷」とはアメリカとなった。

（12）良厳（一八三七～一八八九）は越前今立郡定友村唯宝寺了円の子。肥後光照寺の原口針水に就いたが、本山の命令で長崎に出てフルベッキから直にキリスト教を学び、それを基にしてキリスト教批判の『崎陽茶話及長崎邪教始末』を刊行した。後に還俗して石丸八郎と名乗った（徳重浅吉『維新政治宗教史研究』）。

（13）明治初年に薩摩学生が刊行した英和辞書は二冊ある。『改正増補和訳英辞書』（以下、『和訳英辞書』）と『大正増補和訳英辞林』（以下、『和訳英辞林』）である。フルベッキの指導の下に両辞書が編纂された。これらを俗称「薩摩辞書」という。『和訳英辞書』の序文を翻刻して示す。なお、翻刻文は新漢字に替え、ひらがなを用い、読みやすさのために句点を入れた。

「改正増補和訳英辞書序

皇国に英学の行はるるは他に非らず所謂彼の長を取り我の短を補はんが為なり。其長を取り短を補うは　皇化を万国に輝かさんがためなり。されば其行はるるは其意を詳にし其解を精しくせねば得あらんことなり。今書を作るも皆此こころに依らざるはなし。これより先に堀先生英の字典を訳するに我　皇国の語を以てして此学に志ぬる者の羽翼とせり。しかれども往々謬語欠字等ありて且遺漏なきにしも非ず。さるを堀越先生其謬誤を改め略語を加へたり。はじめに比すればいとよろしくはなりたれど学者の輩には猶あかぬ所あるを以てこのたびアメリカ教師等に倚り更に改め正し今世不用の英語を省き必用の文字を補ひ

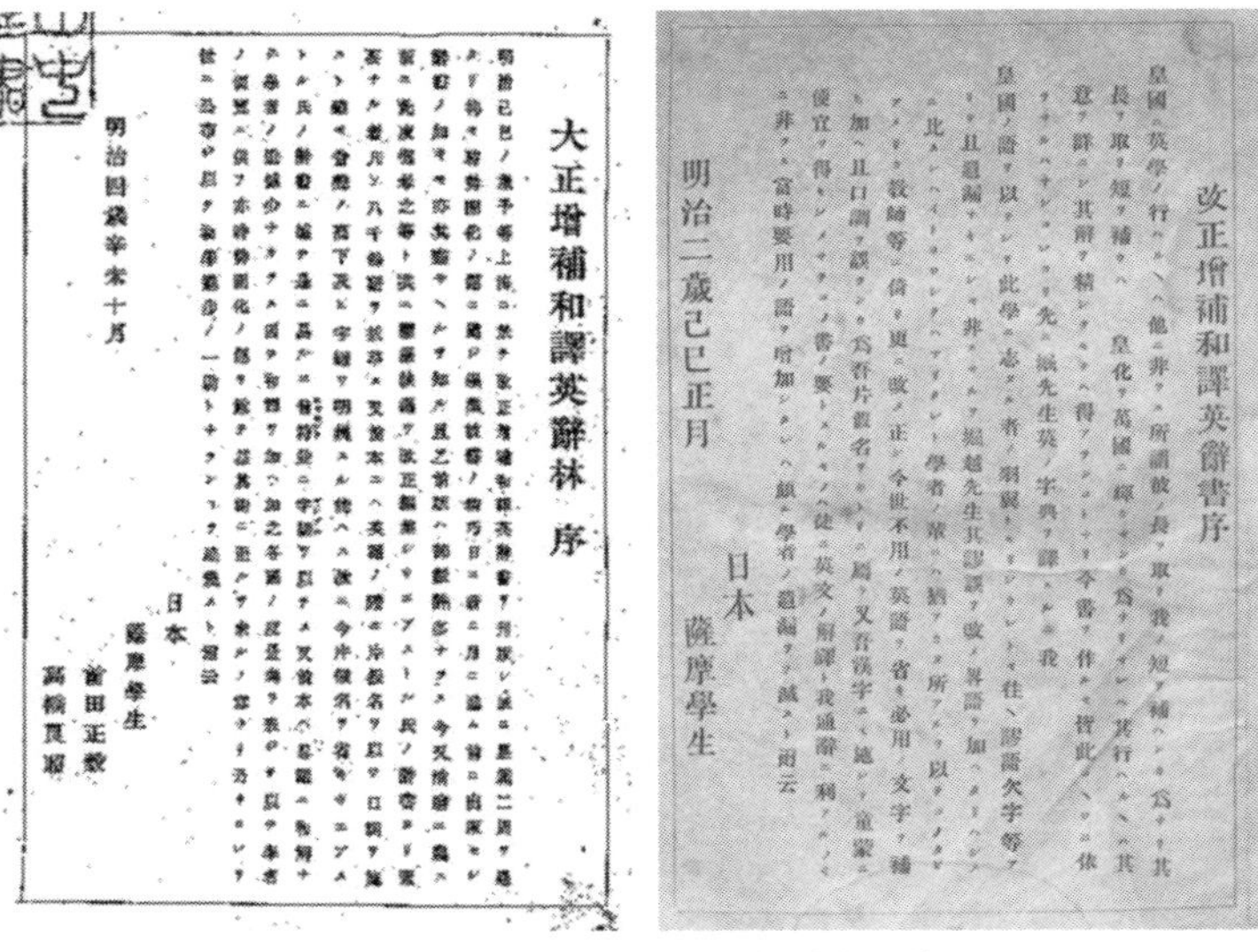

二冊の薩摩辞書の序文（国立国会図書館所蔵）

加へ且口調を誤らんが為我片仮名をほとりに属け又吾漢字にも施して童蒙に便宜を得せしめさてこの書の要とするものは徒に英文の解訳と我通辞に利あるのみに非らず。当時要用の語を増加したれば頗る学者の遺漏を滅すと爾云

明治二歳己巳正月　　日本　薩摩学生」

この序文に「アメリカ教師」とあるが、豊田實著『日本英学史の研究』が『和訳英辞書』について「宣教師 Verbeck の援助を得て着手」と述べているようにフルベッキを指している。

次に『和訳英辞林』の序文の翻刻文を示す。

「大正増補和訳英辞林　序

明治己巳の歳予等上海に於て改正増補和訳英辞書を刊版し既に星霜二周を過ぎたり。抑も時勢開化の運に属し学業技芸の精巧日に新に月に進む前に出版せし辞書の如きも亦其尽さざるを知る。且つ前版は部数許多ならず。今又消磨に属す。故に此度堀孝之等と共に謬語欠漏を改正編集しウェブストル氏の辞書より緊要なる者凡そ八千余語を抜粋す。又前本には英語の傍に片仮名を以て口調を施すと雖も音声の高下及び字綴を明弁する能はず。故に今片仮名を省きウェブストル氏の辞書に拠て是に易るに音符（エキセント）並に字綴（シレブル）を以てす。又前本は略語に和解なく学者の遺憾少なからず。因て和訳を加へ加之各国の度量考を表じて以て学者の便覧に供ふ。亦時勢開化の運を趁て益其精に至るを求るの意なり。乃ちこれを世に公布し以て初学進歩の一助とならんことを庶幾すと爾云

明治四歳辛未十月　　　　日本　薩摩学生

前田正穀　高橋良昭」

『和訳英辞書』の序文に「堀先生英の字典」とあるのは文久二年（一八六二）に刊行された堀達之助編『英和対訳袖珍辞書』を指しており、「堀越先生其誤謬を改め」は慶応二年（一八六六）堀越亀之助編『改正増補英和対訳袖珍辞書』を指している。この両辞書の後継第三版として編まれたのが『和訳英辞書』である。

序文で『和訳英辞書』の特徴として、先行両辞書に採録されているが今では使われなくなった古語を削除し新しい語を付け加えたこと、さらに英語と漢字の読みをカタカナのルビで示したことが書かれている。採録語の見直しや英語の読みについてフルベッキの指導を受けたと考えられる。刊行は一八六九年（明治二年）である。

『和訳英辞林』の英語表記にはFourth Edition Revisedと書かれており、『英和対訳袖珍辞書』の第四版である。序文には堀孝之が編纂に加わったと書かれている。堀孝之は前出した堀達之助の二男である。父親の編んだ辞書を二男が第四版に改訂したわけである。この版の特徴としてウェブストル辞書、つまりWebsterの英語辞書から約八〇〇〇語を選び出すと共にその発音記号を採用したことが挙げられている。

堀孝之は薩摩藩が一八六五年（慶応元年）に藩士を英国に密航させたときの通訳であったから英国英語に通じていたわけだが、『和訳英辞林』がアメリカのWebsterの英語辞書に拠っているのはフルベッキの指導によるものとみてよいだろう。『和訳英辞林』の刊行は岩倉使節団出国の直前の一八七一年（明治四年）一〇月であった。表題に「官許　大正増補　和訳英辞林」ともあり、岩倉使節団と無関係とは言えないように思える。

なお『和訳英辞林』はその後、増刷・改訂が続けられ長く使われた明治初期を代表する英和辞書である。フルベッキの指導が長く活きた実例である。

（14）いわゆる「薩摩辞書」刊行や辞書販売にフルベッキが尽力したことは、当時小松帯刀参与が五代友厚に宛てた次の書簡でも知ることができる。

「御壮栄奉賀候。扨此内より上海表にて英和対訳辞書上梓の儀、旧政府免許の上、高橋、前田等尽力成就相成り候所、段々右件に付子細有之、当人共迷惑の件到来、此節右対和書五百部持参、諸所へ相払の都合に御座。兵庫県も百部丈は取入、兵部省百五十部は取入相成候由、残を是非運上所等へ少々にても御用相成候はば別て仕合の由無余儀訳合に付、可相成は少々にても御取入相成候様、土肥氏御談御世話被下候儀は相叶申間敷候哉。又は商務局等へも少々は無くて不叶品とも奉存候間、可成数冊御世話相調候得ば仕合の至、此節の書籍は余程宜敷『フルベッキ』氏抔尽力誠に見安く御座候。一冊拾弐両にて御座候由、右に就ては段々事情有之何とぞ世話致遣され度、両人も極々切迫心痛の事に御座候故、毎度余計の御煩はせ申上候得共、何とか救遣度御座候故、当人共差出候に付き、次第御聞取被下御工夫遣度、乍自由書中を以此段御願申上候。早々」（五代竜作『五代友厚伝』）

この一八七〇年（明治三年）三月二一日付書簡の要旨は以下である。

旧政府の許可を得て高橋・前田たちが刊行した英和対訳辞書は、各部局に売りさばいたものの、まだ残部がある。高橋・前田たちは金銭面で不自由しているので、お買い上げくださるよう、ぜひ各方面に口利きをお願いしたい。フルベッキらが関わったこともあり、内容は充実している。お聞き届けいただければ幸いである。

第三章　岩倉使節団

（1）当時の駐米小弁務使森有礼が在米日本公使館の御雇を務めていたCharles Lanmanと共著で一八七二年（明治五年）に出版した *The Japanese in America* では、使節団の名前と肩書を次のように表記している。

Sionii Tomomi Iwakura,

Ambassador Extraordinary of Japan.
Jussammmi Takayossi Kido,
Vice-Ambassadors Extraordinary.
Jussammmi Tossimitsi Okubo,
Vice-Ambassadors Extraordinary.
Jushie Hirobumi Ito,
Vice-Ambassadors Extraordinary.
Jushie Massouka Yamaguchi,
Vice-Ambassadors Extraordinary.

正使岩倉が正二位、副使大久保、木戸が従三位、伊藤と山口が従四位である。当時、大隈は従四位であり、使節団の正使になる身分ではなかった。

大隈が「ブリーフ・スケッチ」を隠していたのは、自分が使節団の代表になれないことを認識していたからだと思われる。大隈は条約改正交渉役に徹するつもりだった。だが結果として、内政改革に集中することが、大隈の道だったと思われる。

（2）英文の翻訳はガードナー・F・セイジ図書館のフルベッキ文庫所蔵の原文によったが、『書簡集』と『開国』を参照した。

また、一八七一年（明治四年）当時の「ブリーフ・スケッチ」を誰が訳したかについては次のように考えられる。英語の遣い手として、まず唐通事だった何礼之（礼之助）だが、維新当時開成所の教授だった彼は東京大学史料編纂所の履歴書によると、文部省に出仕し一八七一年（明治四年）一〇月には大阪にいた。その後東京に呼ばれたが、その年の九月には「ブリーフ・スケッチ」の翻訳はすでに始まっていたので、何は該当しない。

『柴田昌吉伝』によると、阿蘭陀通詞の柴田昌吉は一八七〇年（明治三年）十月に外部省の所属になったが、一八七一年（明治四年）頃は神奈川裁判所（横浜税関）に勤務していた。したがって、柴田も考えにくい。

同じく平井希昌（義十郎）は国立公文書館の履歴書によると、維新当時長崎裁判所の通弁役を務めていたが東京に異動になり、一八七〇年（明治三年）に民部省に出仕、次いで工部省に出仕した。一八七一年（明治四年）五月に外部省に転属になり外交書簡の翻訳・通弁の担当になった。「ブリーフ・スケッチ」の翻訳は平井によって行われたと考えられる。

（3）「一米人フルベツキより内々差出候書」

この文書は「木戸家文書」中の『木戸孝允関係文書』に含まれる。「フルベッキ提出のこの要項は、なんと精細かつ配慮の行届いた提言であったことか。これこそが『米欧回覧実記』執筆・刊行の大前提になっていたのである。この基本方針と要綱および細微にわたる諸項目があったればこそ、久米は、畠山と共に子細な考察とメモをとりえたといえよう」（田中彰「久米邦武と『米欧回覧実記』」『歴史家　久米邦武』）

内容は三つに分かれる。

一、大使一行ノ回歴シタル顚末ヲ著述スル法。

二、政務上或ハ交際上ノ談判ニ於テ用ユベキ口啓。

三、列国の教育制度規制について。

大使一行ノ回歴シタル顚末ヲ著述スル法

一、政府ニ於テ果テ猛ニ此国ヲ開キ且其民ヲシテ宇内現今ノ形勢ヲ明晾ニ暁通セシメント欲スルニハ、大使帰国ノ後ヲ待ツテ其経歴シタル所ノ利益ト為ルベキ種々ノ事実ト、有名ナル回歴家ノ研究セシ有用ノ結果ヲ著述スルヲ以テ第一義トナスベシ。欧洲ニ於テ使節ヲ発シ、又ハ征行ノ事アルニ遇トキハ、必ズ之ニ依テ以テ其民ニ海外ノ事実ヲ通暁セシムル手段トナス。故ニ往々使節ノ随員中ニ記者工師ヲ加ヘタルハ、特ニ此著述ヲ編輯セシメンガ為ナリ。

一、此著述ヨリ出ル所ノ利益ヲ概言スレバ、

第一　此所得ノ智識ハ皆実事ニ属シ、且親炙ニ出ル者ナルガ故ニ、人民ヲ啓牖（けいゆう）スルコト甚大ニシテ、之ヲ読ムモノ楽ンデ倦（うむ）ヲ忘レ、乃（すなわ）チ大使一行ノ官員ニ於テ其実践スル所ノ効験ヲ国民ニ分賜スル道理ニ当リテ、宛（あたか）モ我朋友ニ其耳目ヲ借シテ以テ世

界ノ大ナル見聞ヲセシムルニ異ナラズ、其裨益スル所ロ実ニ少カラザルナリ。

第二　此類ノ著述ハ政府ニ於テ人民ニ信誼ヲ失セザル確証トナリ、従テ人民モ亦政府ノ思慮ヲ感ジ大ニ愛戴ノ情ヲ増スモノトス。

第三　欧米各国ノ帝王ニ於テ天皇ノ使臣ヲ寵待シタル儀礼ノ厚キコトヲ人民ニ表示シテ、以テ政府内外ノ威望ヲ高クスベシ。

一、此一行ノ実践目撃スル所ノ利益ヲ採摭セント欲セバ、宜ク外国着岸ノ日ヲ始トシテ、左ノ規則ヲ挙行スベシ。

第一　別段ノ免許ヲ得ルニ非レバ、大使一行ノ人員中ニテ一名ヲ以テ著述シ、或ハ私ニ開版ノコトアルベカラズ。

第二　毎員須ク其読ム所ロ、聞ク所ロ及ビ見ル所ノ要用タルコトヲ筆記シ、而テ其筆記シタルヲ編輯スルトキノ便利ニ供センガ為ニ、其遭遇シタル地名ト時日トヲ記シオキ、且記者ノ名ヲ加ヘオクベシ。

第三　人民ヲ啓牖シ又利益トナルベキ所有ノ公書表記及ビ地図類ハ一モ之ヲ遺スベカラズ。

第四　毎員旅中間断ナク且使節帰国ノ上ニテ此類ノ筆記、官中ノ一員ニ付与スベシ。

第五　使節帰国ノ上ニテ老練ノ記者ニ命ジテ此公書筆記ヲ採摭シ、之ヲ取捨シテ以テ一体全備ノ紀誌ヲ編輯スベシ。此紀誌ハ日月ノ順序ヲ追フテ編輯シ、或ハ毎章毎回ヲ限リテ以テ一事ヲ誌シ、附録ニ公書表記等ヲ加フベシ。

第六　此編輯ヲ専任トスル記者ハ、大使随行ノ人或ハ否ルニ拘ラズ、各人ノ筆記中ニ疑問スベキ箇条アリテ或ハ注釈ヲ加ヘザレバ明瞭ナラザル所アルトキハ、絶ヘズ筆記ノ者ヲ呼出シテ之ニ質問スベキ殊典ヲ有スルヲ要ス。

第七　外国ノ文書類ヲ翻訳スルタメニハ、必ズ適当ノ訳官ヲ命ジテ右ノ記者ヲ助ケシメ、又画図アル所ハ画工ヲモ加フベシ。

第八　此著述ノ文体ハ宜ク風味アリテ清麗ナルヲ要ス。且文章ノ尽サヾル所ハ画図アリテ之ヲ補フベシ。而テ順次ヲ以テ之ヲ刊行シ、其価ハ極テ廉直ニシテ僅ニ上梓ノ費ヲ補フ位ニシテ、貧民ト雖モ之ヲ購ルニ難カラズ、只流布ノ衆多ナルヲ旨トスベシ。

第九　使節一行中ノ経験セシ所ト雖モ、全ク公事ニ属シ、人民ニ益ナキモノハ之ヲ著録セズシテ可ナリ。此故ニ使員中ノ長タルモノ或ハ特ニ其人ヲ命ジテ総裁タラシメ、右著述ヲ刊布スル前ニ之ヲ改正シテ以テ之ヲ取捨スベシ。

第十　各国ヲ経歴スル間ニ実践シテ以テ利益トナルベキ件々、大抵左ノ如シ。

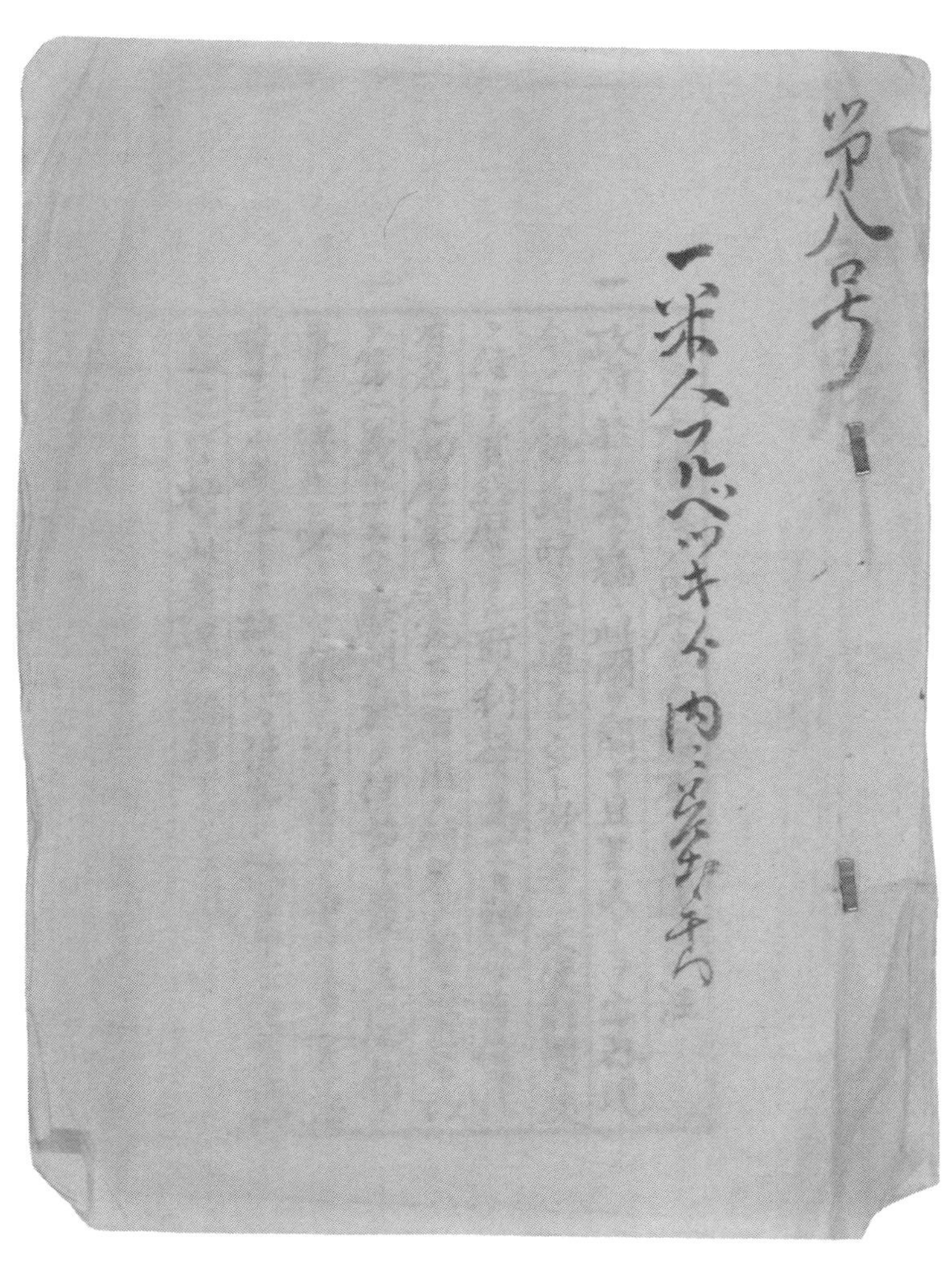

第八号

一米人フルベツキゟ内々差出候書

「一米人フルベツキより内々差出候書」「木戸家文書」の『木戸孝充関係文書』に含まれる（国立歴史民俗博物館所蔵）

一 大使一行ノ回歴ニ由テ顕ハス著述ノ法

政府ニ於テ未タ猶ホ此國ヲ開キ且其民ヲシテ宇内現今ノ形勢ヲ明瞭ニ曉通セシメント欲スルニハ大使歸國ノ後ヲ待ツテ其経歴セル所利益ト為ル可キ種々ノ事實ト有名ナル歷史家ノ研究セシ有用ノ結果トヲ著述スルヲ以テ第一義トナスヘシ欧州ニ於テ使節ノ報告又ハ旅行ノ事ハ之ヲ通知シ必ス之ニ依テ以テ其民ノ海外ノ事實ニ通暁セシムル手段トナス故ニ往々使節ノ随員中ニ記者ヲ師ニ加ヘタリ特ニ此著述ヲ編輯セシメンカ為ナリ

一 此著述ヨリ出ル所ノ利益ヲ概言スレハ

第一 此所得ノ智識ハ皆實事ニ属シ且親ク見タル者ナルカ故ニ人民ヲ啓発スル甚タ大ナルヘシ讀ムモノ楽ニ従フモ乃チ大使一行ノ官員ニ於テ其實験セル所ノ教諭ヲ国民ニ分賜スル道理ニ當リテ究メ我朋友其耳目ヲ借リテ以テ世界ノ大ナル景況ヲ見セシムルニ異ナラス其禪益スル所ノ實ニ少カラサルナリ

第二 此類ノ著述ハ政府ニ於テ人民ノ信認ヲ失セサル所以諸上ヨリ従テ人民ニ至ル政府ノ思慮ヲ為スニ大ニ愛戴ノ情ヲ増スモノトス

第三 政府ノ各國ノ帝王ニ於テ天皇ノ使臣ヲ寵待スル儀禮ノ厚キヲ人民ニ表示シテ以テ政府内外ノ威望ヲ高クスヘシ

一 此一行ノ實践目撃スル所ノ利益ヲ採摭セント欲セハ宜ク外國著岸ノ日ヨリ始メトシテ左ノ規則ヲ遵行スヘシ

第一 別段ノ免許ヲ得ルニ非レハ大使一行ノ人員中ニテ一名タリトモ著述ニ或ハ私ニ開板スルコトアルヘカラス

国中家屋ノ建築　都邑ノ明細　寓館舗店其他ノ家屋　著名ノ土地及ビ光景　山水　風土及ビ寒暖ノ度　海陸ニ於テ経験シタル天気陰晴　道路市街ノ景状　海陸運輸ノ便否　全国ノ制度風俗　全国ノ情態　教法ノ儀式及ビ祭礼　人民ノ楽趣　演劇戯場　飲食ノ物料　花卉果蔬　博覧公会　市街昼夜ノ景及ビ気燈　人民交際ノ倫序　男女ノ交際及ビ礼譲　幼孩及ビ少年ノ風俗　会計ノ誌述　人民ノ制俗　教育及ビ法教ノ模様　大小学校　新機発明、奇巧ノ機械　新聞紙月刊書類　書画　万物庫書庫　各国帝王謁見ノ式　受得タル別段ノ懇切及ビ敬礼　会見ノ節詞令類　公私往復ノ書信類　公私讌饗ノ礼式　財政ノ模様及ビ国債　農工商業　救恤ノ模様及ビ病院　国民性情ノ善悪　教法ノ制ヨリ起ル所ノ結果ノ良否　乞食及ビ貧民　政府ノ体裁　全国不朽ノ事業　法律ノ良否　市政及ビ囚獄　議院及ビ裁判所　海陸軍ノ制度及ビ強弱　城堡武庫　海港ノ有様　其他ノ雑誌

此ノ如キ著述ヲ上梓スル順次ハ概ネ左ノ如クナルヲ要ス。

序引　使節ヲ派出シタル旨趣　官吏ノ銓任　進行ノ総綱　発程ノ准備　発軔及ビ航海　米国「サンフランシスコ」ニ到着　華盛頓府ヘノ陸路　大統領謁見ノ次第　米国ニ於テ理事官ノ研究シタル所ノ結果　米国ノ発程　英国ヘノ航海　同到着等

著述ノ順序大抵右ノ如クナルベシ。尤モ繁劇中ニ之ヲ草シタレバ遺漏スル所多カルベシ。乞フ、之ヲ恕セヨ。

政務上或ハ交際上ノ談判ニ於テ用ユベキ口啓

一、我皇国始メテ外国ニ事有リテ以来爰ニ二十八年、其間ニ一端ナラザル大変革ヲ経過セリ。道理上ニ於テ此変革ヲ論ズルトキハ啻国内ニ於テ而已ナラズ、復タ国外ノ事ニモ関係セシ処アリ。今聴者ノ便ニ供センガ為メニ、右変革ニ遭遇シタル年月ノ順序ヲ逐テ開列シテ、之ニ依リテ以テ三個ノ大事情ト我近時ノ史記ヲ講明スベシ。

第一　我皇国数百年固結シタル閉鎖ノ旧習ヲ破リ、紀元一千八百五十四年ニ至リテ再ビ諸港ヲ開キテ各国ノ船舶ヲ許容シタリ。

当時ノ形勢ヲ以テ之ヲ見ルトキハ此事誠ニ国ノ一大難ニシテ甚ダ危急ナリシガ、幸ニシテ外国ノ和誼ヲ断絶スルニ至ラズ、其交際ヲ維持シテ荏苒今日ニ及ビシハ隆運ト云ベシ。

斯ノ如ク外国ノ交際ニ於テハ改テ之ヲ妨碍スル大難ナカリシト雖ドモ、国民ノ内ニハ大ニ之ヲ悦バズ不平ヲ醸成セシ者亦タ尠シトセズ。是レ必竟外国ト交際ヲ開キシ者真ノ国君ニ非ラズシテ国中第一等ノ権臣ニ属シ、万機其意ニ成リ、而シテ外国人ニ対シテハ皇室ノ尊号ヲ僭用シ其特権ヲ掌握シ、加之百方手段ヲ設ケテ互市貿易ヨリ直ニ出ヅベキ所ノ公利公益ヲ拘束シテ世ニ公ニセズ、唯ダ之ヲ以テ己ガ一家ト其管轄スル地方ノミニ受用セシメタレバナリ。

斯ノ如ク将軍ニ於テ君権ヲ僭用シテ各国ト和親ノ条約ヲ結ンデ千八百六十八年ニ至ルマデハ更ニ正統ノ天皇アルヲ告知セズ。

右様名義ノ紊乱シタルニ依リテ漸ク天運循環シ、再ビ大変革ノ路ヲ闢キ、終ニ天皇祖先ノ政権ヲ回復シ給フコトトナリタリ。

第二　千八百六十年ニ至リテ官軍利アリテ此暴臣ヲ降伏セシメ、天皇再ビ政権ヲ執リテ列聖ノ宏業ヲ継述シ、茲ニ於テ国内ノ兵礼漸ク鎮静シ、政府大ニ黽勉シテ全国ノ進歩ヲ開化ノ道ニ催促セリ。此ハ是爾来三年ノ間ニ国内ヲ修整シテ数多ノ大業ヲ起立シタルヲ以テ誣ユベカラザル証拠トナスベシ。

我ガ外国トノ交際モ此三年間ニ一層ノ懇親ヲ厚クシ、曾テ一件ノ不快意ノ事起リテ以テ通信十五国ノ和誼ヲ傷損シタルコトナシ。加之彼我ノ交際ニ於テ益礼譲ヲ表示シ、之ニ頼リテ双方均シク友愛ノ情好ヲ固メタリ。

国内ヲ修整シタル大体ヲ枚挙スル時ニハ、現今工業ヲ起ス者蒸気車道ナリ。数条ノ電信線アリテ日用ノ事ヲ弁ジ、百隻ノ汽艦帆船アリテ其大小斉シカラズ。海軍陸軍ヲ編制シテ全ク西洋ノ規律ヲ活用シ、各国ノ士民百五十余名ヲ召聘シテ外国ノ文学技芸ヲ伝習シ、又タ我国ノ生徒ニシテ欧米諸国ノ大小学校ニ遊歴スル者五百名ニ下ラズ。其資費多クハ政府ノ供給ニ属ス。其他海港ヲ修理シ、造幣寮、病院、製作場、修船廠及燈台等ヲ建築セリ。是ヨリ後造作スベキ事業ハ甚ダ多端ナルベシト雖ドモ、今日マデ既ニ成功シタル者モ亦タ鮮シトセズ。況ンヤ今日ヨリ希望シテ以テ他日ノ完備ヲ預図スル所ノ者其数甚ダ多ク、其業甚ダ大ナルニ於テヲヤ。

従来皇国一体ノ進歩ヲ支ヘテ速ニ文明ノ域ニ赴カザラシメシ大障碍ハ、政体其宜シキヲ得ザリシニ依ツテナリ。抑モ我内政ハ歴来封建ノ制ニシテ国力分裂シタレバ、全国一致ノ大業ヲ起シ或ハ一体ノ進歩ヲ為シ能ハズ。故ニ大ニ奮発シテ此ノ旧弊ヲ一掃セント欲シ、断然封建ノ制ヲ改革シテ以テ政権ヲ廟堂ノ上ニ掌握スルコトヲ大目的ト為セリ。

第三　六ケ月以前皇国全体ノ政憲ヲ改革シ、之ヲ整頓シ、古ノ封建ハ一切廃止シテ其痕迹ヲ遺サズ、始メテ我日本、世界中ニ独立シテ純乎タル一君制御ノ帝国ト為リ、内ニハ参政議政ノ大臣アリテ献替ヲ掌ドリ、外ニハ八省アリテ万機ヲ分課シ、卿相アリテ一局ノ責ヲ担任シ、地方ニハ知事ヲ置キテ百僚悉ク国君ノ銓衡ニ属ス。

右諸ノ変革ハ皆ナ大事件ニアラザルハ無シ。今日其事情ヲ反顧シ、且ツ之ヲ致シタル原由ヲ回憶スル時ハ、何レモ容易ノ者ニアラズ。決シテ彼此ヲ比較シテ之ガ軽重ヲ定メ難シ。他日ニ至リテ果シテ如何ンノ好果ヲ結ブヤ、其利ハ実ニ計ルベカラズ。

現今ノ模様ニテハ人民一同ニ文明ノ域ニ向ツテ直行シ、後日大ニ為スコトアラン。希望スルモ浮誕ノ事ニアラズ。

第四　以上ノ三変革ト及ビ其間ノ歳月中ニ我ガ内政ヲ修正シテ其基礎ヲ鞏固安全ナラシメ、而シテ后チ外国ノ交際ニ着目シタレバ、更ニ緊急ノ事件眼前ニ迫リ来ルヲ知覚セリ。是レ何ゾヤ。即チ条約改正ノ期迫リ、今歳ニ在リ。今ヨリ之ヲ慮ルニ、此ノ条約ノ改正モ亦タ更ニ一大変ヲ致スベキ原由タルベキナリ。

条約改正ノ期是ノ如ク近迫セルニ依リテ、今般派出ノ使節及ビ随行ノ官吏ハ、外国ノ羈留中ニ於テ、右条約改正ノ時ニ当リテ緊要タルベキ諸課ノ事務ヲ充分ニ研究シ、之ガ利益ヲ採取センガ為ニ、特ニ欧米各国ノ賢明ナル政家外交家ニ接遇シテ審カニ其議論ヲ聴キ、而シテ帰朝ノ上ニテ此ノ聴得タル考案ヲ実際ニ施行スル時ニ於テ預メ井然ト規模ヲ定メ、深遠ノ処ニ注意シ、以テ一モ苟且ノ処置ナキヲ希望ス。

此口啓ニ述ブル所ノ事情及ビ其余外国ノ官吏ト我輩トノ間ニ商量スル処ノ議款ハ、固ヨリ之ヲ以テ双方必行ノ要務ト看做ニ非ラズ。亦タ之ヲ以テ直チニ其結果ヲ要求スルコトナシ。唯ダ我情実ヲ打明ケテ以テ其考案ヲ仰グニ在ルノミ。

此故ニ我輩ガ預図スル処ハ、右ノ如ク友誼ヲ尽シテ以テ情実ヲ披陳スルニ於テハ、必ラズ数条ノ質問ヨリシテ得ル処ノ結果甚ダ緊要ノ者アリテ、一旦之ヲ実際ニ施行スル日ニ至リテ大ニ其利益ヲ生ズルナルベシ。

又タ、現今行ハル、処ノ条約中ニハ彼我ノ双方ニ於テ変革セザル可カラザル者数款アリ。倶ニ之ヲ改正シ之ヲ添削セント希望スルナリ。然レバ則チ、今此公然ナラザル商議ニ因リテ以テ条約ヲ改正スル大目的、即チ彼我互相ノ利益友誼ヲ鞏固永久ナラシムベキ処分ノ方向ヲ得ントスルニ在リ。

以上述ブル所ノ件々、乃チ特ニ使節ヲ派出シテ以テ商議セント欲スル大趣意ナリ。此外ニ一目的アリ。之ニ達センコトヲ希望スルコト甚ダ懇切ナリ。今之ヲ別款ニ陳述スルコト左ノ如シ。

別　款

現今我政府ト泰西列国ノ政府ト友愛ノ交誼ヲ結ンデ其福沢ヲ蒙ムルコトハ、我天皇陛下ノ瞭知シ賜フ処ナリ。然リト雖ドモ、奈何セン、我ガ日本ハ未ダ諸ノ事実ニ於テ全ク泰西ノ列国ト同等幷肩ノ接待ヲ得ズ。故ニ今日流行スル処ノ万国公法ノ道理上ニ於テ未ダ全ク万国ノ大会中ニ加入セシト謂フベカラズ。爰ヲ以テ陛下ノ心痛シ賜フ処ハ、原来君権ヲ保有スル独立国ニ属スル処ノ諸ノ公権ヲ受用スルコト能ハズ、之ヲ再ビ言ヘバ乃チ右万国ノ大会ニ加入シタル后ニ公然ト独立国ニ付属シ又ハ之ニ於テ保持スベキ公権ヲ享ケ得ザルニ在リ。

今日ニ於テ直チニ我皇国ヲ万国ノ会中ニ加入セシメ、或ハ条約改正ノ時ニ於テ茲ニ到ラント欲スルニハ、必ラズ格段ノ障碍アリテ之ヲ支格スルコトハ、陛下ノ能ク瞭知シ賜フ処ナリ。然リト雖ドモ我皇国ヲシテ最開最明ナル列国ト同等並肩ノ位地ニ前進セシメ、政務上ニ就テハ決シテ第二等ノ邦国トナルベカラザルナリト汲々希望シ賜フナリ。斯ク此一件ヲ要求スル所以ハ、蓋シ外国ニ於テ公然ト之ヲ承認シテ、平等ノ接待ヲ為スニ非ラザレバ、日本ニ於テ永久鞏固ノ公権ヲ保持セリト謂フ可カラザルナリ。

泰西普通ノ論ニ拠ルトキハ何ヲ以テ両国匹敵ノ公権ヲ得ルベキ要務トスルヤ。

文明国ノ政家ニ問フ、今日本政府ニ於テ此同等ノ公権ヲ得ント欲スル時ハ、如何ノ規画アルヲ要スルヤ。

此一条モ亦タ我輩ガ研究セント欲スル所ニシテ、之ヲ貴国ノ羈留間ニ質問シ、前段ノ懇親ヲ以テ之ヲ商量シ、其講明ヲ得ンコトヲ希望ス。敢テ問フ、其目的ヲ達スルニハ現今ノ形勢ニ於テ如何ノ変革ヲ為シ、如何ノ改正ヲ施スヲ以テ緊要トナスヤ。且ツ果シテ之ヲ施行スルニ当テ外国ヨリ之ヲ見テ如何ト思フベキヤ。此等ノ質問ヨリ得ル処ノ回答ヲ以テ直チニ我希望スル処ノ結果ヲ達セント欲スルハ難事ナリト雖ドモ、然レドモ其中ニハ或ヒハ即時ニ活用スベキ事アリ、或ハ歳月ノ経過ヲ俟チテ漸々ニ施行スベキアルベシ。之ヲ要スルニ我輩ニ在リテハ、此一挙ヲ以テ信任依頼スベキ見識ヲ得テ、而シテ将来内外ノ政務ヲ執行スル方向ノ指南ト為サント欲スルナリ。

備考　此ノ口啓ハ必然ノ公用ト為スヲ要セズ。唯ダ意見ヲ述ベテ以テ書記官ヲシテ使節ノ途中其景況ニ依リテ従来ノ事実ヲ陳述スル大概ヲ通暁セシムルニ在ルノミ。之ニ取捨ニ至リテハ其期ニ臨ンデ自ラ分解スベシ。

世界奎運ノ旺（さかん）ナル文化ノ洽（あまね）キ列国規制各（おのおの）異同アルベシト雖ドモ、教育ノ法ヲ設ケ人心固有ノ良能ヲ発達シ知識ヲ増益スルニアルノミ。苟（いやしく）モ闔州ノ民ヲ駆テ訓誨率令駸々歩ヲ進メ、開明ノ域ニ躋（のぼ）ラシメント欲スルモノ、其規制ノ善美ヲ攻覈（こうきょう）シ精益（ますます）精ヲ求メ、之ガ宜ヲ得ザルベケンヤ。是ヲ以米利堅（メリケン）、孛漏生（プロシア）、其余英吉利（イギリス）、法朗西（フランス）、荷蘭（オランダ）、魯西亜（ロシア）等最善美ナルモノニ就キ、目今行ハル、景況何如ヲ顧ミ、彼我良否相距（あいへだつ）ルノ遠キ教育ノ素アルヲ察シ、遍ク利弊ヲ洞悉シ、他日実験ニ従事センヲ要ス。今其講究スベキ目的ヲ掲ゲ、之ヲ左ニ開列ス。

教育事務局諸規律之事　教育事務局官員職務之事　教育事務局官員給料之事　大学校之事　中学校之事　小学校之事　公学校之事　私学校之事　女学校之事　共立学校之事　学校科目之事　学校造建之事　学校所用器具之事　学校費用支取之事　学校監督之事　学校教官職務之事　学校教官給料之事　学校教官証憑之事　学校生徒年限之事　学校生徒等級之事　学校生徒試芸之事　学校生徒習業序次之事　学校生徒受業料之事　博物府之事　図書庫之事　病院法則之事　貧院法則之事　唖院法則之事　盲院法則之事　癲院法則之事　痴児院法則之事　其余本省関渉之件々

要務ノ事項ハ目撃スル所ニ従ヒ瞭知ノタメ勉メテ簿冊ニ詳記シ、後ノ考索ニ便スベキ事。書籍、器具、須要ノモノヲ購得シ、翻刻模造ノ用ニ供スベキ事。

（「木戸家文書」国立歴史民俗博物館所蔵。田中彰校注『開国』「日本近代思想大系」1）

（4）『耶蘇教諜者各地探索報告書』の性格については国吉栄氏の論文『聖書献上とその周辺——大隈重信、森有礼、駐日米公使デロングは、如何にかかわったのか——』（https://kenjoseisho.webnode.jp/）を参照されたい。

（5）グリフィスは休日云々の問題を取り上げているが、伴正順（ばんまさより）が開成学校の副校長であった明治六年頃から外国人教師と日本側との間でいざこざがあった。グリフィスがいう対立した相手とは直接的には田中（不二麿）ではなく、伴であろう。伴がまもなく更迭されたというのも、グリフィスの証言と一致する（『日本のフルベッキ——無国籍の宣教師フルベッキの生涯——』村瀬寿代訳）。

一八七三年（明治六年）一二月一九日の日記で、グリフィスは杉浦弘蔵が開成学校の校長に就任したと記している。

（6）*Verbeck of Japan* 以外にグリフィスが著した *The Mikado: Institution and Person* や *The Japanese Nation in Evolution: Steps in the Progress of a Great People* などに、岩倉らとの秘密会談が一八七〇年夏にフルベッキ邸で行われたとしているのは彼の記憶違いである。ブリーフ・スケッチの存在が明らかになる以前に、政府要人とフルベッキが緊密な会合をしたとは考えられない。

第四章　お雇い外国人

（1）東京大学の名称については、複雑な変遷の歴史がある。フルベッキが教員として招聘された一八六九年（明治二年）四月は、開成学校と呼ばれていた。その後六月に大学校分局、一八七〇年（明治三年）一二月大学南校と変わり、教頭になった一八七一年（明治四年）九月に南校、一八七二年（明治五年）八月第一大学区第一番中学と改称した。フルベッキが退職した一八七三年（明治六年）の四月には開成学校であった。その後、一八七四年（明治七年）東京開成学校、そして一八七七年（明治一〇年）四月東京大学となった（寺崎昌男『プロムナード東京大学』）。

（2）教師雇入れ条約規則書

米国人フルベッキヲ正院翻訳局ニ雇入条約

今般正院翻訳局ニ質問翻訳ノ為メ米国人フルベッキ氏ヲ雇入タリ其条約左ノ如シ

第一条　米国人フルベッキ氏ヲ明治六年十二月一日ヨリ満五箇年間相雇候事

第二条　フルベッキ氏ハ半ハ法制課ノ翻訳質問ニ従事スヘキ事

但出仕ノ儀ハ其都度々本局幷法制課長ヨリ可相達事

第三条　同氏給料ハ一箇月ニ付日本金貨四百円ト定メ毎月末ニ相渡候事
第四条　同氏ヘ雇中居宅一宇無賃ニテ貸渡スヘシ、破損スル時ハ政府ヨリ修理加フルヘシ、尤賃渡スヘキ居宅無之節ハ相応ノ借家料給与致スヘキ事
但食料家具奴僕ハ一切同氏ノ自費タルヘキ事
第五条　雇中一切商売ノ筋ニ関係不可至事
第六条　日曜日其外政府ヨリ発告スル休日ノ外同氏ノ随意ニ業ヲ廃スルトキハ其日数ノ給料可引去事
但十六日ハ休暇ニ無之事
第七条　雇満期ノ後、尚引続キ雇入ル丶トキハ期限以前ニ可相示事
第八条　雇中日本政府ノ便宜ニヨリ雇ヲ廃スルトキハ其日ヨリ後三箇月分ノ給料可相渡事
但期限前一箇月又ハ二箇月ナルトキハ其日数丈ケノ給料可相渡事
第九条　雇中過失有之歟或ハ怠惰ニテ其職ヲ尽サ丶ルトキハ期限中トイヘトモ雇ヲ止メ其日ヨリ給料不相渡事
第十条　期限中病ニ罹リ三十日ヲ経テ猶癒ヘザルトキハ此条約ヲ廃シ其日ヨリ給料不相渡事
但急症ノ病死或ハ変故アル節ハ直ニ其近傍ノ領事ニ引渡シ其日ヨリ雇ヲ止メ給料不相渡事

明治六年十二月一日

翻訳局長権大内史箕作麟祥（印）
米国人フルベッキ（印）
（『法規分類大全』第一編外交門）

（3）吉野作造が『閑談の閑談』「読書漫談」で記している。
『法学入門』と題する美濃紙五〇枚ばかりの一冊がある。無論未完だが私の手許にはこの一冊しかない。明治九年一月の日附ある緒言が巻頭にあるが、これに依ると、数名の青年学徒が例の有名な米国宣教師フルベッキを聘しエチュード、ユド、トロアといふ仏国出版の本を講義して貰ひ、その口述を筆記し更に反覆校訂したものだといふ。（中略）『法学指鍼』の（中略）

本文を対照して見ると二者全く同一物である」（吉野作造『閑談の閑談』）

（4）国立公文書館に「雇米人フルベッキ駿河台鈴木町へ転居為致候届」がある。

「当局御雇外国教師米国人フルベッキ儀東京府所属士族高橋是清持地第四大区一小区駿河台鈴木町廿一番地廿二番地家屋於当局借受明治七年四月一日ヨリ来ル明治十一年十一月三十日マテ居住為致候条此段及御届候也

明治七年四月十七日

翻訳局」

（5）日本で勲章の授与が行われるようになったのは、一八七六年（明治九年）である。当初は専ら外国人高官に向けた、外交儀礼的なものであった。日本の軍人への授与は西南戦争後に始まる。お雇い外国人の受賞としては、一八七六年（明治九年）四月六日、アメリカ領事チャールズ・W・リゼンドルが勲二等旭日重光章を受けたのが最初である。一八七七年（明治一〇年）一月二三日には、横須賀造船所の首長のフランス人、フランソワ・レオンス・ヴェルニーが勲二等旭日重光章を受けている。それに続いて同年七月二日に、フルベッキが勲三等旭日中綬章を受章した（『外国人叙勲録』）。

第五章　聖書翻訳

（1）ネーサン・ブラウン（一八〇七～一八八六）。米国バプテスト宣教連合からインドに派遣され一七年勤めて、一八七三年（明治六年）より横浜に移りバプテスト派の聖書翻訳委員となる。ヘボンやS・R・ブラウンと対立し、委員会を離れて独自に翻訳聖書を一八七九年（明治一二年）に出版。一八八〇年（明治一三年）四月上旬に日本で最初の全訳新約聖書『志無也久世無志與（しんやくぜんしょ）』を完成出版した。

（2）C・M・ウィリアムズ（一八二九～一九一〇）は、一八五五年ヴァージニア州リッチモンドの神学校を卒業、翌年J・リギンズと共に中国に派遣されたが、日本の開国に伴い、アメリカ聖公会の命で一八五九年（安政六年）長崎に渡来して伝道に努めた。また、前島密や大隈重信を教えた。維新後東京に移り、一八七四年（明治七年）聖保羅学校（立教学院）を設立、七七年（明治一〇年）には立教女学校（立教女学院）、東京三一神学校を設立した。八七年（明治二〇年）日本聖公会を設立し、監督を務めたが、翌年帰米、九五年（明治二八年）再来日して関西方面の伝道を行った。一九〇八年（明治四一年）アメリカに帰って故郷で永眠した（『日本キリスト教歴史大事典』）。

（3）欽定訳聖書。ＡＶのルカ伝（第一三章八節）でもこの手紙にあるようにLord, let it alone. This year also となっている。また埋葬式の式文は聖公会で重んじられている「祈禱書」のことで、日本聖公会の祈禱書を見ると「埋葬式」のなかに「詩篇三九篇」がやはり入っている。そこでも「主われを看過して爽かならしめ給へ」の言葉がある。

なお、ＡＶはAuthorised Version の略で、ウィリアムズの時代まで主に使われた聖書である。「詩篇が新約聖書に付せられていることが多い理由は、礼拝で一種の音楽的なリズムで唱和されている交読文（司会者と信徒がたがいに唱和）などとして使われることが多いためでしょう。特に聖公会では祈禱書に多用されているのでウィリアムスが担当したことは意味があったでしょう」（鈴木範久立教大学名誉教授談）。

（4）デヴィッド・タムソン（一八三五～一九一五）は一八六三年（文久三年）五月一八日横浜到着。一八六四年（元治元年）から小川義綏を助手に旧約聖書ヨブ記の翻訳を開始。一八六五年（慶応元年）から新約聖書の翻訳を開始。一八八六年（明治一九年）ウースター大学から神学博士の学位を受領する（中島耕二「タムソン」『長老・改革教会　来日宣教師事典』）。

第六章　伝道者

（1）一八八〇年（明治一三年）三月一一日、世界初の日本地震学会が設立され、フルベッキも会員になった。その設立総会におけるジョン・ミルンの講演「地震学総論」が『日本地震学会報告』第一冊に残っている。

「日本ニ於テハ一千八百七十二三年頃ドクトル、ヴァーベッキ氏始テ擺子器械ヲ施用シテ地震ヲ実験セリ同士ノ発明セル器械ハ地上ニ安置シタル大理石ノ板上ニ四個ノ水晶球ヲ排列シ其上ニ重厚ナル木板ヲ敷キ底面ニ指針ヲ附シタル者ナリ此大理石板ハ地震ノ時地上ノ震動ト伴ニ動揺スト雖モ木板ハ自己ノ惰性ニ依テ振動セス故ニ底面ノ指針ハ石板上ニ布置シタル紙面ニ動跡

ヲ止ムルナリ」（『日本地震学会報告』第一冊）

（2）梅本順子「宗教教育者　田村直臣について」（『横浜プロテスタント史研究会報』二〇一二年〈平成二四年〉一一月一五日、五一号）参照。

（3）甘楽教会は世界文化遺産・旧富岡製紙場からほど近くにある。説教の行われた高瀬医院は、甘楽教会設立の立役者の一人、斎藤寿雄の病院。斎藤は、「明治になって間もなく、旧高瀬村（富岡市）で地域医療に従事した。貧しい人から治療代を取らず、『情け深いひげ先生』として敬愛された。私財を投じて高瀬小学校を開設したほか、富岡女学校や富岡第一幼稚園（甘楽幼稚園）を設立。旧官営富岡製糸場の嘱託医として工女の健康管理にも当たった」（『上毛新聞』二〇一二年〈平成二四年〉六月一七日付、社会面「ふるさと人物帳⑬」）という人物である。この病院の二階は和室でかなり押し詰めて入ったようだ。ここで礼拝も行っており、二階が落ちそうなくらいの人が集まった。全員が信者ではなかった。知識人が来た、というので当時は娯楽などないのでそのような集会に集まったのである。

（4）God is Love! 新約聖書ヨハネ第一の手紙第四章一六節の言葉。

添え書きの筆者は住谷天来（すみたにてんらい）。住谷は一八六九年（明治二年）二月一六日生まれ。東京に出て内村鑑三らと交流、『萬朝報』の記者になる。のち郷里の群馬県に帰り、伊勢崎教会、甘楽教会の牧師を務めた。非戦平和主義者として活動した。

（5）「この時期フルベッキがアメリカに一時帰国中という情報を持っていなかったことによる誤報がなされたため、その後の文献や藤村の作品の解説・注なども史料を確認せずフルベッキと誤って伝えられてきた」（中島耕二氏談）

（6）特許状に添えられた榎本武揚のフルベッキ宛の書状は以下のとおりである。

「一八九一年七月四日　東京

第二号

ギドウ・F・フルベッキ殿

拝啓

あなたがアメリカ合衆国の市民権を得ることもできずにオランダの国民としての国籍上の身分を喪失してしまった結果、あなたはどこの国籍上の身分も得られずにおり、ためにわが帝国政府の保護の下に生活することを望んで本年三月前外務大臣に対してこの目的の申請をなされ同大臣も確かにこれを裏書きしています。

あなたは数十年間帝国内に居住し、わが帝国のために尽力された業績は決して少なくありません。且つあなたはわが官民によって常に愛され尊敬されて来ました。それ故わたしは喜んでここに請願された特別旅行券を別紙にてお送りいたしますので届くものと信じます、尚、更に上記の特別旅行券は本日より向う一ヵ年間有効であります。そしてあなたには毎年それを更新し、交換する許可が与えられています。

敬具

外務大臣

榎本武揚（署名捺印）

（原文よりD・B・マカルティ博士翻訳『書簡集』）

（7）「田鎖綱紀は盛岡の士族で、小沢三郎の恩師、煙山専太郎と縁続き。速記学の教祖です。速記の素晴らしさに中村正直が感動して、国会でもやりましょうと提言した。田鎖と弟子たちが国会の議事録を残した。第一回の国会から資料が全部残っているのは日本だけです。後に伊藤博文も田鎖の功績を高く評価して功労金を与えた」（太田愛人氏談）。

（8）*Verbeck of Japan* でグリフィスが引用した「異例のエピソード」では、人名に仮称（イロハ、ニホヘ、トチリ、ヌルヲ、ワカヨ、ツネラ）が用いられている。フルベッキがこの原稿を公表するに当たって実名を明かすのを憚ったためである。筆者が手に入れたタイプ原稿には実名が記されている。イロハ（安川亨）、ニホヘ（インブリー）、トチリ（井深梶之助）、ヌルヲ（植村正久）、ワカヨ（アメルマン）、ツネラ（ノックス）である。推敲過程に書き入れたと思われる仮称が手書きで入っている。

（9）『植村正久と其の時代』に掲載されている献上聖書の写真と同じものは現在早稲田大学図書館所蔵「大隈文書」中の『耶蘇教諜者各地探索報告書』にあることが、国吉栄氏によって発見されている。一八九〇年代に横浜の写真館日下部金幣によって撮影されたものだが、大隈重信がなぜこの写真をもっていたかについては明らかではない（国吉栄『聖書献上とその周辺——大隈重信、森有礼、駐日米公使デロングは、如何にかかわったのか——』〈https://kenjoseisho.webnode.jp/〉）。

（10）「ポール・リビアの騎行」「人生讃歌」「ハイアワサの歌」などで知られるアメリカの詩人H・W・ロングフェロー（一八〇七～一八八二）の詩の引用は詩集 *Birds of Passage* に収められた The Ladder of St. Augustine（「聖アウグスティヌスの梯子（はしご）」）の最終連からのもの。

Nor deem the irrevocable Past
　As wholly wasted, wholly vain,
If, rising on its wrecks, at last
　To something nobler we attain.

（11）かつての門下生や知人に「故フルベッキ先生紀念金募集主意書」が配布された。その結果の報告書がある。募集応募者は二一六人で、その額は八七三円五九銭に達した。この募金でフルベッキのために建碑した。

故フルベッキ先生紀念金募集主意書

故勲三等神学博士フルベッキ先生ハ文久元年〇安政六の誤初テ長崎ニ渡来シ、日本語学習ノ傍ラ長崎洋学所済美舘幷肥前藩校ノ教師ニ聘セラル。当時天下ノ有志者ハ、海外ノ事情ニ通スルヲ以テ急務ト為シテ、概ネ長崎ニ来遊シ、先生ニ就テ学ブ所アリ、問フ所アリ。語学、数学ヨリ、陸海軍工技法政ノ諸学ニ及フマテ、講述解説夜以テ日ニ継キ、循々トシテ倦色ヲ見ス。僉ナ其博識ニ驚キ、其懇篤ニ服セリ。其中、今日朝野知名ノ士多シ。明治二年大学南校ノ教師ニ徴セラレ、同五年太政官ノ法律顧問ト為リ、更ニ元老院ニ転シテ、法典ノ飜訳及調査ニ従事シ、又学習院ノ教師ト為ル。同十年政府雇ヲ解キ、特ニ勲三等ニ叙シ、旭日章ヲ賜ハリタリ。爾来、全ク一身ヲ布教伝道ニ委ネテ、経典ノ飜訳説教学ノ教授ニ尽瘁シ、又全国ヲ巡歴シテ、教旨ヲ伝宣シ、東船西馬席暖ナルニ暇アラス。遂ニ、本年三月ヲ以テ、東京葵坂ノ寓

『旧新約全書』。明治天皇に献上されたとされる（早稲田大学図書館所蔵）

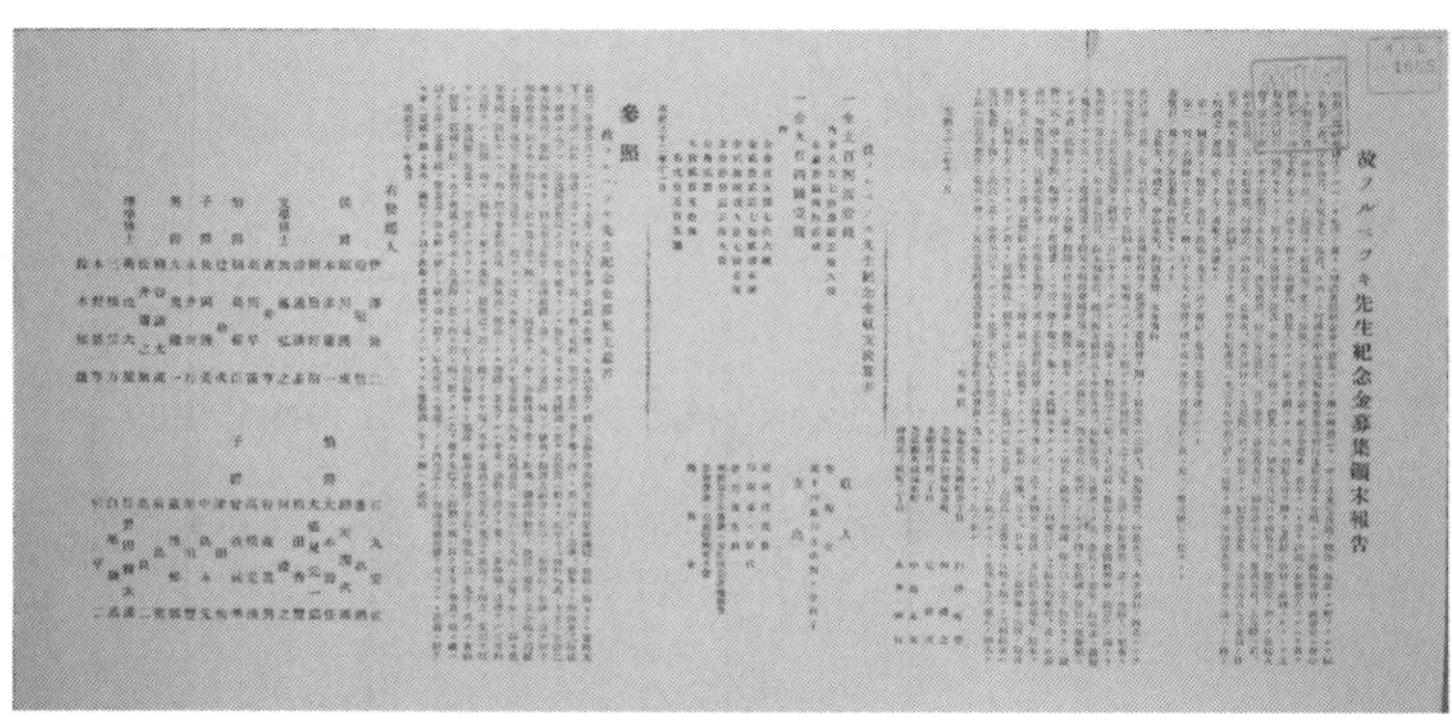
故フルベッキ先生紀念金募集顛末報告

その発起人及び募金者の目録（早稲田大学図書館所蔵）

居ニ溘然易簀ス。享年六十有八、洵ニ痛惜ノ至ナリ。抑モ、先生我国ニ渡航セシヨリ、殆ト四十年、其間文明ノ新気運ヲ催進シタル功徳ノ著大ナルハ、今更ニ賛辞ヲ措クヲ要セス。其学識ノ該博ナル、其言行ノ温厚ナルト、我国ニ竭セル勤労トニ至テモ、先生ノ履歴、之ヲ証シテ余アリ。今ヤ、斯ノ不幸ニ遭遇ス。生等久ク先生ニ親炙シテ、師友ノ校誼ヲ訂セルモノ、其遺徳ヲ追慕スルノ情、止ム可カラサルモノアリ。是ニ於テ、同志相会シテ協議ノ結果、各応分ノ金員ヲ醵集シ、以テ先生ノ為メニ、青山ノ塋域ニ石碣ヲ建テ、、永ク弗諼ノ志ヲ表シ、且薫陶ノ恩ニ酬ヒ、若シ剰ス所アラハ、之ヲ挙テ未亡人ニ賻贈シ、或ハ以テ子女ノ学資ヲ補ヒ、或ハ以テ手沢ノ遺書ヲ購フ等、其意ノ望ム所ニ従ント欲ス。切ニ願クハ、平生先生ニ交誼アリシ門生友人ハ勿論、其他同情ヲ有セラル、諸君ニ於テモ、幸ニ賛成ヲ賜ヒ、多少ノ義捐アリテ、以テ此挙ヲ成就セシメラレンヿヲ。生等懇請ノ至リニ勝ヘス。謹啓

明治三十一年九月

右発起人

伊澤修二　石丸安世
稲垣信　盧高朗
侯爵 細川護成　細川潤次郎
本多庸一　伯爵 大木喬任
岡田好樹　大儀見元一郎
渡邉洪基　和田秀豊
文学博士 加藤弘之　何礼之

故フルベッキ先生紀念金寄附者氏名録

故フルベッキ先生紀念金募集顛末報告書。紀念碑建立の主意書と

吉井亨
高田早苗
伯爵　副島種臣
辻新次
子爵　長岡護美
永井尚行
男爵　九鬼隆一
柳谷謙太郎
松井庸之助
理学博士　菊池大麓
三橋信方
本野盛亨
鈴木知雄

谷森真男
高橋是清
子爵　曽我祐準
津田仙
中島永元
牟田豊
蔵原惟郭
前島密
高良二
目賀田種太郎
白峯駿馬
杉亨二

年譜

西暦	年号	年齢	フルベッキの事項	その他の関連事項
一八一〇	文化　七			六月一六日S・R・ブラウン、アメリカコネチカット州イースト・ウィンザーに生まれる。
一八一五	文化一二			三月一三日J・C・ヘボン、アメリカペンシルベニア州ミルトンに生まれる。
一八二九	文政一二			七月一八日C・M・ウィリアムズ、アメリカヴァージニア州リッチモンドに生まれる。
一八三〇	文政一三	0歳	一月二三日オランダのザイスト（ツァイスト）に生まれる。父カール・ハインリッヒ・ウィルヘルム・フェルビーク、資産家。母マリア・ヤコビナ・アンナ・ケルダーマン、教育家。八人の子供の六番目。小学時代より詩や音楽を好み、ピアノ、オルガンを弾き、ギター、ヴァイオリンも弾じた。コッペルの丘に立つ家で、夢多き少年時代を過ごす。	
一八三七	天保　八	7歳	モラヴィア派の学校に通う。	この頃カール・ギュツラフ総片仮名の

西暦	年号	年齢	フルベッキの事項	その他の関連事項
				『約翰福音之伝』、『約翰上中下書』日本語版を完成。 七月アメリカ船モリソン号江戸湾に来る。オリファント商会キングは宣教医ピーター・パーカー、ギュツラフ、S・W・ウィリアムズらと共に漂流日本人七名を連れて来る。砲撃を受け上陸できず立ち去る。
一八四七	弘化　四	17歳	この頃までにはモラヴィア派の学校を卒業、堅信礼を受ける。	
一八四九	嘉永　二	19歳	この頃ヨーロッパ各地を巡回していたギュツラフの体験談を聞き、感動する。	
一八五〇	嘉永　三	20歳	この頃開校したユトレヒトの工業学校で鉄鋼技術などの機械工学を学ぶ。卒業後、短期間ザイストの鋳造工場で働く。	
一八五二	嘉永　五	22歳	一月三日、母マリア没。 九月二日祖国オランダを去り、アメリカに単身渡る。ウィスコンシン州グリーンベイ近くのタンクタウンで職に就く。	八月頃『別段和蘭風説書』で和蘭館長アメリカ艦の来航を予報。

西暦	和暦	年齢	事項	日本の出来事
一八五三	嘉永　六	23歳	一一月アーカンソー州ヘレナで職に就き、ミシシッピー川の架橋工事に携わる。奴隷労働者の実態を見て衝撃を受ける。	七月八日ペリー艦隊浦賀に来航。一四日久里浜に上陸。
一八五四	嘉永　七	24歳	夏、コレラに罹り病床にて、外国伝道の志を固める。ミシガン湖畔グリーンベイにて静養する。	二月一三日ペリー艦隊七隻再来航、金沢沖に投錨。 三月三一日横浜応接所にて日米和親条約締結。
一八五五	安政　二	25歳	ジョセフ・ウィデンを蒸気エンジンの部品修理代未払いで訴えた。 鋳物工場主のオットー・タンクと共に顧客ジョエル・フィスクから訴えられる。その裁判は七年以上の歳月が掛かり、フルベッキ来日後も継争していた。	
一八五六	安政　三	26歳	九月ニューヨーク州オーバン神学校に入るため同地に向かう。	九月三日アメリカ総領事タウンゼント・ハリス下田の玉泉寺に入る。
一八五八	安政　五	28歳	マリア・マニヨンと知り合う。	七月長崎洋語伝習所設置される。 七月二九日日米修好通商条約締結調印。 八月日露・日蘭・日英同条約調印。一〇月日仏同条約調印。安政の大獄。 一一月、福沢諭吉、中津藩江戸築地鉄砲津藩邸に家塾を設立。

西暦	年号	年齢	フルベッキの事項	その他の関連事項
一八五九	安政　六	29歳	三月オーバン神学校卒業、按手礼を受ける。アメリカ・オランダ改革教会が総会の決議で日本宣教のため三人の宣教師を募集していることを聞き、これに応じた。 四月一八日フィラデルフィアでマリア・マニヨンと結婚。 五月七日サプライズ号でS・R・ブラウン、D・B・シモンズらと日本に向けてニューヨークを出航。 一〇月一七日上海到着。一一月七日夜長崎到着。J・リギンズとC・M・ウィリアムズに迎えられ、崇福寺の広徳院に同居。一二月二九日妻を上海から迎える。	五月アメリカ聖公会宣教師リギンズ、六月C・M・ウィリアムズ中国から長崎に転じ崇福寺の広徳院に住む。 一〇月一七日米国長老教会のJ・C・ヘボン神奈川に到着、翌一八日上陸、成仏寺に住む。 一一月一日アメリカ・オランダ改革教会のS・R・ブラウン、D・B・シモンズ神奈川に着く、ブラウンは成仏寺に、シモンズは宗興寺に住む。
一八六〇	安政　七	30歳	一月二六日長女エマ・ジャポニカ誕生、授礼。 二月九日エマ死亡。稲佐悟真寺国際墓地のオランダ人墓地に埋葬、墓碑を建てる。 本間郡兵衛を日本語教師に雇う。蘭和文典を入手。	二月一三日遣米使節渡米。 二月二六日オランダ商館長デ・ボスら二人横浜で殺害される。

	万延　元		二月リギンズ病気のため帰国。中国ミッション印刷所の書物頒布責任者に。春、自宅に八名の英語を学ぶ英学生が集まった（大山巌、大隈重信、副島種臣ら）。 四月中国ミッション印刷所の書籍四〇〇部、寧波通報三〇〇部、キリスト教年鑑七五部頒布。 一〇月一日S・R・ブラウン長崎来訪。	三月二四日井伊大老桜田門外で襲撃される。 四月一日アメリカ自由バプテスト伝道協会のジョナサン・ゴーブル夫妻来日。
一八六一	万延　二 文久　元	31歳	一月一八日長男ウィリアム誕生。二人の日本人学生とベッテルハイムの路加伝福音書を研究する。 三月「文法の序説」を執筆。日本人教師を解雇。一年を通じて七名の英学生を教える（何礼之助、平井義十郎、瓜生寅、本野周造ら）。 一一月一五日、崇福寺の広福庵に移る。	一月一五日アメリカ公使館通訳ヒュースケン殺害される。 四月南北戦争始まる。 七月五日高輪東禅寺のイギリス公使館襲撃。 七月九日ロシア正教会のニコライ箱館に来る。 一一月一一日アメリカ・オランダ改革教会のジェームズ・バラ夫妻横浜着、成仏寺に入居。和宮降嫁。
一八六二	文久　二	32歳	肥前の綾部幸熙、本野周造、江口梅亭ら三	二月一三日坂下門外の変。

西暦	年号	年齢	フルベッキの事項	その他の関連事項
			人のために聖書を読む。新約聖書の英訳、蘭訳と漢訳を使用。	六月二六日第二次東禅寺事件。 九月一四日生麦事件。 一〇月二六日アメリカ監督教会（後の英国聖公会）による日本初のプロテスタント教会堂の献堂式、ウィリアムズ司式。
一八六三	文久　三	33歳	二月七日二女エマ・ジャポニカ誕生。 四月生麦事件により薩英戦争の風説、戦禍が長崎に及ぶと通告され、出島ケンペル邸に避難、五月一三日上海に避難し、一〇月一三日長崎に帰る。出島に一戸を借りる。	一月三一日高杉晋作ら長州藩士品川御殿山に建設中のイギリス公使館を焼き打ち。 五月一八日アメリカ長老教会のデヴィッド・タムソン横浜着。 六～七月長州藩下関海峡通過の米・蘭・仏船を砲撃。 八月一五～一七日薩英戦争。
一八六四	文久　四 元治　元	34歳	何礼之助の私塾で教える。 二月二二日父カール没。 二月二七日崇福寺広福庵の家に戻る。 イギリス領事館員ラウダー（夫人はブラウンの長女）夫妻長崎に来る。 七月大徳寺の境内に移る。 八月長崎奉行所の外語学校語学所の教師と	八月二〇日蛤御門の変、八月二五日第一

西暦	和暦	年齢	事項	一般事項
			なる。週五日、二時間英語、仏語を教授。	次長州出兵。 九月五日イギリス・フランス・アメリカ・オランダの連合艦隊下関砲撃。 ゴーブル横浜山手に移り聖書翻訳に着手。
一八六五	元治　二 慶応　元	35歳	五月大隈重信が佐賀藩の洋学校（蕃学稽古所）を立ち上げる。副島種臣学頭、中島永元、中野健明、中山信彬、石橋重朝ら参加。 九月語学所が新町に移転、済美館と改称。 一〇月石丸安世の案内でアメリカ領事フレッチャーと共に佐賀訪問。 この年二男チャニング・ムーア誕生。	二月一九日ジラール、長崎大浦天主堂（日本二六聖人聖堂）献堂式を挙行。 四月九日南北戦争終結、一五日リンカーン暗殺さる。 四月一七日薩摩藩士森有礼ら一九名鹿児島・羽島より密航してイギリス留学へ向かう。 一二月四日バラが矢野元隆に洗礼を授ける。日本最初のプロテスタント受洗者となる。
一八六六	慶応　二	36歳	五月二〇日佐賀藩家老村田政矩（若狭）とその弟綾部恭に洗礼を授ける。 六月横井小楠の甥横井左平太と大平兄弟アメリカ留学に際してJ・M・フェリスに紹	三月荘村助右衛門C・M・ウィリアムズより洗礼を受ける。 三月七日薩長同盟。 七月第二次長州出兵。

西暦	年号	年齢	フルベッキの事項	その他の関連事項
			介状を書く。	
一八六七	慶応　三	37歳	三月頃薩摩藩士五人のアメリカ留学のための紹介状をニューヨークの実力者、ウィリアム・ドッジに書く。 同月日下部太郎ラトガース大学に留学。 この年三男グスタヴ誕生。 九月頃加賀、薩摩、土佐、肥前各藩から招請状を受ける。 一二月八日妻が子供達と上海に出掛ける。 一二月一八日佐賀藩の蕃学稽古所正式雇い入れを承諾。丹羽龍之介、江副廉蔵ら入学。 一二月二八日長崎に戻る。	二月一三日天皇睦仁即位。 五月ヘボン『和英語林集成』上海にて印刷完成。S・R・ブラウン夫妻帰米。 七月一五日肥前浦上村でキリシタン信徒六八名逮捕。 八月下旬頃「ええじゃないか」の集団乱舞が発生。 ヘボン、バラ、タムソンらマタイ伝の翻訳を始め九ヵ月で完成。 一一月九日大政奉還。 一二月一〇日坂本龍馬暗殺。 アメリカ・オランダ改革教会がアメリカ改革教会に名称変更した。
一八六八	慶応　四	38歳		一月三日朝廷、王政復古を宣言。 一月二七日鳥羽伏見の戦い（戊辰戦争）勃発。

明治元

四月八日済美館が立山役所に移転、長崎府の下で広運館と改称。引き続き教師を務める。

七月一六日四男ギドー誕生。

八月九日アメリカから大坂移籍の許可が下りる。

九月一〇日蕃学稽古所を致遠館と改称。

一〇月一七日小出千之助を伴い大坂に出発。大坂移籍の下検分。小松帯刀、副島種臣らと面会。アメリカ留学中の日本人学生について相談を受ける。


三月七日澤宣嘉九州鎮撫総督長崎に入る。

四月六日五箇条の御誓文、翌日五榜の掲示（キリシタン禁制の継続）。

四月二三日福沢諭吉、家塾を芝新銭座に移転、慶應義塾と定める。

五月二四日新政府、外国公使の抗議を受ける。キリシタン禁制の高札の書き換えの命を出す（キリシタンと邪宗門を分ける）。

六月新政府、さらに長崎で浦上キリシタンを弾圧、逮捕した約四〇〇〇余人を諸藩三四家に配流するよう命ずる。

九月三日江戸を東京と改称。

一〇月二三日明治と改元し、一世一元の制を定める。

西暦	年号	年齢	フルベッキの事項	その他の関連事項
一八六九	明治　二	39歳	一二月一〇日岩倉具定、具経兄弟長崎到着、致遠館に寄宿する。 この頃いわゆる「フルベッキ写真」が上野彦馬の写真館で撮影される。 一二月一三日仏教僧侶清水宮内に洗礼を授ける。 一二月一八日村田政矩の息子政匡と江口梅亭がフルベッキより受洗。 一月二日佐賀藩の招きで佐賀訪問。鍋島直正（閑叟）と会談。 一月二八日岩崎弥太郎、フルベッキを土佐に招聘する話を持ち掛ける。 二月『改正増補和訳英辞書』（薩摩辞書）刊行。 二月一三日山口尚芳来崎、開成学校設立のための招請を受ける。一六日受諾の返事を出す。 三月一〇日広運館の後任スタウト夫妻、長崎に到着、大徳寺に迎えて引き継ぎに入る。	二月一五日横井小楠京都で斬殺される。 同日タムソンから小川義綏ら受洗。

一八七〇	明治 三	40歳	三月二三日長崎出立、横浜経由四月東京に到着。神田一ツ橋開成学校の宿舎に入る。 四月正式に開成学校教師となる。四月三〇日妻と子供達がアメリカへ向けて出発する。 六月一一日大隈重信に欧米使節派遣に関するブリーフ・スケッチを送る。 八月九日三週間の夏季休暇を取り長崎へ。横井大平が会いに来る。長州の留学生児玉淳一郎を紹介する。 九月大学権判事（医学所御用専務）相良知安他二名が提出した、ドイツから医学教師雇い入れの建白書にフルベッキの証言が添えられた。 九月二八日妻と子供達がアメリカより戻る。 佐土原藩の留学生丸岡武郎、平山太郎、橋口宗儀らを紹介。町田久成と会って薩摩藩学生について相談。 三月一九日岩倉具定、具経、折田彦市、服部一三、山本重輔の紹介状をニューヨークの改革教会本部に送る。	六月二七日戊辰戦争終結。 七月二五日版籍奉還。 八月一四日太政官代での廟議でドイツ医学導入が決定した。翌日山内容堂知学事辞職。 八月S・R・ブラウン夫妻、メアリー・キダーを伴い再来日、新潟英語学校の教師となる。 新政府、医学所、昌平学校、開成学校を復興。 一一月三〇日アメリカン・ボードの宣教師D・C・グリーン来日。 一二月開成学校を大学南校、医学校を大学東校と改称。

西暦	年号	年齢	フルベッキの事項	その他の関連事項
			五月一三日留学中の日下部太郎病死。 七月築地外国人居留地に入居。 福井藩の理化学教師（グリフィス）招聘依頼を受ける。 八月肥後藩の英語と科学教師（L・L・ジェーンズ）招聘依頼を受ける。 九月華頂宮のアメリカ留学に際して、高戸賞士、五十川基、藤森圭一郎、柳本直太郎の紹介状、白峰駿馬、松本宗一郎、目賀田種太郎らの紹介状を送る。 九月二三日妻が子供達とアメリカへ出港。 一一月頃大学南校の教頭となる。 一一月二一日留学する石橋重朝、香月経五郎を紹介。	九月S・R・ブラウン、横浜修文館教師となる。キダー、ヘボン塾で女子の教育を始める。フェリス女学院創立の起点。 一二月二九日グリフィス来日。
一八七一	明治　四	41歳	一月新任の駐米領事森有礼と矢田部良吉の紹介状を書く。 四月妻が子供達と日本に戻る。	一月三日からグリフィスはフルベッキの一ツ橋の南校教師宿舎に寄寓する。二月二三日グリフィス、横浜から福井へ出立。 三月四日、福井着。 四月福沢諭吉、慶應義塾を三田に移転。

八月米国婦人一致伝道教会の女性宣教師プライン、ピヤソン、クロスビー来日、横浜にミッション・ホーム設立（横浜共立学園の創設）。

ゴーブル訳『摩太福音書』出版。

八月L・L・ジェーンズ熊本赴任。八月二九日廃藩置県の詔書を発する。

九月二日文部省設置、大学南校を南校、大学東校を東校と改称。

一〇月熊本洋学校の設立。

一一月ヘボン『和英語林集成』第二版印刷のため上海渡航。


一〇月一八日岩倉具視が大隈重信にブリーフ・スケッチについて問い合わせる。

一〇月二六日及び二九日岩倉具視を訪ね、特命全権大使派遣のため、特にブリーフ・スケッチに基づいて詳細な相談を受ける。

一一月『大正増補和訳英辞林』（「薩摩辞書」）刊行。

「一米人フルベツキより内々差出候書」を久米邦武に送る。

一一月二一日訪米する岩倉具視の紹介状を

西暦	年号	年齢	フルベッキの事項	その他の関連事項
一八七二	明治　五	42歳	ジョン・フェリスに送る。岩倉使節団一行には、長崎時代の生徒が加わっている。 一二月二八日五男アーサー誕生。 二月二四日肥後藩主の弟、長岡護美の留学に際して紹介状を書く。 五月六日天皇南校行幸。拝謁、進講し勅語を賜う。 九月横浜のヘボン邸で開かれた第一回宣教師会議に出席。	岩倉使節団が、一二月二三日（明治四年一一月一二日）横浜を出港。同船してゴーブル帰国。 二月三日グリフィス、福井から東京に帰着、南校で教える。 三月一〇日横浜にプロテスタント教会（日本基督公会）設立。 この頃ヘボン、ブラウン共訳『新約聖書馬可伝』、『新約聖書約翰伝』出版。ヘボン訳『三要文』横浜にて刊行。 七月九日マリア・ルス号事件。 八月グリフィスの姉マーガレット来日。 九月三日築地に東京ユニオン・チャーチ会堂献堂。九月四日学制発布、南校は第一番中学、東校は医学校に改称。 九月二〇～二五日ヘボン邸にて第一回在日宣教師会議を開催、新約聖書の翻訳、讃美歌の編集事業を計画。 一〇月一四日新橋—横浜間鉄道開業式。

西暦	和暦	年齢	事項	関連事項
一八七三	明治　六	43歳	四月一六日神経衰弱と静養のため、六ヵ月の休暇を取って、横浜から英国に出発。 六月一四日ロンドン到着。家族と再会する。 岩倉具視に会うためスイス・ベルンへ向かう。 七月生まれ故郷のオランダ・ザイストに滞在。 七月一一日サウサンプトンで呼び寄せた家族と再会。 九月開成学校（南校）教頭解任。 一〇月二六日にサンフランシスコから日本に戻る。	一二月三日をもって明治六年一月一日とする西洋暦に改暦。 二月七日ゴーブル夫妻がネーサン・ブラウン夫妻と再来日。二月二四日キリシタン禁令などの高札撤去。 三月日本基督東京公会設立。 S・R・ブラウン、山手の自宅にブラウン塾、中村敬宇同人社を開く、森有礼、西周ら明六社を創立。カロザース築地大学開校。 六月三〇日マレー来日、文部省学監となる。ヘボン訳『新約聖書馬太伝』発行。ヘボン、奥野共訳『真理易知』第二版刊行。 九月一三日岩倉使節団一行帰朝。 アメリカ・メソジスト監督教会宣教師マクレー、カナダ・メソジスト教会ソーパー、コレル、カクラン来日。

西暦	年号	年齢	フルベッキの事項	その他の関連事項
			一二月開成学校退任。 一二月一日正院翻訳局のお雇いになる。	明六社設立、グリフィス同社通信員となる。
一八七四	明治　七	44歳	四月一日高橋是清の世話で駿河台鈴木町の屋敷に住む。 この頃、太政官の法律顧問として関係を保つと共に正院の翻訳局と左院の仕事を兼務する。 八月ラトガース大学より神学博士の名誉学位を授与される。 九月二三日三女エレノア誕生。 一一月の日課は日曜学校講話、聖書研究会、自宅での新約聖書釈義。	一月一七日民撰議員設立建白書左院に提出。 二月三日C・M・ウィリアムズ、築地に立教学校を開校。二月四日佐賀の乱。 三月二五日聖書翻訳委員会結成。 四月二日『明六雑誌』創刊。 七月一八日グリフィスが姉マーガレットと共に帰国。 九月一三日横浜第一長老公会創立。 一一月新島襄帰国。一一月二日本野周造ら『読売新聞』創刊。 一二月本邦初のクリスマス会が、築地第一長老教会で催される。フルベッキも参加した。

西暦	和暦	年齢	事項	一般事項
一八七五	明治　八	45歳	東京におけるバプテスト最初の授洗者内田はま子をアルソン宣教師に紹介。 四月左院の廃止に伴い、新たに設置された元老院に勤務。開成学校本郷用地内へ移る。	六月讒謗律、新聞紙条例を定める。 九月二〇日江華島事件。 一一月二九日新島襄、京都に同志社英学校設立。 一二月二七日『七一雑報』発刊。
一八七六	明治　九	46歳	一二月一二日四女メアリー誕生。 外国の憲法の翻訳を多く手掛ける。日曜日を休日とするために尽力する。 六月一七日メアリー死去、横浜外国人墓地に埋葬。 一二月フルベッキ英訳、細川潤次郎翻訳	一月三〇日熊本洋学校生徒三五名花岡山に登り「奉教趣意書」に署名宣誓、後、同校廃校、学生一同同志社に編入。 春、ヘボンは施療所を閉鎖し、建物をバラに譲り、横浜山手に移る。以後バラ学校と呼ばれた。 八月一四日W・S・クラークを教頭として札幌農学校を開校。 一〇月神風連の乱、秋月の乱、萩の乱起こる。 グリフィス *The Micado's Empire* を出版。

西暦	年号	年齢	フルベッキの事項	その他の関連事項
一八七七	明治一〇	47歳	『日耳曼議院之法』刊行。 六月二三日元老院御雇満期。 七月二日多年にわたる明治政府、大学南校その他での功労により勲三等旭日中綬章を授与される。七月ブルンチェリーの原書をフルベッキが口述、杉亨二が筆記した『国政党派論』刊行。 九月フルベッキ口述『法学指鍼』一、二巻刊行。同月フルベッキ口述『欧州各国憲法』刊行。 一〇月元老院の職を去る。残務整理を行う。東京一致神学校の講師として教える。 一一月九日明治天皇に拝謁し勅語を賜う。 一一月二〇日学習院講師として一年の契約を結ぶ。	一月二九日西南戦争起こる。 四月一二日東京開成学校と東京医学校の二校を併せ東京大学開設。 六月品川長老教会、七月千葉県大森長老教会建設。九月米国長老教会、アメリカ改革教会及びスコットランド一致長老教会が合同で築地に東京一致神学校（明治学院の前身）を創設。 一〇月三日協力ミッション宣教師と日本基督公会の代議員が中会を開き日本基督一致教会創立。佐野常民ら博愛社を起こす。 一〇月一七日華族学校（学習院）創設。
一八七八	明治一一	48歳	三月フルベッキ序、細川潤次郎訳『会員必	

西暦	和暦	年齢	事項	一般事項
			読』刊行。 五月日本基督一致教会中会において旧約聖書翻訳委員会委員に選ばれる。五月一五日新栄教会で開かれた日曜学校大会で奨励をする。 七月一五日新栄教会の親睦会で「基督教と自由」について演説する。 この頃大量の蔵書を処分する。 フルベッキ唯一の財産、駿河台の屋敷を高橋是清に依頼して、六五〇〇円で売却。 七月一五日学習院満期雇い止め。七月三一日家族と共にアメリカに帰国。 八月二四日サンフランシスコ着。	五月一四日大久保利通暗殺。 七月一五日日本基督教信徒第一回親睦会開催。 旧約聖書翻訳委員会が設立。
一八七九	明治一二	49歳	九月アメリカから単身で日本に戻る。一時、築地居留地一九番のアメリカ・オランダ改革宣教師アメルマン夫妻の世話になる。学習院、東京一致神学校で教える。 一〇月日本基督一致教会第五回中会の議長に選ばれる。	夏、Ｓ・Ｒ・ブラウン帰国。 九月二九日学制を廃止し、教育令制定。 一一月三日横浜聖書翻訳委員会、新約聖書を訳了。

西暦	年号	年齢	フルベッキの事項	その他の関連事項
一八八〇	明治一三	50歳	一二月二六日日本橋・京橋の大火に遭遇し、警官に助けられる。 フルベッキ口述、武者小路実世筆記『国会議員撰挙論』刊行。 一月信州上田教会に伝道旅行。 東京一致神学校、学習院で教える。東京の各所の教会で説教をする。 二月七日六男バーナード誕生。 四月日曜学校創立一〇〇年祭において講演。 新約聖書翻訳完成祝賀会において演説。 七月一三日日本に向かう船中でバーナード死去。七月二三日妻が三人の子供と到着。 京橋区新湊町五丁目に住む。六男バーナードを横浜外国人墓地に埋葬。 八月ナラヤン・シェサドリが浅草井生村楼にて「印度の沿革」につき講演した時、井深梶之助と共に通訳に当たる。 一〇月上野精養軒における基督教野外大説教会において説教する。	三月一一日世界初の日本地震学会が設立される（フルベッキも会員）。三月一二日小崎弘道ら東京青年会を結成。 四月上旬ネーサン・ブラウン翻訳『志無也久世無志与』出版。 四月一九日翻訳委員会訳の新約聖書出版完成祝賀会が築地新栄橋教会堂にて開かれる。 横浜のヘボン塾を東京に移し、築地大学校を開く。 四月集会条例を定める。 六月一九日S・R・ブラウン、アメリカで死去。 一〇月一一日『六合雑誌』創刊。

一八八一	明治一四	51歳	三月アメリカ聖書協会の日本語訳新約聖書の特別委員に選ばれる。信州伝道に出かける。学習院で教える。 八月七日七男（末子）バーナード誕生。 一一月四日学習院立花種恭院長に手紙で世俗の学校で教えることを辞める旨を伝える。 一一月一七日学習院の記念式典に招かれ、「学生が勤勉であること」の演題で演説。	四月ミラー夫妻、再来日。 一〇月ワイコフ横浜山手で先志学校（後、明治学院）を開く。明治一四年の政変。 一〇月一八日国会開設の詔勅。自由党結成。
一八八二	明治一五	52歳	五月信州上田・小諸に伝道旅行。五月フルベッキ口述、河内信朝他筆記『仏国森林法同執行法令』刊行。 六月マーチン著、フルベッキ撰、高橋吾良訳『啓蒙天道溯原』出版。 この年から、一八八八年（明治二一）まで築地入舟町八丁目に住む。 旧約聖書翻訳委員に再選される。 この年、エマがアメリカの高校を卒業。翌	一月一四日旧約聖書翻訳委員の改選で、フルベッキ、ファイソン、ヘボンの三人が選ばれた。 三月一四日参議伊藤博文ら、勅書により憲法調査のため欧州出張する。 四月一六日立憲改進党結成。 一〇月一〇日日本銀行創立、初代総裁は吉原重俊。一〇月二一日大隈重信、小野梓や高田早苗らと東京専門学校（早稲田大学）開校。

西暦	年号	年齢	フルベッキの事項	その他の関連事項
一八八三	明治一六	53歳	年再来日。 四月第二回宣教師会議、大阪で開催。「日本プロテスタント伝道史」について講演する（二年後に出版されたが、これは日本における最初のプロテスタント伝道史である）。 五月東京にて開催の第三回基督教信徒大親睦会において「人更に生る」の題で説教。 一一月一二日木挽町明治会堂におけるルター四〇〇年記念会において演説。	一月横浜初週祈禱会にてリヴァイヴァル起こる。 七月二日官報創刊。 九月先志学校、築地大学校と合併、東京一致英和学校と改称。 一一月二八日鹿鳴館開館。
一八八四	明治一七	54歳	三月一日高崎へ伝道旅行。三日安中、四日前橋へ行く。三月六日横浜海岸教会で講演。 三月二二日明治会堂学術演説会で、弁士を務める。 五月一六日高崎独立教会の創立式、献堂式のため再び高崎へ行く。一九日前橋で講演	五月群馬事件。 七月七日華族令公布。

			する。 一二月初旬四男ギドー死去の報せをカリフォルニアから受ける。	九月二三日加波山事件。 一〇月一五日植村正久『真理一斑』刊行。 一〇月二九日自由党解党。
一八八五	明治一八	55歳	四月フルベッキ訳述『耶蘇教証拠論』出版。 東京女子師範学校附属高等女学校が英語と音楽教師としてエマを雇い入れ。 六月より高知に伝道旅行。 一〇月四日妻が子供達と共にアメリカに向けて出発。	一月矢田部良吉、外山正一ら羅馬字会を創立し第一回例会を開く。 四月一八日伊藤博文、李鴻章と天津条約に調印。 五月七日日本基督教信徒第四回大親睦会を京都に開き、これを日本基督教徒福音同盟会と改む。 七月二〇日『女学雑誌』刊行。 一〇月木村熊二夫妻、九段坂下に明治女学校を開校。 一二月二二日太政官を廃止し、内閣制度を設置。
一八八六	明治一九	56歳	二月箱根に伝道旅行。 同月、一致教会より新撰讃美歌委員に選ば	一月一日ネーサン・ブラウン死去。 三月二日帝国大学令公布。 ヘボン『和英語林集成』第三版の版権を

西暦	年号	年齢	フルベッキの事項	その他の関連事項
			れる。	丸善商社に譲り二〇〇〇ドルを明治学院に寄付、ヘボン館建設資金にあてる。 四月日本組合基督教会創立。 五月一五日押川方義、仙台に東北学院設立。
一八八七	明治二〇	57歳	六月二二日明治会堂における東京一致神学校と東京一致英和学校の合同卒業式に列席、講演を行う。 明治学院創立のための最初の理事員に選ばれる。 明治学院神学部教授に選ばれる。 一一月九日『日本之女学』第三号に「婦人矯風会の目的」と題した演説が載る。 一一月フルベッキ著、日本語学習教材 *A Synopsis of All the Conjugations of the Japanese Verbs, with Explanatory Text and Practical Application*（『動詞活用法』）を出	一二月六日矢島楫子ら東京婦人矯風会設立。 小崎弘道『政教新論』刊行。 一月二二日東京一致神学校、東京一致英和学校を合併、明治学院設立の認可。 二月一一日日本聖公会成立。 三月六日植村正久、番町教会を設立。 四月鹿鳴館に仮装舞踏会を開き物議をかもす。 九月一五日明治学院開校。 石井十次、岡山孤児院設立。

			版する。 一二月三一日旧約聖書翻訳完成。詩篇とイザヤ書の翻訳を受け持った。	一二月二五日保安条例公布。
一八八八	明治二一	58歳	二月明治学院理事員会議長となる。旧約聖書翻訳完成祝賀会において日本語で翻訳の沿革を講演。 四月二三日『人の神を拝むべき事由』を出版。 一〇月フルベッキ著、高橋五郎筆記訳述『基督教不廃物論』出版。 一〇月～一一月第二回九州伝道をする。	四月二五日市制、町村制公布。三〇日枢密院設置。 七月一〇日『東京朝日新聞』発刊。
一八八九	明治二二	59歳	一月一七日アメリカへ向かう。	二月一一日大日本帝国憲法発布。森有礼暗殺。 六月二九日より第一回基督教青年会夏期学校同志社で開催。 一〇月ヘボン、明治学院初代総理に選出。
一八九〇	明治二三	60歳	無国籍問題解決のため合衆国の市民権取得を試みたが拒否される。 七月娘エマ、エレノアとオランダに行く。	一月二三日新島襄死去。 三月一四日『福音新報』発刊。 五月一七日府県制及び郡制公布。 七月一日第一回総選挙。

西暦	年号	年齢	フルベッキの事項	その他の関連事項
一八九一	明治二四	61歳	一月二二日サンフランシスコを出港、二月九日横浜へ戻る。 三月二日外務大臣青木周蔵を訪れ、帰化もしくは日本政府の保護を要請する。 七月四日外務省から妻子を含め国内を自由に旅行・居住できる特許状が交付される。 七月箱根夏期学校において「基督教は廃物に非ず」と題して講演。 九月二〇日エマがアメリカから戻る。	一〇月三〇日教育勅語発布。 一一月二五日第一回帝国議会開催される。 一二月八日日本基督一致教会を日本基督教会と改称。 一月九日内村鑑三の不敬事件。 五月一一日大津事件。青木周蔵は引責辞職。 一〇月一三日ヘボン、明治学院総理辞任、 一一月井深梶之助第二代総理となる。 一一月「宗教と教育」の衝突論争起こる。 一二月二四日田中正造、衆議院に初めて足尾銅山鉱毒事件に関する質問書を提出。
一八九二	明治二五	62歳	四月第七回明治学院神学部学生説教会において「実体論」を論じる。 六月東京伝道学校第二回卒業式で卒業証書を授与し奨励の辞を述べる。 七月夏期学校において「日本初代の基督教史」の題で講演。	一月指路教会献堂式。 七月ブライデン著、金森通倫訳『自由神学』刊。

西暦	和暦	年齢	事項	一般事項
			赤坂区葵町三番地の大倉喜八郎邸の一角を借りて住む。 一〇月明治学院におけるヘボン送別会にて神学部を代表して送別の辞を述べる。	一〇月二二日ヘボン夫妻帰国。 一一月一日『萬朝報』創刊。
一八九三	明治二六	63歳	三月一二日一番町教会にて「常に学べども真理を識るに至ること能はず」の題で説教。 七月一四日アメリカに向けて横浜を出港、二五日バンクーバー着。 一〇月一二日サンフランシスコ出港、二九日横浜に戻る。	一月三一日北村透谷、島崎藤村ら雑誌『文学界』を創刊。 四月一〇日井上哲次郎の『宗教と教育との衝突』出版。 高知県下の大挙伝道。唐津、佐賀の二教会設立。
一八九四	明治二七	64歳	六月明治学院神学部卒業生送別会兼親睦会において講話。	七月田村直臣の花嫁事件起こる。 八月一日清国に宣戦布告。
一八九五	明治二八	65歳	一月『人の神を拝むべき理由』を出版。 信州各地に伝道。 四月N・ワイコフが *The Japan Evangelist* に Rev. Guido F. Verbeck, D. D. を寄稿。 六月水戸に伝道。 七月まで明治学院の教員を務め、退任。 七月雑誌『太陽』に戸川残花が「フルベッキ博士とヘボン先生」を寄稿。	四月一七日日清講和条約（下関条約）調印、日清戦争終結。 九月四日救世軍のE・ライトら来日。 一二月一〇日横井時雄『我邦の基督教問題』刊。

西暦	年号	年齢	フルベッキの事項	その他の関連事項
一八九六	明治二九	66歳	二月一六日番町教会で説教。二月千葉に伝道。 三月『基督教に関する誤解を弁ず』を出版する。 四月信濃第五回伝道師会において奨励を行う。長野で演説。北陸地方その他に伝道。	六月一五日三陸地方に大津波。六月台湾伝道開始、大会慰問使を台湾に派遣。
一八九七	明治三〇	67歳	四月名古屋、信州小諸に伝道。 秋、青森に伝道。 一〇月医師から伝道旅行を禁止される。 青山学院青年会で「三十年前の日本」を講演。	日本学生YMCA同盟成立。片山潜、キングスレー館設立。
一八九八	明治三一	68歳	二月二六日番町教会にて最後となる説教を行う。 三月一〇日正午、赤坂葵町の自宅にて心臓麻痺で死去。三月一三日芝日本基督教会で葬儀。タムソン司式、バラの追悼説教。本多庸一、井深梶之助、和田秀豊、マキム監督等の祈禱弔辞。参会者は官界、政界など多方面にわたり、教えを受けた人々も加え	一月元帥府条例公布、葉煙草専売法施行、教育総監部条例公布。

西暦	和暦	年齢	事項	一般事項
			て多数にのぼった。青山霊園の外人墓地に埋葬された。 七月日本基督教会の第一二回大会でフルベッキへの感謝の決議を行い、その英文をマリアに送った。 九月フルベッキ博士紀念碑建設計画を何礼之、辻新次、中島永元らが委員となって作成、副島種臣、大木喬任、細川護成、長岡護美、曽我祐準、加藤弘之、渡邉洪基、細川潤次郎、杉亨二、菊池大麓らが発起人となって募金を開始。	五月清国より日清戦争償金残額を受領、支払い完了。 七月一六日民法全編施行。 一〇月一八日村井知至、安部磯雄、片山潜、幸徳秋水、木下尚江ら、社会主義研究会結成。 日本基督教福音同盟会が明治天皇に日本語訳の新旧約聖書を献上。
一八九九	明治三二		三月二三日募金活動終了。 七月一二日エマ（エミリーに改名）、東京帝国大学のヘンリー・T・テリー教授と築地三一教会で結婚式を挙げる。 一二月紀念碑の建立式を行う。	八月三日文部省訓令十二号。宗教教育の禁止。
一九〇〇	明治三三			一〇月三日内村鑑三『聖書之研究』創刊。 一〇月グリフィス *Verbeck of Japan* を出版。
一九五九	昭和三四		ニューヨークで、フルベッキ一族が大集合。	

年月日は西暦で記した。それに対応する和暦の年号を入れた。

「年譜」作成にあたっては、『フルベッキ書簡集』(高谷道男編訳・新教出版社)、『日本キリスト教史　年表で読む』(鈴木範久・教文館)『新訳考証　日本のフルベッキ――無国籍の宣教師フルベッキの生涯――新出史料集・フルベッキ関連人名録・年表附』(W・E・グリフィス、松浦玲監修、村瀬寿代訳編・洋学堂書店)等に負うところ大である。深く感謝する次第である。

(高橋信一氏作成協力)

引用・参考文献一覧

全章

Griffis, W. E. *Verbeck of Japan, A Citizen of No Country: A Life Story of Foundation Work, Inaugurated of Guido Fridolin Verbeck.* Fleming H. Revell Company, NY, 1900

W・E・グリフィス　松浦玲監修　村瀬寿代訳編『新訳考証　日本のフルベッキ――無国籍の宣教師フルベッキの生涯――新出史料集・フルベッキ関連人名録・年表附』洋学堂書店　二〇〇三

高谷道男編訳『フルベッキ書簡集』新教出版社　一九七八

共同訳聖書実行委員会『聖書　新共同訳――旧約聖書続編つき』日本聖書協会　一九八七、一九八八

内村鑑三『後世への最大遺物　デンマルク国の話』岩波文庫　一九四六

井上篤夫「近代日本が踏み台にした『フルベッキ先生』正伝」『新潮45』二〇一六年九月号、一〇月号　新潮社

昭和女子大学近代文学研究室編「G・F・ヴァーベック」『近代文学研究叢書』第三巻　昭和女子大学近代文化研究所　一九五六

Griffis, W. E. *Japan through Western Eyes: manuscript records of traders, travelers, missionaries, and diplomats, 1853-1941* (Microfilm), Pt. 2-4. Adam Matthew Publications, Marlborough, Wiltshire, England, 1995

序章　フルベッキ写真

戸川残花「フルベッキ博士とヘボン先生」『太陽』第一巻第七号　博文館　一八九五

島田隆資「維新史上解明されていない群像写真について」『日本歴史』三〇八号　吉川弘文館　一九七四

倉持基・高橋信一「新史料発見！ついにフルベッキ写真の年代が確定！」『歴史読本』第五八巻第七号　新人物往来社　二〇一三年七月

高橋信一『フェイスブック版古写真研究こぼれ話　真実を求めて』渡辺出版　二〇一四

G・F・フルベッキ「三十年前の日本」『護教』三四二、三四三号　一八九八年二月一二日、一九日（『近代日本キリスト教新聞集成』第一期　日本図書センター　一九九二）

Verbeck, G. F. 'Japan of Thirty Years Ago.' *The Japan Evangelist*, March-April 1898

高谷道男・太田愛人『横浜バンド史話』築地書館　一九八一

Griffis, W. E. *The Japanese Nation in Evolution: Steps in the Progress of a Great People.* George G. Harrap & Company, London, 1908

第一章　ザイストから希望の国へ

トマス・ア・ケンピス　大沢章・呉茂一訳『キリストにならいて』岩波文庫　一九六〇

Speer, R. E. *Missions and Modern History*, vol.1-2. Fleming H. Revell Company, NY, 1904

M・N・ワイコフ　辻直人訳「ギドー・F・フルベッキ伝」『アメルマン・フルベッキ・ブラウン・ヘボン・J．H．

バラ史料集』（『明治学院歴史資料館資料集』第6集）　明治学院歴史資料館　二〇〇九

松方冬子編『別段風説書が語る19世紀　翻訳と研究』　東京大学出版会　二〇一二

G・F・フルベッキ書簡　高谷道男氏タイプ原稿。村瀬寿代訳　明治学院大学所蔵　一八六三年七月二一日

伊藤典子『フルベッキ、志の生涯――教師そして宣教師として』　あゆむ出版　二〇一〇

秋山繁雄「フルベッキ博士の生涯」『明治学院人物列伝　近代日本のもうひとつの道』　新教出版社　一九九八

Auburn Seminary Press. *Catalogue of the Officers and Students of the Theological Seminary 1856-1857*. Auburn, NY, 1856

Auburn Seminary Press. *General Biographical Catalogue of Auburn Theological Seminary 1818-1918*. Auburn, NY, 1918

Auburn Seminary Press. *A History of Auburn Theological Seminary 1818-1918*. Auburn, NY, 1918

長井実編『自叙益田孝翁伝』　中公文庫　一九八九

『若きG・F・フルベッキの手紙』　ザイスト・モラヴィア教会資料室提供

中島耕二・辻直人・大西晴樹『長老・改革教会　来日宣教師事典』　新教出版社　二〇〇三

高谷道男・太田愛人『横浜バンド史話』　築地書館　一九八一

W・ラバート・ニツスキイ　山崎岐男訳『X線の発見者　レントゲンの生涯』　考古堂書店　一九八九

高崎哲郎『明治初期・お雇オランダ人長工師ファン・ドーレン研究――その実績と評価――』『土木研究所報告』第二〇四号　土木研究所　二〇〇六年三月

フレデリック・ウェルズ・ウィリアムズ　宮澤眞一訳『清末・幕末に於けるS・ウェルズ・ウィリアムズ　生涯と書簡』　高城書房　二〇〇八

鈴木範久『日本キリスト教史　年表で読む』　教文館　二〇一七

Maeda, J. 'The first Protestant believer in Japan.' *The Japan Evangelist*, October 1893

中島一仁「幕末プロテスタント受洗者の研究（三）――史料に探る村田政矩――」『佐賀大学地域学歴史文化研究セ

ンター研究紀要』第一〇号　佐賀大学地域学歴史文化研究センター　平成二八年三月
I'm a pilgrim, and I'm a stranger. Hymnary.org. (https://hymnary.org/hymn/HOoS1937/526)

第二章　長崎のフルベッキ

篠田鉱造『明治百話』上　岩波文庫　一九九六
戸川残花「フルベッキ博士とヘボン先生」『太陽』第一巻第七号　博文館　一八九五
G・F・フルベッキ「三十年前の日本」『護教』三四二号　一八九八年二月一二日（『近代日本キリスト教新聞集成』第一期　日本図書センター　一九九二）
G・F・フルベッキ書簡　高谷道男氏タイプ原稿。明治学院大学所蔵　一八六二年七月一〇日、九月二九日
G・F・フルベッキ書簡　高谷道男氏タイプ原稿。明治学院大学所蔵　一八六七年六月一三日
森田正・長崎学院長崎外国語大学「新長崎学研究センター」準備室『近代国家「明治」の養父　G・F・フルベッキ博士の長崎時代』粟屋曠　二〇一六
高杉晋作　奈良本辰也監修　堀哲三郎編「長崎淹留雑録」『高杉晋作全集』下　新人物往来社　一九七四
大久保利謙「幕末維新の洋学」『大久保利謙歴史著作集』5　吉川弘文館　一九八六
春畝公追頌会編『伊藤博文伝』統正社　一九四〇
村瀬寿代「長崎におけるフルベッキの人脈」『桃山学院大学キリスト教論集』第三六号　桃山学院大学　二〇〇〇
岩崎弥太郎『岩崎弥太郎日記』岩崎弥太郎岩崎弥之助伝記編纂会　一九七五
白柳秀湖『岩崎弥太郎伝』改造社　一九三二
永井壮吉『禾原先生遊学日記』『荷風全集』第一三巻　岩波書店　一九九三

伊東巳代治「伊東巳代治伯自らを語る㈠」『痴遊雑誌』四巻四号　話術倶楽部出版部　一九三八
谷口藍田『藍田先生日暦』　佐賀県立図書館所蔵
野村盛秀『野村盛秀日記』　東京大学史料編纂所所蔵
円城寺清『大隈伯昔日譚』　立憲改進党党報局　一八九五
大隈侯八十五年史編纂会編『大隈侯八十五年史』　大隈侯八十五年史編纂会　一九二六
早稲田大学大学史編集所編『早稲田大学百年史』　早稲田大学出版会　一九七八
大隈重信　相馬由也編『早稲田清話』　冬夏社　一九二二
アーネスト・サトウ　坂田精一訳『一外交官の見た明治維新』下　岩波文庫　一九六〇
尾形裕康「大隈重信とフルベッキ」『早稲田大学史紀要』第一巻第一号　早稲田大学大学史資料センター　一九六五
大園隆二郎『大隈重信』　西日本新聞社　二〇〇五
岩松要輔「英学校・致遠館」杉本勲編『近代西洋文明との出会い』　思文閣出版　一九八九
石附実『近代日本の海外留学史』　中公文庫　一九九二
『福音新報』三二一号　一八九六年二月七日（『近代日本キリスト教新聞集成』第一期　日本図書センター　一九九二）
日本聖書協会編『国際聖書フォーラム　二〇〇六年講義録』　日本聖書協会　二〇〇六
良厳『崎陽茶話及長崎邪教始末』『明治文化全集』25巻　日本評論社　一九九三
大隈重信「大隈伯の宗教談」『福音新報』三八九号　明治三五年一二月一一日
永井環『新日本の先駆者　日下部太郎』　福井評論社　一九三〇
木戸孝允に宛てた大久保利通の書簡　一八六八年五月二三日（慶応三年閏四月二日）
加太邦憲談『日本及び日本人　臨時増刊　明治大正半百年記念号』　政教社　一九一七
ジュリオス・H・シーレー　小崎弘道訳『宗教要論』　十字屋　一八八一

高橋信一『フェイスブック版古写真研究こぼれ話　真実を求めて』渡辺出版　二〇一四
クララ・ホイットニー　一又民子他訳『勝海舟の嫁　クララの明治日記』上・下　中公文庫　一九九六
豊田實『日本英学史の研究』岩波書店　一九四一
山口輝臣『島地黙雷…「政教分離」をもたらした僧侶』山川出版社　二〇一三
朝枝善照「善謙『日次』所載の『崎陽茶話』『長崎邪教始末』考」『平松令三先生古希記念論集　日本の宗教と文化』同朋舎出版　一九八九
徳重浅吉『維新政治宗教史研究』目黒書店　一九三五
G・F・フルベッキ書簡　高谷道男氏タイプ原稿。明治学院大学所蔵　一八六九年一月二二日
多久島澄子『日本電信の祖　石丸安世　慶応元年密航留学した佐賀藩士』慧文社　二〇一三
佐藤寿良『続　ある海援隊士の生涯　白峰駿馬伝』高知新聞企業出版課　一九九八
古賀十二郎『長崎洋学史』上　長崎文献社　一九六六
杉井六郎『明治期キリスト教の研究』同朋舎　一九八四
西豊『資料と解説　長崎教会の草創期（上）――「受洗人名簿」1873年～1888年――』キリスト教史談会　二〇〇三
中島一仁「幕末プロテスタント受洗者の研究（二）――元佐賀藩士・綾部幸熙の信仰と生活――」『佐賀大学地域学歴史文化研究センター研究紀要』第九号　佐賀大学地域学歴史文化研究センター　二〇一五年（平成二七年三月）
松永亨『幕末維新松永七郎助史料集』松永亨　二〇〇八
永嶋大典「聖書邦訳史略述」『幕末邦訳聖書集成』別冊　ゆまに書房　一九九九
姫野順一監修『資料に見る長崎英学史　日本における英学と英語教育の発祥』長崎学院長崎外国語大学　新長崎学研究センター　二〇二〇

谷口藍田『藍田遺稿』 谷口豊五郎 一九〇三

西豊『資料と解説 長崎教会の草創期』上 キリスト教史談会 二〇〇三

Clark, E. D. *Katz Awa, "The Bismarck of Japan" Or, the Story of a Nobel Life*, B. F. Buck & Company, NY, 1904

Verbeck, G. F. *The First Baptism of Converts in Japan, A Manual of the Missions of the Reformed (Dutch) Church in America.* Board of Publication of the Reformed Church in America, NY, 1877

久保田町史編纂委員会『久保田町史』上巻 久保田町 二〇〇二

中井えり子「「官許佛和辞典」と岡田好樹をめぐって」『名古屋大学附属図書館研究年報』巻六 二〇〇七

上野一郎編『有馬藤太聞き書き 私の明治維新』 産業能率短期大学出版部 一九七六

「西郷さんは聖書を教えた」『南日本新聞』 南日本新聞社 二〇〇七年一二月八日

佐賀県立図書館編「幕末伊東次兵衛出張日記」『佐賀県近世史料』第一編第五巻 佐賀県立図書館 一九九三

五代竜作編『五代友厚伝』 五代竜作 一九三三

第三章 岩倉使節団

高谷道男・太田愛人『横浜バンド史話』 築地書館 一九八一

G・F・フルベッキ「三十年前の日本」『護教』三四三号 一八九八年二月一九日（『近代日本キリスト教新聞集成』第一期 日本図書センター 一九九二）

相良知安「相良翁懐旧譚」二四～二五『医海時報』第五三九～第五四〇号 医海時報社 一九〇四年一〇月八日～一五日

森鷗外『渋江抽斎』 岩波文庫 一九四〇

高橋是清　上塚司編『高橋是清自伝』上・下　中公文庫　一九七六
東京帝国大学編『東京帝国大学五十年史』　東京帝国大学　一九三二
手代木俊一『賛美歌・聖歌と日本の近代』　音楽之友社　一九九九
中村佐伝治『「信濃の国」物語』　信濃毎日新聞社　一九七八
奥中康人『国家と音楽』　春秋社　二〇〇八
吉家定夫『日本学監デイビッド・マレー　その生涯と業績』　玉川大学出版部　一九九八
勝田政治『廃藩置県』　角川ソフィア文庫　二〇一四
日本史籍協会編『岩倉具視関係文書』第一　日本史籍協会　一九二七
円城寺清『大隈伯昔日譚』　立憲改進党党報局　一八九五
春畝公追頌會編『伊藤博文公年譜』　春畝公追頌會　一九四二
澤宣嘉書簡（三條実美等宛）『大隈重信関係文書』第一巻　早川良吉　一八七一年七月二六日
萩原延壽『遠い崖：アーネスト・サトウ日記抄』9　朝日新聞社　二〇〇〇
アーネスト・サトウ　坂田精一訳『一外交官の見た明治維新』下　岩波文庫　一九六〇
岩崎好問他編『岩倉公実記』下　皇后宮職　一九〇六
G・F・フルベッキ「ブリーフ・スケッチ」田中彰校注『開国』「日本近代思想大系」1　岩波書店　一九九一
岩倉具視書簡　早稲田大学大学史資料センター編『大隈重信関係文書』二　みすず書房　二〇〇五
鈴木範久『信教自由の事件史』　オリエンス宗教研究所　二〇一〇
渡邉洪基宛フルベッキの手紙の訳文『岩倉具視関係文書』　国立国会図書館憲政資料室所蔵
G・F・フルベッキ「一米人フルベツキより内々差出候書」（「木戸家文書」国立歴史民俗博物館所蔵）田中彰校注『開国』「日本近代思想大系」1　岩波書店　一九九一

田中彰「久米邦武と『米欧回覧実記』」『歴史家　久米邦武』　久米美術館　一九九七
山崎渾子「岩倉使節団と信仰の自由」『明治維新と文明開化』　吉川弘文館　二〇〇四
久米邦武編『米欧回覧実記』一～五　岩波書店　一九七七～一九八二
久米邦武『久米博士　九十年回顧録』上・下　早稲田大学出版部　一九三四
「耶蘇教講者各地探索報告書」　早稲田大学図書館所蔵
渡辺幾治郎『大隈重信』　大隈重信刊行会　一九五二
「高輪築堤の一部佐賀で復元へ」『東京新聞』二〇二二年一一月九日
Anonymous. *The Japan Weekly Mail*, February 22, 1873
比屋根安定『基督教の日本的展開』　大空社　一九九六
Lanman, C. D. & Mori, A. *The Japanese in America*. University Publishing Company, NY, 1872
岩崎克己『柴田昌吉伝』　岩崎克己　一九三五
岩崎好問他編『岩倉公実記』中巻　皇后宮職　一九〇六
岩倉具忠『岩倉具視――『国家』と『家族』――米欧巡回中の「メモ帳」とその後の家族の歴史』　財団法人国際高等研究所　二〇〇六
広瀬順晧・藤田正・中川壽之編『岩倉具視関係文書〈国立公文書館内閣文庫所蔵〉』　北泉社　一九九〇
松本純一『横浜にあったフランスの郵便局――幕末・明治の知られざる一断面――』　原書房　一九九四
山崎渾子『岩倉使節団における宗教問題』　思文閣出版　二〇〇六
鈴江英一『キリスト教解禁以前――切支丹禁制高札撤去の資料論――』　岩田書院　二〇〇〇
Griffis, W. E. *The Japanese Nation in Evolution: Steps in the Progress of a Great People*, T. Y. Crowell & Company, NY, 1907
大久保利謙編『岩倉使節の研究』　崇高書房　一九七六

国吉栄『聖書献上とその周辺――大隈重信、森有礼、駐日米公使デロングは、如何にかかわったのか――』(https://kenjoseisho.webnode.jp/)

第四章　お雇い外国人

柴田勇之助編『明治詔勅全集』皇道館事務所　一九〇七
寺崎昌男『プロムナード東京大学』東京大学出版会　一九九二
「外国人雇入条約書并岡士承認証書何レモ横文相添可差出事」「法規分類大全　外交門　外人雇使」外務省外交史料館所蔵
『御雇外国人一覧』中外堂　一八七二
『中外新聞』第三〇号　一八六九年九月二日
山下英一『グリフィスと福井　増補改訂版』エクシート　二〇一三
山下英一『グリフィス福井書簡――Griffis' Fukui Letters』能登印刷出版部　二〇〇九
大日本雄弁会講談社編『明治大帝』大日本雄弁会講談社　一九二七
尾形裕康『学制実施経緯の研究』板倉書房　一九六三
高橋是清　上塚司編『高橋是清自伝』上・下　中公文庫　一九七六
円城寺清『大隈伯昔日譚』立憲改進党党報局　一八九五
『文部省雑誌』明治七年第二号　文部省　一八七四年一月一七日
「元老院日誌」一八七五年七月　国立公文書館所蔵
箕作麟祥「リボルチーの説」『明六雑誌』上・中　岩波文庫　二〇〇八

On Liberty.「箕作家文書」目録番号二〇〇番

穂積陳重『法窓夜話』 岩波文庫 一九八〇

稲田正次『明治憲法成立史』上 有斐閣 一九六〇

大橋昭男・平野日出雄『明治維新とあるお雇い外国人 フルベッキの生涯』 新人物往来社 一九八八

坂本一登『伊藤博文と明治国家形成 「宮中」の制度化と立憲制の導入』 講談社学術文庫 二〇一二

松井康秀『フルベッキ博士の生涯とその功業』 博文堂出版部 一九七〇

桜井能監『法学指鍼』 東京府 一八七七

G・F・フルベッキ 細川潤次郎訳『会員必読』 元老院 一八七八

クララ・ホイットニー 一又民子他訳『勝海舟の嫁 クララの明治日記』上・下 講談社 一九七六

山本秀煌編『フェリス和英女学校六十年史』 フェリス和英女学校 一九三一

『東京日日新聞』 一八七八年八月二〇日

House, E. H. 'Mr. G. F. Verbeck's Departure.' *The Tokio Times*, July 27, 1878

Thompson, D. 'An Instance of Self-Effacement.' *The Japan Evangelist*, June 1898

幸崎英男「明治初期の翻訳語「自由」(2)——箕作麟祥『リボルチーノ説』から英文テキスト『On Liberty』へ」『大阪学院大学通信』第三〇巻第九号 大阪学院大学 一九九九

G・F・フルベッキ書簡 高谷道男氏タイプ原稿。明治学院大学所蔵 一八七九年六月一八日

賞勲局編『外国人叙勲録』 賞勲局 一八九二

吉野作造 木村毅編『閑談の閑談』 書物展望社 一九三三

Miller, E. R. 'Personal Reminiscences of Dr. Verbeck.' *The Japan Evangelist*, June 1898

梅溪昇『お雇い外国人⑪——政治・法制』 鹿島出版会 一九七一

アレキサンダー・ポープ　上田勤訳『人間論』岩波文庫　一九九〇
G・F・フルベッキ　細川潤次郎訳『ロ耳曼議院之法』元老院　一八七六
G・F・フルベッキ　細川潤次郎訳『法律格言』元老院　一八七八
『読売新聞』一八七八年七月一七日
'Christian Progress in the land of the rising sun.' *San Fransisco Chronicle*, October 10, 1878

第五章　聖書翻訳

G・F・フルベッキ『日本基督教会歴史資料集（七—八）日本プロテスタント伝道史　明治初期諸教派の歩み』上・下　日本基督教会　一九八四〜一九八五
佐波亘編『植村正久と其の時代』第四巻　教文館　一九三八
『基督教新聞』一八八八年二月
島崎藤村『桜の実の熟する時』新潮文庫　一九五五
高谷道男『ドクトル・ヘボン』牧野書店　一九五四
元田作之進『日本基督教の黎明（老監督ウィリアムス伝記）』立教出版会　一九七〇
吉野政治『明治元訳聖書成立攷』和泉書院　二〇二〇
鷲山弟三郎『明治学院五十年史』明治学院　一九二七
『福音新報』一四二号　一八九八年三月（『近代日本キリスト教新聞集成』第一期　日本図書センター　一九九二）
手代木俊一『日本プロテスタント讃美歌・聖歌史事典　明治篇』港の人　二〇〇八
ヘボン　高谷道男訳『ヘボン書簡集』東信書房　一九五五

山本秀煌編『日本基督新栄教会六十年史』藤原鉤次郎　一九三三
『文語訳　新約聖書　詩篇付』岩波文庫　二〇一四
堀辰雄　堀多恵子編『堀辰雄　妻への手紙』新潮社　一九五九
鈴木範久『聖書を読んだ30人　夏目漱石から山本五十六まで』日本聖書協会　二〇一七
G・F・フルベッキ『基督教に関する誤解を弁ず』教文館　一八九六
『文語訳　旧約聖書　Ⅳ　預言』岩波文庫　二〇一五
大橋昭夫・平野日出雄『明治維新とあるお雇い外国人　フルベッキの生涯』新人物往来社　一九八八
『文語訳　旧約聖書　Ⅲ　諸書』岩波文庫　二〇一五
日本キリスト教歴史大事典編集委員会編『日本キリスト教歴史大事典』教文館　一九八八
大江満編集・解説『C・M・ウィリアムズ資料　図録』立教学院史資料センター　二〇一六
鈴木範久『聖書の日本語』岩波書店　二〇〇六
海老澤有道『日本の聖書　聖書和訳の歴史』日本基督教団出版局　一九八一

第六章　伝道者

ジョン・ミルン「地震学総論」『日本地震学会報告』第一冊　日本地震学会　一八八六
佐波亘編『植村正久と其の時代』第四巻　教文館　一九三八
井深梶之助のフルベッキ追悼文「フルベッキ博士逝く」『護教』三四七号　一八九八年三月一九日（『近代日本キリスト教新聞集成』第一期　日本図書センター　一九九二）
青木真吉編『東京演説社会人名一覧』青木真吉　一八八一

隅谷三喜男『近代日本の形成とキリスト教』新教出版社　一九六一
太田愛人『上州安中有田屋　湯浅治郎とその時代』小沢書店　一九九八
クララ・ホイットニー　一又民子他訳『勝海舟の嫁　クララの明治日記』上・下　講談社　一九七六
田村直臣『信仰五十年史』警醒社書店　一九二四
大江満編集・解説『C・M・ウィリアムズ資料　図録』立教学院史資料センター　二〇一六
山口昌男『知の自由人』日本放送出版協会　一九九八
東京女子大学比較文化研究所編『校訂増補　木村熊二日記』東京女子大学比較文化研究所　二〇〇八
古田島洋介『日本近代史を学ぶための文語文入門　漢文訓読本の地平』吉川弘文館　二〇一三
『東京日日新聞』一八八五年六月三〇日
三浦徹『続々恥か記』第十巻『明治学院史資料集』第12集　明治学院大学図書館　一九八五
『速記叢書　講談演説集』第四冊　丸善商社書店　一八八七
日本基督教団甘楽教会『甘楽教会百年史』日本基督教団甘楽教会　一九八四
春畝公追頌会編『伊藤博文伝』上　春畝公追頌会　一九四〇
高橋是清　上塚司編『高橋是清自伝』上・下　中公文庫　一九七六
太田愛人『三つの森の物語』筑摩書房　一九八四
『福音新報』一八九二年一〇月七日（『近代日本キリスト教新聞集成』第一期　日本図書センター　一九九二）
『読売新聞』一八九二年一二月二二日
福岡隆『日本速記事始――田鎖綱紀の生涯――』岩波新書　一九七八
石川半山『烏飛兎走録』『明治文学全集』九二　筑摩書房　一九七〇
Speer, R. E. *Missions and Modern History*, vo.1-2. Fleming H. Revell Company, NY, 1904

Hommes, James Mitchell. *Verbeck of Japan: Guido F. Verbeck as Pioneer Missionary, Oyatoi Gaikokujin, and "Foreign Hero".* University of Pittsburgh, 2014

G・F・フルベッキ「二十五年回顧の教訓」『福音新報』一八九七年一一月三日（『近代日本キリスト教新聞集成』第一期　日本図書センター　一九九二）

「フルベッキ博士逝く」『萬朝報』一八九八年三月一〇日

「フルベッキ博士」『国民之友』一八九八年四月一〇日

'A Tribute from America.' *The Independent*, March 17, 1898

Scherer, J. A. B. 'Recollections of Dr. Verbeck.' *The Independent*, April 21, 1898

国吉栄『聖書献上とその周辺——大隈重信、森有礼、駐日米公使デロングは、如何にかかわったのか——』(https://kenjoseisho.webnode.jp/2019.12.6)

『福音新報』二五三号　一八九九年五月二日（『近代日本キリスト教新聞集成』第一期　日本図書センター　一九九二）

Alameda Daily Argus. May 26, 1911

New York Times. June 9, 1929

ブラウニング　上田敏訳『海潮音——上田敏訳詩集』　新潮文庫　一九五二

Verbeck, G. F. *An Extraordinary Episode in the History of the Church of Christ in Japan*, 1888

Verbeck, G. F. *A Synopsis of All the Conjugations of the Japanese Verbs, with Explanatory Text and Practical Application*（『動詞活用法』）. Kelly & Walsh, Limited, Yokohama, 1887

Noss, C. 'The Last Scene.' *The Japan Evangelist*, June 1898

中島耕二編　日本基督教団新栄タムソン書簡集委員会訳『タムソン書簡集』　教文館　二〇一二

尾形裕康『近代日本建設の父　フルベッキ博士』『社会科学討究』7巻1号　早稲田大学社会科学研究所　一九六一年一二月

第七章　フルベッキ家の人々

高橋是清　上塚司編『高橋是清自伝』上・下　中公文庫　一九七六
M・N・ワイコフ　辻直人訳「ギドー・F・フルベッキ伝」『アメルマン・フルベッキ・ブラウン・ヘボン・J.H.バラ史料集』(『明治学院歴史資料館資料集』第6集)　明治学院歴史資料館　二〇〇九
立教女学院九十年史資料集編纂委員会『立教女学院九十年史資料集』　立教女学院　一九六七
エマ・フルベッキ書簡　マイクロ No. JR.6-8-61.　日本聖公会管区事務所所蔵
W・E・グリフィス　山下英一訳『明治日本体験記（皇国第二部）』　東洋文庫　一九八四
大岡昇平『レイテ戦記』上　中公文庫　一九七四
石田三雄「外国人教師・宣教師フルベッキ一族と日本」(その1、2)　NPO法人高峰譲吉博士研究会 (http://www.npo-takanine.org/contribution/08.html)
G・F・フルベッキ「三十年前の日本」『護教』三四二号　一八九八年二月一二日（『近代日本キリスト教新聞集成』第一期　日本図書センター　一九九二)
石田三雄「明治の群像・断片（その9）外国人教師・宣教師フルベッキ一族と日本」『近代日本の創造史』No.14　近代日本の創造史懇話会　二〇一二
大日本雄弁会講談社編『明治大帝』　大日本雄弁会講談社　一九二七
渋沢青淵記念財団竜門社編『渋沢栄一伝記資料』第三二巻　渋沢栄一伝記資料刊行会　一九六〇

大江満『宣教師ウィリアムズの伝道と生涯——幕末・明治米国聖公会の軌跡——』刀水書房　二〇〇〇
William Jordan Verbeck Papers. Special Collections. Research Center, Syracuse University Libraries

あとがき

本書『フルベッキ伝』はギドー・F・フルベッキの評伝である。

幕末志士との群像写真、いわゆる「フルベッキ写真」でばかり、フルベッキの名が知られている。私は「フルベッキの真実」を知りたいと思った。

彼が二〇歳までを過ごしたオランダ・ザイストの地を私が訪ねたのは二〇一六年六月のことである。アムステルダムから列車で北へ三〇分、小雨が降るユトレヒト駅で降りた。そこからバスに乗り換えて三〇分もすると、雨も上がって緑豊かな落ち着いた田園地帯が広がっている。

私はフルベッキが通った教会で、二〇歳のフルベッキが書いた三枚の手紙を偶然、発見した。音楽を本格的に勉強したいのでお金を貸してほしいと叔父に申し出たものだ。古いドイツ語の文体で書かれている。音楽に対する若いフルベッキの熱い思いが伝わってくる内容だ。後に多くの俊英たちから「フルベッキ先生」と慕われる「原点」がそこにあった。

また、フルベッキの生涯を辿る過程で、フルベッキの私的な手紙を入手する幸運にも恵まれた。

一八六八年四月一九日に長崎から義弟ファン・デュール牧師に宛てた手紙で、宣教のためシモンズ宣教医らと来日したS・R・ブラウン師に対する激しい非難の言葉が綴られている。この手紙を送った頃、フルベッキの心は宣教師として生きていくのか、教育者として生きるか大きく揺れていた時期でもあることが伝わって来た。フルベッキは苦しみ悩みながらも自らに正直に生きたことが分かる。

自らに与えられた仕事に真摯に向き合う彼の生き方に共感した多くの人々がフルベッキの元に集まった。

フルベッキは他人に、自分の意志を押し付けることを非常に嫌っていた。彼らが自主的に行動するよう個々人の権利を尊重した。

たとえ宣教師であっても、日本人にキリスト教を強要することはなかった。

フルベッキは二九歳の時に来日したが、禁教下、表だった宣教活動が出来なかった。それでも長崎ではバイブルクラスや済美館、致遠館で英語などを通ってくる諸藩の武士たちに教えた。三九歳の時、明治政府に請われて開成学校設立のため上京、大学南校（現在の東京大学）の教頭となった。

一八七一年一二月二三日（明治四年一一月一二日）、横浜港を出発した岩倉使節団が一年九ヵ月余かけて条約改正、各制度の視察のため米欧一二ヵ国を巡歴した。二〇二二年はその一五〇周年にあたる。使節団の計画書ともいうべき「ブリーフ・スケッチ」を草案したのがフルベッキである。フルベッキは使節団の「仕掛け人」であった。彼がいなければ、岩倉使節団は成立しなかったか、まったく別のものになっていたはずである。フルベッキは日本近代化の恩人であった。政府の法律顧問や聖書翻訳にも従事、多くの業績を残した。晩年は日本永住権を得て地方伝道に専念した。日本に住むこと四〇年、無国籍のままこの地で没した。

フルベッキの生き方を知ることが、困難な時代を生きる私たちに何かをもたらしてくれれば幸いである。

執筆にあたって、多くの方々のお世話になった。まず、本書を書くことを勧めてくださった陶山義雄東洋英和女学院大学名誉教授（聖書学）に、お礼を申し上げたい。陶山先生は牧師であり、明治学院でも長く教鞭を執った。フルベッキの生涯を辿る上で多くの示唆を頂いた。

また、牧師で著名な随筆家の太田愛人先生にもお礼を申し上げる。『フルベッキ書簡集』『ブラウン書簡集』『ヘボン書簡集』などを訳出した亡き高谷道男氏（明治学院大学教授などを歴任）を直接知る博覧強記な方である。

聖書学宗教史の碩学、『内村鑑三全集』の編集でも知られる鈴木範久立教大学名誉教授からもご教示頂けたことは望外の喜びだった。

フルベッキ四世からは貴重な資料や写真を提供頂いただけでなく、メッセージも頂戴した。また、新教出版社の小林望社長からは『フルベッキ書簡集』からの引用許諾を頂いた（文意を損なわない範囲で変更を加えた）。古田島洋介明星大学教授には、幕末から明治期の漢文・日記・候文書簡等の読解および英詩やフランス語についての調査でご指導を頂いた。

Griffis, W. E. *Verbeck of Japan A Citizen of No Country: A Life Story of Foundation Work Inaugurated by Guido Fridolin Verbeck* の本文の訳出は『新訳考証　日本のフルベッキ――無国籍の宣教師フルベッキの生涯――新出史料集・フルベッキ関連人名録・年表附』（松浦玲監修、村瀬寿代訳編・洋学堂書店）を参考にした。また、村瀬氏のフルベッキ研究にも敬意を表したい。

元慶應義塾大学准教授で、古写真研究家の高橋信一先生は幕末から明治期にかけて、あらゆる古写真に精通している。その経験を生かした、フルベッキ関連の写真の収集、文献資料の調査・探索、そして長時間に及んだ校正作業への多大な御協力に感謝申し上げる。

万巻の書を読み、古今東西の書物に通暁する川﨑堅二ウェルテ社長には英語の文献翻訳で多大なるご協力を得た。

長崎のフルベッキについては、姫野順一長崎外国語大学学長・新長崎学研究センター長に負う所が大きい。長崎フルベッキ研究会の石田孝氏にはフルベッキゆかりの場所を案内して頂いた。

中島耕二元明治学院大学客員教授には、フルベッキに関わる疑問箇所について懇切丁寧に教示を頂いた。フルベッキの伝道地、群馬の教会を案内しても下さった。とても幸せな時間だった。

そして全ての方々の「フルベッキへの熱い想い」が本書を結実させた。

なお、本書は「近代日本が踏み台にした『フルベッキ先生』正伝」（『新潮45』二〇一六年九月号、一〇月号）に連載したものを大幅に改稿、新資料を基に書き下ろした。文中の敬称は省略、引用文献のページ数については割愛、ルビも適宜削除したことをお断りしておきたい。

末尾ながら、国書刊行会の清水範之編集局長にも厚くお礼を申し上げる。氏の寛容と叱咤激励がなければ本書は完成できなかった。

井上篤夫

二〇二二年七月

取材協力者（順不同）

陶山義雄　太田愛人　鈴木範久　中島耕二　姫野順一　川﨑堅二　前村祐二　高橋信一　石田孝　倉持基　伊藤典子　古田島洋介　三好彰　島善高　山下英一　渡辺京二　熊本一規　山崎渾子　長部訓子　五百旗頭薫　石田三雄　長谷部正明　平川祐弘　渡部満　手塚甫　佐藤能丸　勝田政治　小林房之助　片桐一男　岩下哲典　塩崎智　川瀬健一　廣石望　伊藤史瑚　真辺将之　高木不二　溝田勉　湯浅康毅　徳永洋　五野井隆史　大江満　中島一仁　小美濃清明　手代木俊一　増田泰之　村上伊作　守部喜雅　大園隆二郎　富田紘次　藤井清邦　黄イェレム　桐野作人　泉三郎　吉原重和　岩崎洋三　村井智恵　市川三世史　高柳毅　荒船俊太郎　相良隆弘　岡部一興　八木谷涼子　小石元紹　村瀬寿代　フルベッキ四世　ゾンターク・ミラ　フローラ・デ・フレーヤー　アリス・ゴールデンカー　マーティン・コルカット　フェルナンダ・H・ペローン　アレックス・バーン　M・ウィリアム・スティール

フルベッキ伝(でん)

二〇二二年九月一日初版第一刷印刷
二〇二二年九月八日初版第一刷発行

著者　井上篤夫

発行者　佐藤今朝夫

発行所　株式会社国書刊行会
東京都板橋区志村一―一三―一五　〒一七四―〇〇五六
電話〇三―五九七〇―七四二一
ファクシミリ〇三―五九七〇―七四二七
URL：https://www.kokusho.co.jp
E-mail：info@kokusho.co.jp

装訂者　伊藤滋章

印刷・製本所　中央精版印刷株式会社

ISBN978-4-336-06306-9 C0023

乱丁・落丁本は送料小社負担でお取り替え致します。

著者略歴

井上篤夫(Atsuo Inoue)

作家。米欧各地で幅広い分野の人物を取材、ボストンに四年間在住。その知見に基づき数多くの評伝や翻訳を著す。著書『志高く　孫正義正伝　決定版』（実業之日本社）はベストセラーとなり、英語、韓国語に翻訳された。著書に『事を成す　孫正義の新30年ビジョン』（実業之日本社）、『孫正義　事業家の精神』（日経ＢＰ）、『とことん　孫正義物語』（フレーベル館）、『ポリティカル・セックスアピール　米大統領とハリウッド』（新潮新書）、『素晴らしき哉、フランク・キャプラ』（集英社新書）、『追憶マリリン・モンロー』（集英社文庫）、訳書に『マタ・ハリ伝　１００年目の真実』（えにし書房）、『今日という日は贈りもの』（角川文庫）、『マリリン・モンロー　魂のかけら』（青幻舎）、『ミシェル・オバマ　愛が生んだ奇跡』（アートデイズ）等がある。

http://www.ainoue.com

人名索引

あ

い

う

え

お

か

き

く

す

せ

そ

た

に

ぬ

ね

の

は

ひ

ふ

へ

ほ

ま